# ISIS

# PAŃSTWO ISLAMSKIE

BENJAMIN HALL

# ISIS
# PAŃSTWO ISLAMSKIE

PRZEŁOŻYŁ
Paweł Wolak

WARSZAWSKIE WYDAWNICTWO LITERACKIE
MUZA SA

Tytuł oryginału: ***Inside ISIS***
***The Brutal Rise of a Terrorist Army***
Projekt okładki: *Paweł Panczakiewicz/Panczakiewicz Art.Design*
Redakcja: *Andrzej Opala*
Redaktor prowadzący: *Aleksandra Janecka*
Redakcja techniczna: *Anna Sawicka-Banaszkiewicz*
Korekta: *Grażyna Muszyńska*

Fotografie na okładce
© Fotosearch/East News
© Repina Valeriya/Shutterstock



ISBN 978-83-287-0136-6

Warszawskie Wydawnictwo Literackie
MUZA SA
Warszawa 2015

*Podczas konfliktów zbrojnych rzucała mi się w oczy zadziwiająca siła więzów rodzinnych. Ludzie nawet w najtrudniejszych momentach, gdy tracili dosłownie wszystko, zawsze mieli przy sobie rodzinę. Chciałbym zatem zadedykować tę książkę moim bliskim.*

*Rodzicom, którzy mimo swoich obaw nieustannie mnie wspierali i obdarzyli bezwarunkową miłością. Rodzeństwu, które nauczyło mnie tak wiele o świecie. Fatimie, która zawsze we mnie wierzyła. Miłości mojego życia i nowemu członkowi naszej rodziny, który właśnie jest w drodze i na zawsze zmieni moje życie. Kocham Was wszystkich.*

# Spis treści

# WPROWADZENIE

W Rakce, stolicy ISIS, życie pozornie toczy się zwykłym biegiem, ale daje się wyczuć napięcie. Ulicami włóczą się tysiące zagranicznych bojowników, „policja moralności" patroluje poszczególne dzielnice, obywatele i firmy mogą w każdej chwili paść ofiarą wymuszeń, a kobiety żyją w ciągłym strachu, ponieważ władze tak zwanego Państwa Islamskiego starają się cofnąć czas do mroków średniowiecza.

Codziennie dochodzi do publicznych dekapitacji, ludzie są chłostani i kamienowani, obcina się im ręce. Trafiają do więzień, z których niemal nieustannie dochodzą odgłosy tortur. Wielu nigdy nie wychodzi na wolność. Muzyka jest zakazana, a mieszkańcy są zmuszani do modlitwy. Homoseksualistów zrzuca się z dachów. W ogniu walki mordowane są nawet niemowlęta, a w tym samym czasie bojownicy ISIS śmieją się, żartują i nakłaniają do zniewalania dziewcząt, które kupują, gwałcą i zabijają.

Z każdym dniem walka z terrorystami staje się coraz trudniejsza. Im dłużej będziemy im pozwalać na umacnianie dotychczasowych pozycji, tym więcej damy im czasu na przekonanie ludzi, że nie ma alternatywy dla ISIS.

Rośnie nowe pokolenie odczuwające wobec nas tylko pogardę i pałające żądzą krwi. Już teraz dzieci mieszkające na terenach okupowanych przez ISIS chodzą z bronią, donoszą na rodziców i, poza lekturą Koranu, pozbawione są dostępu do jakiejkolwiek edukacji. Jeżeli pozwolimy, by nadal poddawano je praniu mózgu, doprowadzimy w końcu do zderzenia cywilizacji, które położy kres jakimkolwiek procesom reformatorskim. A właśnie do tego dążą terroryści.

Trzeba postawić na skuteczniejsze działanie. Musimy ich pokonać. Nie wolno nam uznać, że stworzone przez nich struktury mają charakter bytu państwowego. To nie jest żadne państwo, a oni są zwykłymi terrorystami – fanatykami, dla których nie ma miejsca we współczesnym świecie.

ISIS chce naszej zagłady – nie ma co do tego żadnych wątpliwości. Ich poglądy są całkowitym zaprzeczeniem naszych. I będą nas nękać, dopóki starczy im tchu.

Chociaż władze twierdzą, że terroryści nie zajmują nowych terenów, to w gruncie rzeczy sytuacja ciągle się pogarsza*. ISIS umacnia się w miastach, zacieś-

---

* Podczas prac nad tą książką, 18 maja 2015 r., terroryści z tzw. Państwa Islamskiego przejęli pełną kontrolę nad irackim Ramadi leżącym 95 km od Bagdadu. Półmilionowe miasto jest stolicą prowincji Anbar, graniczącej z Jordanią i Syrią. Przeważa w niej ludność sunnicka. Miasto jest terenem starć od lata 2014 r. Władze Iraku zapowiedziały odbicie Ramadi z rąk bojowników ISIS (patrz przypis na s. 317), chcąc powtórzyć sukces z kwietnia 2015 r., gdy paramilitarne bojówki szyickie wyparły rebeliantów ISIS z miasta Tikrit (o ile nie oznaczono inaczej, przypisy pochodzą od redaktora).

nia kontrolę nad okupowanym obszarem, zachęca do przeprowadzania ataków terrorystycznych na Zachodzie i wciąż torturuje i morduje tysiące niewinnych ludzi. Nie wolno nam dopuścić, żeby fanatycy zyskali przewagę w środkowej Syrii i Iraku. Nie możemy pozwolić, żeby ludzie, którzy chcą nas zniszczyć, zyskali w ten sposób dogodną bazę wypadową. Przede wszystkim nie możemy jednak płaszczyć się przed innymi, jeśli chcemy skutecznie temu zapobiec.

Określenie dokładnej liczby terrorystów ISIS jest prawie niemożliwe. W grudniu 2014 roku CIA twierdziła, że działająca na terenie Iraku i Syrii armia tak zwanego Państwa Islamskiego „może liczyć między dwadzieścia a trzydzieści jeden i pół tysiąca bojowników", a jej szeregi ciągle rosną, ponieważ wciąż dołączają do niej radykałowie z całego świata.

Nigdy nie zapomnę chwili, gdy pierwszy raz zetknąłem się z ISIS – zobaczyłem powiewające w suchym upale czarne flagi i przechadzających się pod nimi mężczyzn. Wszystko działo się zaledwie pięćdziesiąt metrów ode mnie. Śmiali się i żartowali, wyraźnie nas prowokując. Stacjonowali po drugiej stronie mostu, który znajdował się na linii frontu i stanowił nieprzekraczalną granicę oddzielającą to, co słuszne, od tego, co niesłuszne, dobro od zła.

Biła od nich pewność siebie i słyszałem, że dobrze się bawią. Potrząsali dumnie bronią, obejmowali się nawzajem i machali w naszym kierunku. Byli lepiej uzbrojeni, lepiej wyszkoleni i lepiej opłacani niż żołnierze, którym towarzyszyłem. Co więcej, doskonale zdawali sobie z tego sprawę.

Wykazywali chęć do walki, nie bali się śmierci i nawet nie próbowali się chować. Tymczasem wokół mnie kucali za łachami piachu kurdyjscy żołnierze, którzy zerkając na wroga, liczyli na łut szczęścia i modlili się o ratunek.

Szczególnie uderzyła mnie niewiarygodna pewność siebie bojowników ISIS. Tak zresztą zachowują się do dziś – w odróżnieniu od swoich wrogów są zawsze pełni zapału i chęci do zabijania. Emanująca od nich wiara we własne możliwości napełnia serca ich przeciwników strachem. Dzieje się tak tylko i wyłącznie dlatego, że są bardzo pewni siebie. Mimo że są silni i bezwzględni, można ich jednak pokonać.

Razem z fotografem Rickiem Findlerem od sześciu lat relacjonujemy konflikty na Bliskim Wschodzie. Tak jak inni dziennikarze, przemieszczamy się z miejsca na miejsce i obserwujemy rewolucje, które mają przynieść wolność, ale przejmujący nad nimi kontrolę ludzie są jeszcze gorsi niż ci, którzy sprawowali władzę wcześniej.

Pamiętam niesamowitą radość libijskich bojowników, gdy oswobodzili miasta i wyzwolili kraj. Wciąż widzę więźniów, którzy wyszli wreszcie na wolność i mogli wrócić do swoich rodzin. Pamiętam pierwsze dni rewolucji w Syrii, gdy ludzie wierzyli, że uda im się obalić dyktatora i wyrażali swój entuzjazm na ulicach. Podobnie było w Egipcie, gdzie kairski plac Tahrir stał się symbolem nowej demokracji mającej zmienić oblicze całego regionu. Niestety, dziś niewiele zostało z tych nadziei – Bliski Wschód musi stawić czoło jeszcze groźniejszemu przeciwnikowi tkającemu swoją pajęczą sieć i odnoszącemu sukces za sukcesem.

Historia ISIS jest nie tylko historią dżihadystów, Syrii, Iraku lub po prostu Bliskiego Wschodu. To historia całego pokolenia ludzi żyjących w chaosie, całego regionu ogarniętego wojenną zawieruchą, całego świata, który znalazł się w poważnym niebezpieczeństwie. ISIS na nowo zdefiniuje sytuację polityczną na Bliskim Wschodzie, co przez kolejne dziesięciolecia będzie miało istotny wpływ na świat zachodni. Ten problem trzeba rozwiązać już teraz. Moja książka zabierze czytelnika do wnętrza tak zwanego Państwa Islamskiego, do kontrolowanych przez terrorystów miast, do ich obozów szkoleniowych i więzień. Opowiem historię bitew, które utorowały ISIS drogę do zwycięstwa. Opiszę proces rekrutacji nowych bojowników, propagandę władz tego quasi-państwowego tworu, jego finanse i politykę. Krótko mówiąc, pokażę czytelnikowi, jak wygląda ten świat od środka.

Z wielu powodów nie dało się uniknąć chaosu na Bliskim Wschodzie. W tym regionie zbyt wiele państw i rozmaitych grup ma swoje własne interesy i ze względów polityczno-religijnych dąży do wzajemnego zniszczenia. Podziały wewnętrzne rodzą również nienawiść do Zachodu. Musimy się nauczyć, jak sobie z tym wszystkim radzić, choć w zasadzie już od dawna powinniśmy to umieć. Ostatnio pasywna postawa administracji prezydenta Obamy sprawiła, że sprawy przybrały jeszcze gorszy obrót. Amerykańska polityka strategicznego niezaangażowania doprowadziła Bliski Wschód do punktu zwrotnego i jeśli pozostaniemy bierni, zagrożone będzie całe pokolenie. Wtedy może być już za późno. Straciliśmy zbyt wiele okazji i najwyższy czas, żeby zacząć działać. Mamy bowiem do czynienia z czymś podobnym do Al-Kaidy 2.0 – jeszcze potężniejszej i jeszcze brutalniejszej.

To prawie niewiarygodne, że dokładnie w tym czasie i w tym miejscu powstały odpowiednie warunki potrzebne do utworzenia ISIS. Były niczym rzadka koniunkcja planet. Powstała nie tylko armia, którą można przecież pokonać na polu bitwy, lecz także rosnąca w siłę każdego dnia ideologia. To wynik tego, co wydarzyło się na Bliskim Wschodzie w ostatnim stuleciu, i bardzo możliwe, że obecny układ będzie dominował przez następne sto lat.

Niektórzy uważają, że w ciągu dwóch lat ISIS osiągnęło więcej niż Al-Kaida przez dwie dekady i kontroluje dziś ogromne połacie Iraku i Syrii. Jednak w odróżnieniu od Al-Kaidy członkowie ISIS nie ukrywają się w położonych wysoko w górach jaskiniach, lecz stoją z podniesionym czołem na równinach Niniwy. Są dobrze uzbrojeni, mają odpowiednie zaplecze finansowe i tylko czekają na okazję do kolejnej bitwy. Nie jest też wcale przesadą twierdzenie, że ISIS będzie miało w tym regionie silną bazę jeszcze przez wiele lat. Chaos wywołany przez toczący się w Syrii konflikt ułatwia terrorystom sprawowanie kontroli nad miejscową ludnością. Duże znaczenie ma też religijny charakter tej wojny. Bojownicy dysponują obecnie ogromnymi sumami pieniędzy i mają wsparcie potężnych mocodawców. Wszystko to oznacza, że usunięcie tej rakowej narośli będzie przedsięwzięciem niezwykle trudnym.

ISIS stanowi zagrożenie dla stabilności regionu oraz dla światowego ładu. Pomysł, że możemy zapobiec rozprzestrzenianiu się chaosu poza Bliski Wschód, jest utopią. Jeśli Zachód nie zacznie działać, terroryści będą z pewnością powiększać kontrolowane terytorium. Niezwykle szybkie tempo, w jakim doszli do władzy, zdolność do grania na nosie nawet Stanom Zjednoczonym oraz inne czynniki działające na ich korzyść stanowią podwaliny absolutnej katastrofy.

Sukces ISIS należy rozpatrywać również w kontekście tak zwanej wojny zastępczej, którą Arabia Saudyjska prowadzi z Iranem. To pradawny konflikt, którego stawką jest władza nad regionem i całkowite podporządkowanie sobie przeciwnika. Tak jak w okresie zimnej wojny Związek Radziecki zmagał się ze Stanami Zjednoczonymi, tak teraz sunniccy i szyiccy wodzowie dążą do unicestwienia siebie nawzajem.

Ta książka to także opowieść pełna smutku. Ludzkie cierpienie wywołane przez konflikty w tym regionie jest wręcz niewyobrażalne. Ofiarami wojny i polityki zostały miliony zwykłych ludzi, którzy w wielu wypadkach stracili dosłownie wszystko. Rozdzielone rodziny, zniszczone cywilizacje, całe kultury zmiecione z powierzchni ziemi. Możni tego świata traktują to wszystko jak partię szachów, co jest naprawdę przerażające.

Arabska Wiosna wlała w serca obywateli ogromną nadzieję, że obalenie dyktatorów stanie się początkiem nowych, demokratycznych rządów, nowej wolności i nowej, prozachodniej władzy. Tak się jednak nie stało. Wiele krajów uległo wewnętrznym podziałom, ponieważ opresja i ucisk trwały zbyt długo i wybaczenie grzechów przeszłości okazało się niemożliwe. Najlepszym przykładem jest prezydent Syrii Baszar al-Asad, który wciąż utrzymując się przy władzy i podsycając konflikty religijne, stworzył doskonałe warunki dla powstania i rozwoju ISIS.

Gdy przyglądamy się początkom tej organizacji, widzimy stare i nowe nazwiska, płynnie zmieniające się tożsamości i sojusze. ISIS pojawiło się nagle i w ciągu zaledwie dwóch lat ustanowiło własny kalifat*.

Każdy, kto myśli, że ci terroryści to kompletni wariaci, powinien się dobrze zastanowić. Kieruje nimi niezwykle silna motywacja, są świetnie zorganizowani i elastyczni, nie zawahają się przed popełnieniem aktów ludobójstwa lub przeprowadzeniem czystek etnicznych. Stanowią wielkie zagrożenie, którego nie wolno lekceważyć.

Od chwili powstania w 2013 roku ISIS było znane pod wieloma różnymi nazwami: ISIS, ISIL, IS oraz DAESH. Co oznaczają te skróty? Który z nich jest poprawny? Postaram się rozwiać wszelkie związane z tym wątpliwości i wyjaśnić, dlaczego zdecydowałem się posługiwać określeniem ISIS.

Najczęściej używamy właśnie tej nazwy, która jest akronimem Islamic State in Iraq and Al-Sham (Państwo Islamskie w Iraku i al-Szam), co jest dosłownym tłumaczeniem arabskiego Ad-Daula al-Islamijja fi al-Irak wa-asz-Szam. Określenie „al-Szam" odnosi się do regionu obejmującego nie tylko Syrię, lecz także Liban oraz

* Kalifat – islamski ustrój polityczny, w którym głową państwa jest kalif. Pierwsze tego typu państwo powstało ponad 1,5 tys. lat temu, po śmierci proroka Mahometa. Odpowiednik cesarstwa w dawnej Europie.

część Turcji i Jordanii. To historyczna prowincja, która powstała po arabskim podboju Syrii w VII wieku.

Wcześniej ISIS znane było jako ISI, czyli Islamic State in Iraq (Państwo Islamskie w Iraku), a dodanie członu „al-Szam" było wyraźnym sygnałem, że organizacja planuje dalszą ekspansję i podbój całego regionu.

Jeszcze jedną nazwą, używaną na przykład przez prezydenta Obamę, jest ISIL. W rzeczywistości ten skrót oznacza to samo co ISIS. Jedyna różnica polega na tym, że litera L odnosi się do Lewantu, a nie do al-Szam, choć zasadniczo chodzi o ten sam region. Lewant to po prostu lekko archaiczne określenie na al-Szam, używane w językach europejskich. Słowo Lewant pochodzi od łacińskiego czasownika *levare*, czyli „wstawać", i odnosi się do terenów położonych na wschód od Morza Śródziemnego, nad którymi w czasach cesarstwa rzymskiego wschodziło słońce. Ten obszar obejmuje: Syrię, Liban, Turcję, Jordanię oraz część Egiptu.

W czerwcu 2014 roku ISIS ogłosiło, że zmienia swoją oficjalną nazwę na Państwo Islamskie. Co zadziwiające, większość mediów głównego nurtu zaczęła posłusznie używać określenia, które terroryści sami sobie wybrali. I tu leży pies pogrzebany. Proklamowanie na ziemiach okupowanych kalifatu pod nazwą Państwo Islamskie i uznanie się za niezawisły naród jest próbą usankcjonowania władzy.

Przyzwolenie, by grupa terrorystów decydowała, jakim mianem powinniśmy ją określać, jest groteskowe. Bezrefleksyjne uznanie ich jednostronnej deklaracji niepodległości jest już jednak czystym absurdem.

Większość muzułmanów na całym świecie sprzeciwiła się temu buńczucznemu oświadczeniu, lecz mimo to media wciąż mówią o Państwie Islamskim.

Jest jeszcze DAESH, czyli akronim powstały przez połączenie pierwszych liter arabskiej nazwy organizacji. Ten skrót jest powszechnie stosowany na Bliskim Wschodzie i chociaż powstał na bazie oficjalnej nazwy, członkowie ISIS go nienawidzą, ponieważ uważają, że jest obraźliwy. Słowo *daesh* ma bowiem również inne znaczenie: „zdeptani" lub „rozbici w pył". Gdyby to słowo było bardziej rozpoznawalne, z wielką chęcią sam bym go używał.

Dla potrzeb tej książki będę jednak stosował nazwę, którą poznaliśmy jako pierwszą, czyli ISIS.

# ISIS
## Państwo Islamskie

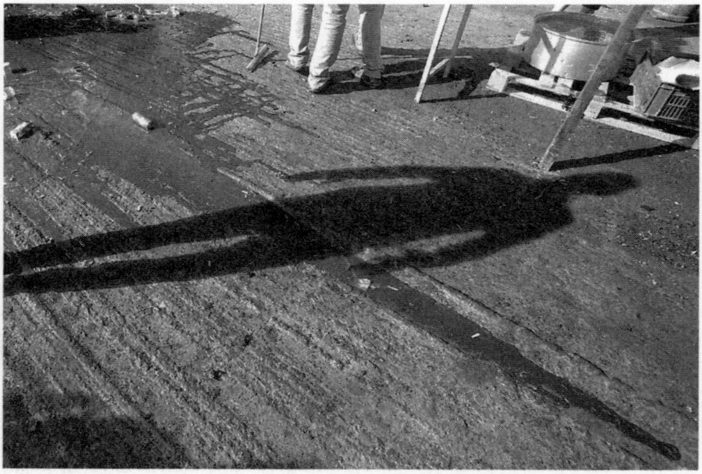

© Photo courtesy of Rick Findler

Cień żołnierza brygady antyterrorystycznej padający na strumień krwi, Bagdad, Irak, grudzień 2013 roku.

# ROZDZIAŁ 1

## ISIS wraca do domu

*Bagdad, Irak, listopad 2013 roku*

Był rześki zimowy poranek. Pielgrzymi powoli zmierzali w kierunku Karbali. Kobiety, mężczyźni i dzieci szli noga za nogą po zatłoczonej szosie. Niektórzy się modlili, inni wymachiwali flagami, wszyscy byli już bardzo zmęczeni.

Panował radosny nastrój, ponieważ obchodzono Aszurę – święto, podczas którego odbywa się najważniejsza dla szyitów pielgrzymka w roku. Około piętnastu milionów ludzi było wtedy w drodze do meczetu-mauzoleum Husajna bin Alego, żeby uczcić jego męczeństwo.

Zamknięto autostradę między Bagdadem a Karbalą. Wzdłuż drogi rozbito namioty, w których pielgrzymi mogli się posilić i odpocząć. W środku spotykali się ludzie z różnych stron kraju, dzielili smakołykami i wspólnie jedli z dostarczonych przez rząd wielkich kotłów wypełnionych ryżem, mięsem i warzywami. To było rodzinne święto.

Do jednego z takich namiotów wszedł zamachowiec samobójca. Udało mu się prześliznąć przez liczne kordony bezpieczeństwa i znaleźć w miejscu, w którym mógł zgładzić wielu szyickich wrogów.

Wyrzucając ręce do góry, krzyknął: *Allahu Akbar!* (Bóg jest wielki) i już chciał zdetonować ładunek wybuchowy, gdy rzucili się na niego stojący w pobliżu żołnierze. Starali się unieruchomić jego ramiona, przyciskając je z całej siły do tułowia. Powstało zamieszanie i ludzie zaczęli wpadać w panikę. W pewnym momencie terroryście udało się odepchnąć żołnierzy i na chwilę wyswobodzić jedną rękę, którą zdetonował bombę.

Wybuch zmiótł namiot z powierzchni ziemi i zabił stojących najbliżej zamachowca. Ich szczątki zostały rozrzucone w promieniu dwustu metrów. Dziesięć osób, w tym dwoje dzieci, zginęło na miejscu, a kolejne trzydzieści cztery zostały ranne.

Ciężko wyobrazić sobie bardziej makabryczny widok niż scenę po zamachu bombowym. Wzdłuż drogi płynie potok krwi, a kawałki ciał znajdują się dosłownie wszędzie: na ścianach, samochodach i ludziach, którzy przeżyli wybuch. Na każdym kroku można się natknąć na ręce, tułowie, potargane włosy i oderwane palce. Rannych przenosi się jak najszybciej z miejsca zbrodni. Mężczyźni zbierają szczątki do plastikowych worków, podnoszą z ziemi dłonie i palce, żeby krewni ofiar mieli co pochować, a potem zanoszą ociekające krwią i tłuszczem torby do furgonetki.

Wokół kłębią się setki policjantów i żołnierzy z różnych jednostek – słychać krzyki i spory o to, pod czyją jurysdykcją znajduje się ten teren. Panuje chaos. Członkowie rodzin i znajomi snują się po miejscu zamachu, lamentując. Wybuchają kłótnie i w mgnieniu oka dochodzi do zamieszek. Jeśli jesteś człowiekiem z Zachodu, często to właśnie na ciebie spada wina. Słychać okrzyki: „Szpiedzy, izraelscy szpiedzy!".

Zamachy bombowe stały się częścią życia w Iraku. Ładunki wybuchowe ukrywane są w długopisach, latarkach, książkach, filiżankach i masztach flagowych, w porzuconych ładowarkach do telefonów i butach – na dobrą sprawę w każdym przedmiocie, który dziecko może podnieść z ziemi i zabrać do domu. Ataki przeprowadzane są więc na masową skalę, a ich ofiary – przypadkowe. Od samego początku działanie ISIS charakteryzuje niezwykła brutalność i choć można w nieskończoność spierać się o to, kto pierwszy zaczął nakręcać spiralę przemocy, dziś każdy obwinia każdego i nikt nie pozostaje bez winy.

## *Maliki popełnia błąd*

*Odbyliśmy tysiące spotkań na poziomie lokalnym i włożyliśmy ogromny wysiłek w szkolenie, edukowanie i wychowywanie. Wszystko to zostało zaprzepaszczone przez iracki rząd, który z całą premedytacją podkreślał istniejące podziały, co doprowadziło do wykluczenia znacznej części społeczeństwa. Powstały warunki, w których ISIS mogło powrócić i odnieść niebywały sukces.*

Generał Dempsey

Wbrew powszechnemu przekonaniu, jakoby ISIS wyrosło na gruncie syryjskiej rewolucji, organizacja ta tak naprawdę powstała w Iraku i tam urosła w siłę. Przez dekadę kraj nękany był samobójczymi atakami terrorystycznymi, a rząd brutalnie rozgrywał konflikty między poszczególnymi grupami etnicznymi i religijnymi. Irak znalazł się na skraju przepaści. Codzienne wybuchy przemocy stanowiły idealną pożywkę dla rozwoju ISIS.

To prawda, że terroryści doszli do dzisiejszej potęgi właśnie w Syrii, kraju, który stał się jednym wielkim bezładnym polem bitwy. Ziarna ich sukcesu zostały jednak zasiane w Iraku, gdzie nasilające się niepokoje stworzyły im odpowiednie warunki do działania. W roku 2003, po kierowanej przez Amerykanów inwazji, nastąpiły próby odbudowy rozbitego wewnętrznie narodu, ale już wtedy na horyzoncie zbierały się czarne chmury.

Po pokonaniu armii Saddama Husajna pierwszą decyzją Amerykanów było powołanie nowego rządu, w którego skład wchodziliby przedstawiciele wszystkich frakcji polityczno-religijnych kraju. Premierem miał zostać szyita, wicepremierem sunnita, a prezydentem Kurd. Niestety, bardzo szybko ten plan spalił na panewce, ponieważ lekceważący wszelkie ostrzeżenia prezydent Nuri al-Maliki zaczął skupiać całą władzę w swoich rękach. Stworzył podległy mu, upolityczniony aparat służb bezpieczeństwa oraz zwrócił się do szyickiego sąsiada – Iranu – z prośbą o pomoc i wsparcie. Generał Dempsey, przewodniczący Kolegium Połączonych Szefów Sztabów, powiedział: „Daliśmy Irakowi szansę, ale z niej nie skorzystał".

W latach 1980–1988 Iran toczył długą wojnę z Saddamem Husajnem i kiedy w 2003 roku iracki dyktator został obalony, Teheran był zdeterminowany, by władzę w sąsiednim kraju objął przyjaciel, a nie wróg. Sprawowanie kontroli nad Irakiem umożliwiłoby również nawiązanie bezpośredniego kontaktu ze sprzymierzeńcami w Syrii i Libanie oraz prowadzenie skuteczniejszych działań przeciwko największym wrogom: Arabii Saudyjskiej i Izraelowi.

Iran zaczął więc wspierać Malikiego w jego dyktatorskiej polityce polegającej na izolowaniu sunnickich prowincji na zachodzie kraju i rozwiewaniu kurdyjskich marzeń o niepodległości na północy. Wpływy Iranu rosły i z czasem Maliki zaczął na dobrą sprawę bezpośrednio podlegać władzom w Teheranie. Na prawdziwą ironię losu zakrawa fakt, że na prowadzonej przez Amerykanów wojnie w Iraku najwięcej zyskał Iran, ich zaciekły wróg.

W okresie powojennym najpoważniejszym błędem było natychmiastowe wykluczenie z życia publicznego wszystkich członków kierowanej przez Saddama Husajna partii Baas. Żaden nie mógł służyć w nowo powstałej irackiej armii (jednym z największych pracodawców w kraju). Bezpieczeństwo Iraku znalazło się w rękach ludzi z niedużym doświadczeniem. Wielu sfrustrowanych aparatczyków straciło dosłownie wszystko. Tysiące wylądowały na bezrobociu. Nauczyciele, lekarze, profesorowie i wojskowi mieli zakaz pracy w sektorze publicznym, ponieważ w przeszłości byli zbyt blisko związani z reżimem, choć w czasach dyktatury wstąpienie do partii Baas było obowiązkowe.

Nie mieli żadnego źródła utrzymania i nie byli w stanie wykarmić rodzin. Ich frustracja rosła i w pewnym momencie za najsensowniejsze wyjście uznali przyłączenie się do sunnickich organizacji terrorystycznych działających na zachodzie kraju. To był jedyny sposób na uniknięcie ostatecznej katastrofy. Czystka przeprowadzona wśród dawnych członków partii to jeden z największych błędów popełnionych po obaleniu Saddama. Doświadczeni oficerowie nie mogli starać się o posady w od nowa formowanych siłach zbrojnych. Wybór ograniczył się więc tylko do nowicjuszy i chociaż w 2008 roku częściowo zmieniono uregulowania prawne, wyrządzonych szkód nie dało się już naprawić. Władzę przejęli szyici, którym przewodził Maliki i którzy nie mieli najmniejszej ochoty z nikim się nią dzielić.

## *Nostalgia*

*ISIS jest wydatnie wspierane przez byłych zwolenników Saddama Husajna. Po obaleniu dyktatora to właśnie oni wzniecili powstanie. Mieli pieniądze, dysponowali znacznym kapitałem ludzkim, sporą ilością broni i amunicji itd. Bardzo możliwie, że było to najlepiej sfinansowane powstanie we współczesnej historii.*

Generał Keane, były zastępca sztabu armii USA

W okresie powojennym wielu sunnitów mieszkających w zachodnim Iraku z coraz większą nostalgią wspominało poczucie bezpieczeństwa, którym cieszyli się pod rządami Saddama Husajna. Choć panowała dyktatura, sunnici byli wtedy znacznie bliżej władzy i nie stanowili celu krwawych zamachów bombowych, co w późniejszych czasach było niemal na porządku dziennym. Na północy i zachodzie kraju obalony prezydent stawał się znowu coraz bardziej popularny. W wielu mieszkaniach wisiały jego portrety. W roku 2012 byłem świadkiem, jak iraccy żołnierze oglądali film wychwalający Saddama i jego synów i bez żadnego skrępowania krzyczeli: „Ojcze, ojcze!".

Gdy siły ISIS zaatakowały Mosul, mieszkająca w Jordanii córka dyktatora Raghad Husajn udzieliła wywiadu, w którym jednoznacznie poparła terrorystów. „Z radością obserwuję wszystkie te zwycięstwa", powiedziała. „Pewnego dnia wrócę do Iraku i odwiedzę grób mojego ojca. Zdaję sobie sprawę, że może nie wydarzyć się to w najbliższej przyszłości, ale na pewno w końcu tak się stanie". Właśnie wtedy Interpol wydał nakaz aresztowania córki Husajna pod zarzutem „wspierania terroryzmu w Iraku".

Przez dziesięć długich lat byli członkowie partii Baas pozostawali w cieniu, trzymając się z dala od irackiej polityki i marząc, że kiedyś uda im się odzyskać władzę. Przyczaili się w lokalnych wspólnotach, a nieustające ataki ze strony rządu sprawiały, że zaczęli cieszyć się rosnącym poparciem społecznym. Byli regularnie aresztowani i torturowani. Niektórzy znikali bez śladu. Amerykanom nie udało się włączyć tej grupy do procesu odbudowy kraju, co walnie przyczyniło się do powstania i sukcesu ISIS. To był błąd, który dziś odbija się czkawką.

Funkcjonariusze partyjni mieli ogromne doświadczenie wojskowe i byli połączeni silnymi więzami plemiennymi z resztą społeczności w regionie. Udało im się nie tylko pozyskać rzesze zwolenników, lecz także skutecznie wpływać na ISIS. Trzech najważniejszych generałów biorących udział w zajęciu Mosulu było kiedyś członkami partii Baas. W tamtym czasie taką samą przeszłość miało ośmiu z dziesięciu najwyższych rangą wojskowych w całej armii ISIS. Pojawiły się plotki, jakoby Izzat Ibrahim ad-Duri, iracki dowódca, którego Saddam uważał za swojego brata, po dekadzie ukrywania się w Katarze i Syrii wrócił do kraju i brał udział w oblężeniu Mosulu. Jedno jest pewne – dzisiaj ad-Duri odgrywa w ISIS pierwszoplanową rolę*.

Gdy w czerwcu 2014 roku terroryści posuwali się w głąb Iraku, to właśnie już istniejąca sieć kontaktów znacznie ułatwiła zajmowanie kolejnych wsi i miast. Trzon armii, do którego dołączali uwolnieni z więzień bojownicy, mógł bez przeszkód kontynuować natarcie na kolejne cele – Bagdad i święte miasta szyitów: Karbalę i Nadżaf. W tym samym czasie sympatyzujące z ISIS, a wcześniej uciskane sunnickie plemiona przejmowały kontrolę nad podbitym obszarem. „Jako efektywna siła bojowa ISIS nie byłoby w stanie zapanować nad tak ogromnym terytorium", powiedział mi kurdyjski oficer wywiadu. „Ale dzięki pomocy byłych członków partii Baas i sunnickich plemion (zjednoczonych pod nową nazwą Armia

* Siedemnastego kwietnia 2015 r. władze Iraku ogłosiły, że Izzat Ibrahim ad-Duri zginął podczas operacji wojskowej na północy kraju, na wschód od Tikritu. Szczegóły: http://www.reuters.com/article/2015/04/19/us-mideast-crisis-iraq-douri-idUSKBN0NA10T20150419.

Nakszbandijja) byli w stanie nabrać odpowiedniego impetu".

Jeśli chcemy zatrzymać ekspansję ISIS, zerwanie tego rodzaju sojuszy będzie odgrywało zasadniczą rolę. Wielu irackich sprzymierzeńców tak zwanego Państwa Islamskiego to nie dżihadyści, lecz nacjonaliści, którzy uznali, że muszą wybrać mniejsze zło. Z pewnością mogą jednak zmienić zdanie, co w przeszłości już się zdarzało.

## *Zanim powstało ISIS*

© Photo by Sipa Press/REX

Abu Musab az-Zarkawi, do swojej śmierci w 2006 roku przywódca Al-Kaidy w Iraku (AQI). Za jego głowę wyznaczono nagrodę w wysokości dwudziestu pięciu milionów dolarów. Po inwazji na Irak jego działalność uważana była za największe zagrożenie dla amerykańskiej armii.

Rzecz jasna, ISIS nie urosło w siłę tylko i wyłącznie dzięki wsparciu byłych członków partii Baas i sfrustrowanych sunnitów. Choć ich pomoc niewątpliwie przyczyniła się do odniesienia błyskawicznego sukcesu, to w Iraku już od dziesięcioleci działały radykalne organizacje, które z punktu widzenia światowego dżihadu mogły pochwalić się znakomitym rodowodem. To właśnie na ich bazie powstało ISIS.

W 1999 roku w leżącym na zachodzie kraju i zdominowanym przez sunnitów regionie Anbar spore znaczenie uzyskała grupa terrorystyczna działająca pod nazwą Jama'at al-Tawhid wal-Jihad (dosłownie: Organizacja Jedności i Dżihadu). Tawhid została założona w latach dziewięćdziesiątych w Jordanii przez okrytego złą sławą Abu Musaba az-Zarkawiego, jednego z wielu bojowników walczących z Rosjanami w Afganistanie.

Po powrocie do Jordanii Zarkawi został aresztowany i skazany na sześć lat więzienia za posiadanie broni i materiałów wybuchowych. Gdy wyszedł na wolność w 1999 roku, zorganizował zamach bombowy na hotel Radisson w Ammanie i musiał uciekać z kraju. Schronił się na granicy pakistańsko-afgańskiej, gdzie za dwieście tysięcy dolarów, które wyłożył Osama bin Laden, jego stary znajomy jeszcze z czasów wojny w Afganistanie, założył obozy szkoleniowe. Potem do 2001 walczył z Amerykanami, aż wreszcie przeniósł swoją organizację do Iraku. Wsparcia i opieki udzielił mu rzekomo dość niezwykły sojusznik – Iran.

Mimo głęboko zakorzenionej nienawiści, którą darzą się wyznawcy dwóch odłamów islamu, rządzony przez szyitów Iran niejednokrotnie finansował grupy sunnickich ekstremistów w różnych częściach Bliskiego Wschodu. Początkowo wsparcie dla irackich radykałów miało na celu destabilizację reżimu Saddama Husajna i podważanie hegemonii Arabii Saudyjskiej. Skądinąd wiadomo, że wielu dżihadystów wykorzystywało górzyste pogranicze iracko-irańskie jako bezpieczną kryjówkę. W 2000 roku Iran odrzucił wniosek Jordanii o ekstradycję Zarkawiego, na którym w tym czasie ciążył już wyrok śmierci. Te kombinacje Iranu odgrywają dużą rolę w historii ISIS. Kraj ten wspiera bowiem rozmaite organizacje, które wykorzystuje jako narzędzia do realizacji własnych celów geopolitycznych. W tej układance znajduje się wiele elementów dużo starszych od ISIS.

W 2004 roku po przeprowadzeniu skutecznych zamachów na amerykańskich żołnierzy stacjonujących w Iraku Zarkawi złożył przysięgę wierności bin Ladenowi, a Tawhid przepoczwarzyła się w Iraku w Al-Kaidę (AQI), ugrupowanie, którego pełna nazwa brzmiała Tanzim Qaidat al-Jihad fi Bilad al-Rafidayn, co dosłownie znaczy „organizacja wspierająca dżihad w kraju dwóch rzek". Ataki Zarkawiego były wyjątkowo brutalne i miały masowy charakter. Pojawiały się doniesienia, że zamachowcami samobójcami byli upośledzeni umysłowo. Celami bywały kondukty pogrzebowe, a bomby ukrywano w trumnach. Sam Zarkawi miał zaś rzekomo osobiście ściąć głowy dwóm zachodnim zakładnikom: Nickowi Bergowi i Eugene'owi Armstrongowi.

Próby powstrzymania kierowanej przez Stany Zjednoczone inwazji zyskały ogromne wsparcie wśród plemion sunnickich, które stanowczo sprzeciwiały się okupacji kraju. Do Iraku zaczęli masowo napływać zagraniczni bojownicy. Wstępowali w szeregi AQI, żeby walczyć z Amerykanami. Wywołało to ogromny zamęt w kraju i uderzyło w chwiejne podstawy raczkującej demokracji. Zaangażowanie USA jest do dziś czynnikiem aktywizującym dżihadystów. Tamta wojna z Irakiem była przez wielu z nich traktowana jak walka z kolejną krucjatą.

W 2005 roku AQI była już w Iraku potężną siłą, a sam Zarkawi najbardziej poszukiwanym człowiekiem w kraju. Za jego głowę wyznaczono nagrodę w wysokości dwudziestu pięciu milionów dolarów. Kolejnym etapem rozbudowy struktur terrorystycznych było połączenie sił z Mudżahedińską Radą Szury (MSC), luźnym stowarzyszeniem radykalnych ugrupowań, czego rezultatem było powstanie nowej organizacji – Państwa Islamskiego w Iraku (ISI), bezpośredniego poprzednika ISIS. ISI toczyło ze Stanami Zjednoczonymi brutalną wojnę, używając mniej więcej tych samych środków co dzisiaj. Jednak w roku 2005 roku miejscowi szejkowie mieli dość nie tylko okrucieństwa terrorystów, lecz także prób przejęcia kontroli nad nielegalnymi interesami (chodziło głównie o przemyt gazu i ropy naftowej). Aby skutecznie przeciwstawić się ISI, sfrustrowani wodzowie założyli ugrupowanie pod nazwą Synowie Iraku.

*Sunnickie przebudzenie*

To właśnie Synowie Iraku doprowadzili do wyparcia ISI z Iraku, rzecz jasna, przy wydatnym wsparciu Amerykanów, którzy wypłacali im pensje, dostarczali broń i udzielali wsparcia logistycznego. W 2006 roku Zarkawi zginął podczas amerykańskiego nalotu, a w 2008 Synowie Iraku i miejscowe „rady przebudzenia" ostatecznie pokonały ISI. To wydarzenie zostało nagłośnione jako jeden z przykładów skutecznej współpracy między USA a Irakijczykami. W walce z ISIS w zachodnim Iraku Amerykanie chcą użyć tej samej strategii i zachęcają plemiona sunnickie do zorganizowania zbrojnej rebelii przeciwko rządom tak zwanego Państwa Islamskiego.

W szczytowym momencie Synowie Iraku liczyli pięćdziesiąt cztery tysiące bojowników, którzy wspólnymi siłami wyparli ISI z kraju, ale kiedy w 2008 roku Stany Zjednoczone scedowały na rząd w Bagdadzie kwestię ich wynagrodzenia, ugrupowanie się rozpadło. Maliki bał się obecności na zachodzie Iraku uzbrojonych oddziałów i nie chciał dopuścić, by sunnici stworzyli regularne wojsko. Rząd przestał wypłacać im żołd i rozpoczął aresztowania. Niepokorni byli torturowani i zamykani w tajnych więzieniach. Los niektórych do dziś pozostaje nieznany.

Prawdziwe kłopoty zaczęły się, gdy na prezydenta USA został zaprzysiężony Barack Obama. Jego początkowa strategia polegała na znacznym ograniczeniu amerykańskiego zaangażowania na Bliskim Wschodzie i jak najszybszym wycofaniu wojsk z Iraku. Działo się to w chwili, gdy kraj zaczął powoli stawać na własnych nogach. Obamie nie udało się jednak doprowadzić do podpisania nowej umowy o statusie Sił Zbrojnych, w ramach której w Iraku nadal stacjonowałaby część amerykańskiego kontyngentu. Skończyło się to katastrofą i całkowitym załamaniem systemu bezpieczeństwa.

Rozmawiałem o tym z Jackiem Keane'em, emerytowanym czterogwiazdkowym generałem i jednym z architektów amerykańskich sukcesów w Iraku. Doświadczony wojskowy wyjaśnił mi, co się wtedy wydarzyło: „W 2009 roku przemoc w Iraku została ograniczona o jakieś dziewięćdziesiąt procent i na dobrą sprawę pokonaliśmy Al-Kaidę. Przechwytywaliśmy e-maile, które wysyłali do centrali w Pakistanie i podsłuchiwaliśmy ich rozmowy telefoniczne. Na własne oczy widziałem wiadomości o następującej treści: »Nie przysyłajcie więcej zagranicznych bojowników, tutaj wojna się skończyła, przegraliśmy«".

„Problemem był Maliki. To nikczemny człowiek. Moim zdaniem Obama, wycofując się z Iraku i pozostawiając Malikiego samemu sobie, tylko pogłębił jego paranoję i poczucie zagrożenia. Po zaprzysiężeniu nasz prezydent miał mocne postanowienie, żeby zrobić dwie rzeczy: wycofać się z Iraku i wycofać się Afganistanu. I to jak najszybciej. Ta strategia była bardzo na rękę Iranowi. Irańscy przywódcy na pewno mówili wtedy: »To nie do wiary, ale ten Obama wychodzi z Iraku i zostawia nam drzwi otwarte na oścież!«".

„Maliki chciał pozostać ważnym sojusznikiem Ameryki. Zależało mu na długofalowym strategicznym partnerstwie z USA, ale Obama zrezygnował z dalszej współpracy".

W lipcu 2010 dowództwo nad powoli odradzającymi się resztkami ISI objął Abu Bakr al-Baghdadi, przyszły samozwańczy kalif i brutalny wódz ISIS. Kości zostały rzucone.

# ROZDZIAŁ 2

## Kalif

Abu Bakr al-Baghdadi, zimny i wyrachowany mistrz kamuflażu, pojawił się znikąd, żeby przejąć kontrolę nad ISI. Tak naprawdę nazywa się Ibrahim Awwad Ibrahim Ali al-Badri as-Samarra'i. Urodził się w 1971 roku w mieście Samarra położonym na północ od Bagdadu. Jego ojciec był kaznodzieją i al-Baghdadi poszedł w jego ślady. W wieku osiemnastu lat zaczął studia na Uniwersytecie Irackim w Bagdadzie i przez następną dekadę zgłębiał tajniki szariatu. Według propagandy ISIS uzyskał stopień licencjata, magistra i wreszcie doktora prawa, lecz informacje te nigdy nie zostały potwierdzone.

Mieszkańcy dzielnicy Tobczi, w której w czasach studenckich mieszkał al-Baghdadi, wspominają go jako cichego i nieśmiałego mężczyznę. Świetnie grał w piłkę nożną i była to jedyna rzecz, w której się wyróżniał. Od czasu do czasu prowadził modlitwy w miejscowym meczecie, ale zdaniem osób, które go wtedy znały, nigdy nie był imamem, co stoi w sprzeczności z oficjalnymi komunikatami ISIS.

Al-Baghdadi ożenił się i miał syna. Według raportów amerykańskiego wywiadu, w 1999 roku, kilka lat po ukończeniu studiów, został członkiem Al-Kaidy. Mieszkał wtedy w niewielkim mieście Al-Qa'im na granicy z Syrią, w leżącej na zachodzie Iraku rozległej prowincji Anbar. Dokument Pentagonu z 2005 stwierdza, że działając pod pseudonimem Abu Du'a, „miał związek z zastraszaniem, torturowaniem i mordowaniem miejscowych cywilów. Porywał nie tylko pojedyncze osoby, lecz także całe rodziny. Przedstawiał im akt oskarżenia, wydawał wyroki i dokonywał publicznych egzekucji".

Szkopuł w tym, że w Iraku pseudonimy są w powszechnym użyciu. Chociaż opis niezwykle brutalnych metod pasuje do dzisiejszego przywódcy ISIS, to nie jest do końca pewne, czy akurat ten „Abu Du'a" to właśnie al-Baghdadi. Generał broni sir Graeme Lamb, ówczesny dowódca brytyjskich oddziałów specjalnych, powiedział: „Mężczyznę o takim pseudonimie aresztowaliśmy lub zabiliśmy przynajmniej pięć, sześć razy. Jest jak widmo pojawiające się w różnych miejscach. W tym wypadku trudno powiedzieć, gdzie kończy się rzeczywistość, a zaczyna fikcja".

Informatorzy działający wewnątrz ISIS twierdzą, że al-Baghdadi korzysta z usług sobowtórów, podczas spotkań nigdy nie odsłania twarzy i zaledwie kilka osób wie, jak naprawdę wygląda.

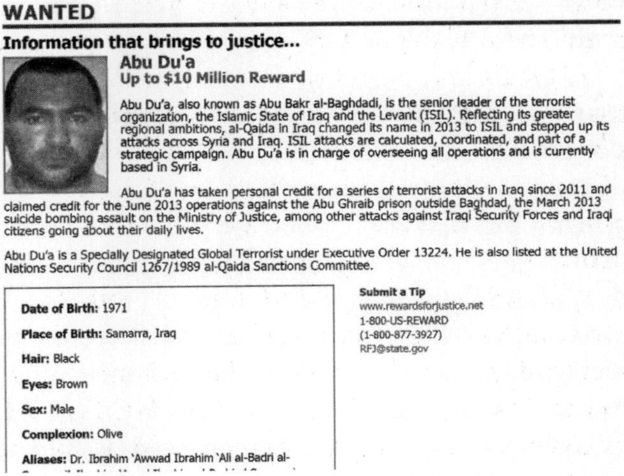


Poszukiwany Abu Bakr al-Baghdadi, założyciel ISIS. Plakat rozpowszechniany przez Departament Stanu USA.

## *Obóz Bucca*

Pod koniec 2005 roku al-Baghdadi został aresztowany przez Amerykanów jako znany współpracownik Al-Kaidy. Trafił do obozu Bucca, gdzie poznał wielu ludzi, z którymi później założył ISIS. Właśnie tam jego poglądy uległy dalszej radykalizacji. Za czasów amerykańskiej okupacji obóz Bucca był największym centrum zatrzymań w Iraku. Przetrzymywano tam jednocześnie około dwudziestu czterech tysięcy podejrzanych i niektórzy z byłych więźniów twierdzą, że w rzeczywistości był to „obóz szkoleniowy dla terrorystów". Miały się tam odbywać lekcje, jak przeprowadzać zamachy bombowe, a osadzeni, którzy przejmowali zachodnie obyczaje, padali ofiarami brutalnych napaści.

Bucca była rozległym, otoczonym drutem kolczastym terenem, na którym stały setki namiotów podzielonych na wiele oddzielnych bloków więziennych. Strażnicy – głównie rezerwiści – musieli stawiać czoło burzom piaskowym, sześćdziesięciostopniowym upałom w ciągu dnia i zimnym nocom, podczas których temperatura spadała poniżej zera.

W sumie w obozie Bucca razem z al-Baghdadim przebywało najprawdopodobniej dziewięciu późniejszych wysokich rangą dowódców ISIS, wśród nich jego zastępca, były podpułkownik armii Saddama Husajna, oraz ludzie odpowiedzialni obecnie za nadzór nad zagranicznymi bojownikami, zamachowcami samobójcami, sierotami i magazynami ISIS.

Jest więcej niż prawdopodobne, że przynajmniej niektórzy z nich spotkali się w obozie, gdy przebywał tam al-Baghdadi, który nigdy nie był przetrzymywany w pilnie strzeżonym Bloku Czternastym, ponieważ nie uważano go za szczególnie groźnego. Pułkownik Kenneth King wspomina go jako jednego ze spokojniejszych więźniów. Bardzo możliwe, że radykałowie i byli członkowie partii Baas spotykali się i konspirowali, żeby najzwyczajniej w świecie skrócić sobie czas odsiadki.

Gdy nie knuli spisków, wszczynali bójki. Regularnie atakowali strażników bronią własnej produkcji. W celach często znajdowano noże, maczety, baty i nunczako. Więźniowie kopali pod obozem tunele, niszczyli poszycia namiotów, żeby zrobić z nich wojskowe mundury i organizowali ucieczki. Niektóre kończyły się powodzeniem, ale niemal zawsze udawało się zatrzymywać zbiegów na otaczającej obóz pustyni.

Jednym z ulubionych – i niewątpliwie bardziej pomysłowych – rodzajów broni były tak zwane herbaciane kamienie. Osadzeni mieszali herbatę z błotem i suszyli ulepione bryłki na słońcu. Powstawały w ten sposób wystarczająco twarde pociski, którymi strzelano z różnego rodzaju proc do wartowników, powodując u nich całkiem poważne obrażenia.

Często wybuchały zamieszki, choć zazwyczaj nie dotyczyły one strażników, lecz więźniów z wrogich frakcji. Dlatego też w pewnym momencie rozdzielono przedstawicieli różnych plemion, wyznań i odłamów religijnych. Spory między przetrzymywanymi rozstrzygały zwykle powoływane przez nich samych sądy szariatu. Oskarżonym o uleganie „zachodniemu stylowi życia" groziły surowe kary. Jednego z więźniów, którego uznano za winnego udzielania pomocy Amerykanom, brutalnie zaatakowano i wyłupiono mu oczy.

Z czasem strażnicy, obserwując interakcje między osadzonymi, nauczyli się rozpoznawać ekstremistów i prowodyrów. Co ciekawe, żaden z funkcjonariuszy nie przypomina sobie jednak, by al-Baghdadi sprawiał jakieś szczególne problemy. Gdy ekstremiści urośli w siłę, władze postanowiły sprowadzić do obozu duchownych głoszących bardziej umiarkowaną interpretację Koranu. Zorganizowano też specjalne zajęcia mające utemperować radykalne nastroje. Niestety, nie cieszyły się one powodzeniem, ponieważ ich uczestnikom groziły oskarżenia o kolaborację.

Al-Baghdadi wyszedł na wolność we wrześniu 2009 roku, kiedy kontrolę nad obozem przekazano irackiej armii. Być może stało się to w wyniku ogłoszonej przez rząd amnestii, ale jest równie prawdopodobne, że po prostu nie rzucał się w oczy i zdaniem władz nie stanowił żadnego zagrożenia. Ówczesny komendant obozu twierdzi, że na odchodne al-Baghdadi powiedział: „Do zobaczenia w Nowym Jorku".

### *Al-Baghdadi rośnie w siłę*

W lipcu 2010 roku, już po wyjściu z obozu Bucca, al-Baghdadi został wybrany na dowódcę odradzającego się ISI. Zastąpił na tym stanowisku zabitego przez Amerykanów Abu Omara al-Baghdadiego. Głosowało na niego dziewięciu z jedenastu członków Rady Szury, którzy mianowali go również szefem Al-Kaidy w Iraku. Tak spektakularny awans i tak wysokie poparcie uzyskane zaledwie rok po odzyskaniu wolności wskazują, że al-Baghdadi nie siedział w więzieniu bezczynnie, lecz bez zbędnego rozgłosu zawierał nowe sojusze.

W następnych latach zorganizował w Bagdadzie kilka zamachów bombowych, których ofiarami byli zarówno sunniccy parlamentarzyści, jak i szyici. Wydaje się, że od samego początku zależało mu na podsycaniu konfliktów religijnych. Trzy dni po śmierci bin Ladena al-Baghdadi zapowiedział ataki odwetowe. W oficjalnym oświadczeniu sławił pamięć byłego przywódcy Al-Kaidy i ogłosił, że w ramach zemsty przygotuje sto zamachów. Między marcem a kwietniem 2011 roku udało mu się z powodzeniem przeprowadzić brutalną serię dwudziestu trzech ataków terrorystycznych, w których zginęły setki ludzi.

Al-Baghdadi złożył przysięgę wierności następcy bin Ladena Ajmanowi az-Zawahiriemu, ale jednocześnie starał się systematycznie powiększać grono swoich zwolenników i umacniać własną pozycję. Nowych stronników szukał przede wszystkim wśród pozbawionych praw byłych członków partii Baas i oficerów armii Saddama Husajna. Publicznie oznajmił, że kierowana przez niego organizacja ma zamiar powrócić na tereny, z których została wyparta przez Amerykanów. Dotrzymał słowa.

### *Ucieczka z więzienia*

Dwudziestego pierwszego lipca 2012 roku al-Baghdadi ogłosił start kampanii „Niech runą mury". Miał zamiar uwolnić więzionych w całym kraju dżihadystów i w ten sposób zapewnić swojemu ugrupowaniu napływ świeżej krwi. Kampania trwała równo rok. W tym czasie doszło do serii świetnie zorganizowanych i wyjątkowo brutalnych ataków na zakłady karne, w których przetrzymywani byli najgorsi kryminaliści. Jednocześnie al-Baghdadi zwiększył liczbę zamachów na życie pojedynczych, konkretnych osób i nadal podsycał konflikty religijne. Wiedział, że stanowi to klucz do przejęcia kontroli nad prowincją Anbar. Decyzja, żeby zawczasu poinformować opinię publiczną o rozpoczęciu kampanii, była czymś wyjątkowym, ale z czasem stało się to znakiem firmowym działań

ISIS. Chodziło o możliwość dyktowania warunków, na jakich prowadzone będą działania wojenne. Akcja „Niech runą mury" pokazała, że al-Baghdadi potrafi zapewnić sprzęt oraz zaplanować, sfinansować i przeprowadzić w tym samym czasie wiele skoordynowanych ze sobą ataków. Jego działania wywołały w Iraku kompletny chaos.

Przez następny rok wzięto szturmem osiem więzień, a w całym kraju lawinowo rosła liczba zamachów terrorystycznych przeprowadzanych za pomocą samochodów pułapek. Kulminację stanowił atak na położone na zachód od Bagdadu słynne więzienie Abu Ghraib. Żeby odwrócić uwagę władz od przygotowań, kilka dni wcześniej w okolicach Bagdadu niemal jednocześnie wybuchło osiem bomb. Uderzenie na Abu Ghraib zostało również zsynchronizowane z atakami na okoliczne instalacje wojskowe.

Szturm rozpoczęto w niedzielę 21 lipca 2013 roku o wpół do dziesiątej wieczorem. Do sforsowania specjalnie wzmocnionych murów użyto licznych samochodów pułapek, zamachowców samobójców i granatników przeciwpancernych. Gdy bojownicy ISI wdarli się na teren pogrążonego w ciemnościach kompleksu więziennego, rozpoczęły się trwające kilka godzin zacięte walki. W końcu Abu Ghraib padło łupem terrorystów i ponad pięciuset osadzonych odzyskało wolność.

Ukrycie pięciuset zbiegów na obszarze kontrolowanym przez wroga nie było wcale takie łatwe, ale al-Baghdadi wszystko dobrze zaplanował. Trwające w tym samym czasie ataki na inne cele rozproszyły siły przeciwnika. Więźniowie uciekali pieszo we wszystkich możliwych kierunkach. Ich celem były ustalone wcześniej punkty zborne. Na miejscu czekały na nich samochody, którymi szybko docierali na bagdadzkie obwodnice. Stąd łatwo było dostać się do od dawna sprzyjających Al-Kaidzie okolicznych wiosek, w których zorganizowano dla nich kryjówki. Wydaje się oczywiste, że cała operacja była niezwykle starannie przygotowana. Z różnych doniesień wynika, że każdy dokładnie wiedział, dokąd ma uciekać.

Zbiegli więźniowie stanowili prawdziwą śmietankę terrorystów, którzy znaleźli się za kratkami w wyniku wielu amerykańskich obław przeprowadzonych w latach 2006–2008. Teraz odzyskali wolność i podlegali bezpośrednio al-Baghdadiemu i ISI. W ten sposób powstała armia, z której już wkrótce wyłoni się ISIS. Tymczasem po drugiej stronie granicy, w Syrii, szalała wojna domowa.

Zniszczony meczet w mieście Azaz w północnej Syrii, październik 2012 roku.

# ROZDZIAŁ 3

## Rozpad Syrii

*Prawda jest taka, że aby pokonać Państwo Islamskie, trzeba również pokonać Baszara Asada. Prezydent Obama nadal stara się to ignorować, co tylko odwleka rozwiązanie problemu kosztem życia Syryjczyków i bezpieczeństwa USA. Wszystko wskazuje na to, że Syria jeszcze bardziej pogrąży się w chaosie i Ameryka będzie musiała wreszcie zareagować. Wtedy będziemy jednak mieli znacznie mniejszy wybór gorszych i kosztowniejszych scenariuszy działania.*

Senatorzy John McCain i Lindsey Graham

*Idlib, Syria, 2012 rok*

Już z daleka widać było światła kolumny syryjskich pojazdów wojskowych wspinających się powoli w kierunku jaskini, w której siedzieliśmy skuleni wokół prowizorycznego piecyka, od kilku dni dającego nam trochę ciepła. Wokół nas trwała zażarta dyskusja. Bojownicy Wolnej Armii Syrii spierali się, czy należy oddać nas w ręce reżimowych władz, czy też próbować walczyć o nasze ocalenie. Rozstrzygali o naszym losie, a my nie mieliśmy nawet prawa głosu.

Abu Ali, komendant oddziału, stanowczo opowiadał się za przeszmuglowaniem nas z powrotem do Turcji. Uważał, że musimy opowiedzieć światu o tym, co zobaczyliśmy. Jego ludzie wiedzieli jednak, że dla nich i dla ich rodzin oznacza to dodatkowe kłopoty. To z naszego powodu jechały tu wojskowe ciężarówki. Sytuacja robiła się coraz bardziej napięta.

Poprzedniego dnia razem z fotografem Rickiem Findlerem dostaliśmy się nielegalnie do niewielkiego syryjskiego miasteczka Taftanaz, oddalonego o około pięćdziesiąt kilometrów od granicy tureckiej. Na zatłoczonych, biednych uliczkach żołnierze Wolnej Armii Syrii – miejscowi mężczyźni, którzy dołączyli do walki z Baszarem al-Asadem, żeby bronić swoich rodzin – pokazywali nam spustoszenia dokonane przez siły rządowe. Konflikt wybuchł zaledwie kilka miesięcy wcześniej, ale w tym krótkim czasie zdążył ulec niebywałej eskalacji. Tamtego wieczoru o zmierzchu zorganizowano pokojową demonstrację, podczas której ludzie opłakiwali ostatnie ofiary. Wcześniej tego samego dnia syryjskie wojsko zaatakowało niewielkie osiedle mieszkaniowe. Jedynym powodem była chęć zastraszenia mieszkańców i wybicia im z głowy jakichkolwiek protestów.

Osiedle niszczono bardzo metodycznie. Najpierw domy ostrzelano, potem wysadzono je w powietrze, a na koniec zrównano z ziemią spychaczami. Zostały jedynie ulice pełne gruzów. Po odejściu regularnego wojska nadciągnęły szwadrony śmierci Szabiha. Ich funkcjonariusze jeździli po mieście samochodami i strzelali z okiem do przechodniów. Właśnie z tego powodu mieszkańcy zorganizowali wieczorem demonstrację przeciwko brutalności reżimu.

Staliśmy w pobliżu skandujących dzieci, gdy nagle z okolicznych dachów padły strzały. Siły wierne Asadowi otoczyły zgromadzenie i zaczęły zabijać niewinnych ludzi. Wybuchła panika i zostaliśmy błyskawicznie wyprowadzeni z tłumu. Wielu miejscowych obróciło się przeciwko nam – krzyczeli i próbowali nas pobić. Bali się, że nasza obecność może tylko pogorszyć ich sytuację. Żyli w strachu dosłownie przed wszystkim.

Później tego samego dnia, gdy ukrywaliśmy się w jaskini, dotarły do nas informacje, jakoby wojsko wiedziało, że sfilmowaliśmy tragiczne wydarzenia, i wysłało specjalny oddział, żeby nas aresztować. Dlatego nasz los stał się przedmiotem burzliwej dyskusji. W tym regionie kraju działali pośrednicy, utrzymujący kontakty zarówno z reżimem, jak i z rebeliantami. To właśnie oni przekazali wiadomość, że należy wydać nas władzom.

Po dwugodzinnej debacie zwyciężyły w końcu racje Abu Alego. Błyskawicznie zwieziono nas ze wzgórz rowerami, a potem mieliśmy dotrzeć na granicę, wielokrotnie przesiadając się z samochodu do samochodu. Na północy trwała właśnie ofensywa syryjskiej armii, więc wbrew logice, żeby uniknąć niebezpieczeństwa, musieliśmy najpierw wjechać w głąb kraju rządzonego przez Asada. Gdy zbliżaliśmy się do niewielkiego miasteczka, na drogę wyskoczyli z wrzaskiem uzbrojeni mężczyźni. Obok naszego auta zaczęły świstać kule. Siedzący z przodu bojownicy sięgnęli po karabiny.

Nasz przewodnik zaczął krzyczeć, żeby nie strzelali, i kazał nam wysiadać z samochodu z podniesionymi rękami. Obok przeleciał kolejny pocisk. Gdy ruszyłem przed siebie, serce waliło mi jak szalone. Nagle jeden z napastników nas rozpoznał. Obie strony myślały, że mają do czynienia z oddziałem Szabihy, który wysłano za nami w pościg. Potem już bez przygód udało nam się oddalić od linii frontu i po ponadkilometrowej wspinaczce po stromych skałach dotarliśmy do tureckiej granicy. Czułem się jak nowo narodzony.

*Syria*

© Photo courtesy of Rick Findler

Uchodźcy uciekający przed zbliżającym się frontem, północna Syria, maj 2012 roku.

Konflikt syryjski jest jedną z największych tragedii współczesnej historii i to nie tylko dlatego, że zanim w kraju zapanował chaos, wszystko wydawało się zmierzać we właściwym kierunku. Asad wykonywał wiele pożądanych ruchów – stopniowo otwierał Syrię na świat, uwolnił setki więźniów politycznych aresztowanych jeszcze przez jego ojca, zachęcał do swobodniejszej wymiany poglądów i wziął za żonę sunnitkę. Zachodni turyści odwiedzali piękne bazary w Aleppo i suk w Damaszku, a po powrocie do domu opowiadali o niezwykłej życzliwości i gościnności Syryjczyków.

Bazary zniszczono, a krwawy konflikt wygnał większość mieszkańców kraju z domów. Jak do tego doszło?

Na początku wojny z terroryzmem, czyli już w 2001, Syria była nieoficjalnym partnerem Stanów Zjednoczonych, tak samo zresztą jak Iran, i pomimo gróźb dzieliła się z Amerykanami danymi wywiadowczymi. W 2007 roku USA poprosiły Asada o wsparcie w walce z radykałami w zachodnim Iraku, głównie z Al-Kaidą, nad którą kontrolę przejął później al-Baghdadi. W ramach tej współpracy Syryjczycy przesłuchiwali podejrzanych o terroryzm.

Asad zaczął jednak działać na dwa fronty. Dawał schronienie tym samym terrorystom, z którymi miał rzekomo walczyć, i pozwalał im na swobodne przemieszczanie się po kraju. Wspomagał też Hamas i Hezbollah, z nadzieją że doprowadzi to do destabilizacji Iraku i utrudni Amerykanom działanie.

Po obaleniu Saddama Husajna w 2003 Stany Zjednoczone nie mogły dłużej tolerować dwulicowej polityki Asada i uznały Syrię za część tak zwanej Osi Zła.

Gdy w 2012 roku w Syrii wybuchła rewolucja, wielu obserwatorów miało nadzieję lub było nawet głęboko przekonanych, że sprawy przybiorą taki sam obrót jak w Tunezji, Egipcie i Libii, gdzie udało się obalić brutalnych dyktatorów i gdzie, jak się wydawało, zapanuje demokracja. Teraz wiemy, że wcale tak się nie stało – w Egipcie władzę przejęło wojsko, a w Libii wybuchła wojna domowa. Jednak w tamtym czasie w całym regionie zrodziła się nadzieja, że daleko idące zmiany są możliwe.

Niestety, historia lubi się powtarzać i wiele razy kontrolę nad rewolucjami przejmowały ciemne siły, a nie ci, którzy jako pierwsi podjęli trud walki z opresją. Podobnie usunięcie autorytarnych przywódców nader często prowadziło do długich okresów destabilizacji. Tak było w wypadku Muammara Kaddafiego, Saddama Husajna, Hosniego Mubaraka i teraz Baszara Asada. W krajach niegdyś trzymanych w ryzach przez rządy silnej ręki teraz wybuchały krwawe konflikty wewnętrzne.

W Syrii wszystko zaczęło się od zamordowania stu dwudziestu demonstrantów protestujących przeciwko aresztowaniu piętnastu nastolatków, którzy w mieście Dara malowali na murze antyrządowe hasła. To była iskra, która wznieciła pożar. Wkrótce na ulicę wyszły setki ludzi, którzy w pokojowych demonstracjach nawoływali do uwolnienia więzionych nastolatków. Asad bał się, że będzie kolejnym obalonym przez lud dyktatorem, jednak nie miał zamiaru ustąpić. Ciesząc się silnym poparciem Iranu i Rosji, postanowił brutalnie rozprawić się z opozycją i siłą zmusić niezadowolonych do uległości.

Jego ojciec z powodzeniem zastosował podobną taktykę w 1980 roku, gdy Bractwo Muzułmańskie zorganizowało nieudany zamach na jego życie. Kulminacją działań odwetowych była masakra w mieście Hama, w której zginęło dwadzieścia tysięcy ludzi. Syn poszedł więc w ślady ojca. Zamiast zgodzić się na ustępstwa, wysłał przeciwko Bogu ducha winnym demonstrantom uzbrojone po zęby wojsko. W regionach, które ośmieliły się wystąpić przeciwko dyktatorskiej władzy, zaczęto metodycznie niszczyć całe wioski.

Na początku konfliktu żołnierze stacjonowali w dobrze strzeżonych bazach, które opuszczali tylko w konwojach pancernych, żeby przeprowadzać ataki na chybił trafił. Asad chciał pokazać przeciwnikom, że nie mają żadnych szans na zwycięstwo, i do pewnego momentu miał rację. Pamiętam, jak niedługo po wybuchu rewolucji ukrywałem się z rebeliantami w górskich jaskiniach i gdy wchodziliśmy do jakiegoś miasteczka, ludzie podnosili ręce do góry i klękali na chodnikach. „Co możemy zrobić?", krzyczeli. „Pomóżcie nam".

W tamtym czasie opór przeciwko Asadowi sprowadzał się do wojny partyzanckiej prowadzonej na ograniczoną skalę przy użyciu strzelb myśliwskich i kilku starych kałasznikowów. Wciąż organizowano też uliczne demonstracje, które miały zdecydowanie pokojowy charakter. Poruszanie się po kraju było niezwykle trudne – trzeba było albo odpalić bombę na jednej drodze, żeby odciągnąć uwagę wojska i móc bezpiecznie przejechać inną trasą, albo korzystać z prastarych ścieżek, które znali tylko miejscowi.

Mimo wysiłków Asada Syryjczycy jednak się nie poddawali. Uważnie obserwowali wydarzenia Arabskiej

Wiosny i czuli, że teraz przyszła ich kolej. Należy podkreślić, że w tamtym czasie zbrojna rebelia dopiero się rodziła, a ludzie bardzo spontanicznie występowali przeciwko dyktaturze.

Nikt im jednak nie pomógł. Być może wynikało to ze znużenia trwającym od dekady konfliktem na Bliskim Wschodzie lub po prostu z braku odpowiedniego rozwiązania. Raporty wywiadowcze, które ostrzegały, że Syria może stać się wylęgarnią terrorystów, zamiatano pod dywan i chociaż prezydent Obama był wielokrotnie informowany o rosnącej sile ISIS, postanowił to ignorować.

*Asad*

© Photo courtesy of Rick Findler

Rebelianci wyrażają swoją nienawiść do prezydenta Baszara al-Asada, Aleppo, Syria, styczeń 2013 roku.

Baszar nie spodziewał się, że zostanie przywódcą Syrii. Na następcę wyznaczono jego starszego brata Basila. W 1994 roku doszło jednak do tragedii: Basil poniósł śmierć w wypadku samochodowym, gdy jechał na lotnisko w Damaszku. Baszar odbywał w tym czasie staż na oddziale okulistycznym w jednym z londyńskich szpitali. Został niezwłocznie wezwany do kraju i wstąpił do akademii wojskowej, żeby zdobyć odpowiednie kwalifikacje. W 1998 roku objął dowództwo nad syryjskimi oddziałami okupującymi Liban i zaczął przygotowywać się do przejęcia schedy po ojcu.

Wielu uważało, że został przywódcą wbrew własnej woli, ale gdy w 2000 roku objął władzę po śmierci ojca, niemal od razu zaczął odciskać na kraju swe piętno. Uwolnił wielu więźniów politycznych, rozpoczął prywatyzację banków i wyraził zgodę na wydawanie niezależnych gazet. Dzięki niemu w kraju pojawił się internet. Zrezygnował również z parad wojskowych, które z wielką pompą organizował jego ojciec, a po Damaszku lubił przemieszczać się za kierownicą własnego audi. Do tego miał niezwykle efektowną żonę Asmę i starał się pielęgnować wizerunek prezydenta blisko związanego ze swoim ludem. Ten krótki okres reform został nazwany „Damasceńską Wiosną".

Niestety, już po roku okazało się, że to tylko fasada i Baszar pokazał swoje prawdziwe oblicze. W 2001 studenci i nauczyciele akademiccy wystąpili z petycją o dalsze liberalne reformy. Chcieli jeszcze więcej swobód i nowego parlamentu, ale prezydent Asad nie miał zamiaru ograniczać swojej władzy. Rozprawił się z opozycją i przez następną dekadę korzystał ze sprawdzonych metod swojego ojca, chociaż przed resztą świata wciąż starał się odgrywać rolę łagodnego niewiniątka.

Gdy na Bliski Wschód zawitała Arabska Wiosna, Asad zaostrzył kurs wobec przeciwników politycznych i zaczął nasyłać na nich osławione szwadrony śmierci Szabiha. Funkcjonariusze tej paramilitarnej jednostki od kilku dekad stanowili podporę reżimu i byli szczególnie aktywni na syryjskim wybrzeżu, zwłaszcza w okolicach miasta Latakia, oraz w Damaszku. Uważano ich za najokrutniejszych popleczników władzy. Sprawowali kontrolę nad gangami przemytników i za rządów Asada doszli do niemałych fortun. W powszechnej opinii byli nietykalni. Słowo „Szabiha" oznacza „czarne diabły", co odnosi się również do charakterystycznych samochodów – mercedesów z przyciemnianymi szybami – którymi funkcjonariusze szwadronów poruszali się po kraju, wzbudzając strach w miejscowej ludności.

To właśnie Szabiha ponosi odpowiedzialność za akty barbarzyństwa, które przyczyniły się do eskalacji agresji na wczesnym etapie rewolucji. Coraz więcej ludzi znikało w niewyjaśnionych okolicznościach, coraz częściej torturowano niewinnych i gwałcono kobiety. Te brutalne metody miały na celu zastraszenie przeciwników reżimu. Wybuchy przemocy nagłaśniano w mediach społecznościowych, co zaczęło przyciągać do Syrii sunnickich bojowników. Na początku było ich niewielu, jednak stopniowo wąska struga przerodziła się w strumień, a potem w prawdziwą rzekę. Na całym świecie sunniccy duchowni zachęcali do niesienia pomocy syryjskim braciom. Finansowe zaangażowanie Arabii Saudyjskiej i krajów rejonu Zatoki Perskiej sprawiło, że z czasem konflikt ten przerodził się w wojnę religijną.

Na dobrą sprawę od samego początku prezydent Asad podkreślał rolę zagranicznych bojowników, co miało być dowodem, że opozycja to de facto terroryści, a on sam jest ich ofiarą. Twierdził, że ratuje kraj przed falą ekstremizmu i chociaż wówczas było w tym ziarno prawdy – a dziś znacznie więcej niż ziarno – to do eskalacji konfliktu doprowadziły przede wszystkim jego własne działania.

Zachód miał wtedy kilka dogodnych okazji do interwencji. Na przykład, gdy Asad użył broni chemicznej do walki z własnymi obywatelami. Niestety, nikt nie kiwnął palcem, żeby im pomóc. To był najlepszy moment, żeby pozbyć się Asada i raz na zawsze uniemożliwić mu przeprowadzanie zmasowanych ataków z powietrza. Zamiast tego poproszono o mediację Rosjan, sojuszników dyktatora, i wynegocjowano porozumienie, na mocy którego Asad zobowiązał się oddać zgromadzony arsenał broni chemicznej.

Jeśli chcemy pokonać ISIS, musimy najpierw obalić Asada. Jego obecność komplikuje sytuację w Syrii i przyciąga do kraju zagranicznych bojowników. Dla Stanów Zjednoczonych usunięcie dyktatora powinno stać się priorytetem. Senator John McCain powiedział: „Asad zamordował prawie dwieście tysięcy Syryjczyków, czym przyczynił się do powstania Państwa Islamskiego. Z pełną świadomością pozwalał terrorystom rosnąć w siłę. Robili na terenie Syrii, co chcieli, i pozostawali bezkarni, ponieważ krwawemu dyktatorowi było to na rękę. Jeżeli nie spojrzymy prawdzie w oczy, nasze wysiłki, żeby osłabić Państwo Islamskie, będą jałowe, ponieważ w tym samym czasie barbarzyńska polityka Asada będzie je wzmacniać".

*Aleppo*

© Photo courtesy of Rick Findler

Typowy widok w zrujnowanym mieście, Aleppo, Syria, październik 2012 roku.

We wrześniu 2013 roku ulice Aleppo były śmiertelnymi pułapkami. Wzdłuż linii frontu rozlegała się nieustająca kanonada, a z nieba sypały się pociski. Według naszych wyliczeń w niektóre dni na całe miasto w ciągu minuty spadało dziesięć bomb. W powietrzu świstały odłamki, a wszystko spowijał gęsty dym. Wielu mieszkańców zdążyło już uciec, a dzielnice leżące wzdłuż linii frontu były całkowicie wymarłe.

W niektórych kwartałach wszystkie budynki miały doszczętnie zniszczone fasady i widać było wnętrza mieszkań. W innych częściach miasta domy pozostały nienaruszone, ale nie było w nich lokatorów i tylko wiatr wydymał wiszące w oknach zasłony. Woda z pękniętych rur wodociągowych zamieniała ulice w rwące rzeki, a w miejscach zasypanych przez gruz tworzyły się rozlewiska. Miasto było podzielone na dwie części. Linia frontu przesuwała się to w jedną, to w drugą stronę, ale nikt nie był w stanie odnieść ostatecznego zwycięstwa. W tamtym czasie żołnierzy wiernych Asadowi i bojowników Wolnej Armii Syrii oddzielała co najwyżej jedna ulica.

Pewnego razu członkowie oddziału, któremu wtedy towarzyszyliśmy – tak zwanej katiby, czyli w wolnym tłumaczeniu batalionu – zaczęli rozmawiać z wrogami stacjonującymi po drugiej stronie podwórka. Do tego rodzaju kontaktów dochodziło stosunkowo często, a prowadzenie dyskusji było dla walczących rodzajem rozrywki. Pamiętam, jak jeden z bojowników wyznał mi ze smutkiem, że jeszcze rok temu żyli w przyjaźni. Teraz muszą do siebie strzelać, ponieważ pokojowe demonstracje przerodziły się w coraz brutalniejszą wojnę uliczną.

Snajperzy stanowili ciągłe zagrożenie. Wysokie budynki i opuszczone kamienice były dla nich doskonałymi „gniazdami". Nawet przez najwęższe uliczki trzeba było przechodzić z duszą na ramieniu. Postanowiliśmy, że na każdym skrzyżowaniu będziemy najpierw liczyć do trzech, a potem razem biec ile sił w nogach. Niestety, nasz przewodnik Zaher – były mistrz kraju w lekkiej atletyce – zawsze ruszał przed siebie „na dwa". Rzecz jasna, snajper orientował się, że za nim pobiegną następni i kilka razy słyszałem świst przelatującej obok mnie kuli. Zaher z zakłopotanym wyrazem twarzy czekał na nas po drugiej stronie ulicy i udawał, że albo nie zrozumiał, albo pomylił się w liczeniu. W końcu zdecydowaliśmy, że będziemy startować „na raz".

Próby zabrania z ulic ciał ofiar też często kończyły się tragicznie – snajperzy tylko czekali na ludzi, którzy będą chcieli pochować zmarłych. Zdarzało się, że ciała całymi dniami leżały na otwartej przestrzeni i gniły, ponieważ w żaden sposób nie dało się ich stamtąd zabrać.

Podczas jednej z naszych wypraw natknąłem się na leżącego na chodniku trupa mężczyzny bez głowy, ze zwisającą z korpusu tchawicą. Obok siedział trzynastoletni chłopiec, który ściskał w ręku pistolet i bezgłośnie płakał. Nikt nie wiedział, skąd pochodzi zmarły ani jak się nazywa. Okazało się, że chłopiec nie był nawet jego krewnym. Po prostu siedział tam i szlochał. Takie sceny nie były wtedy niczym niezwykłym.

Co kilka przecznic byliśmy kontrolowani przez inną katibę. Trudno było przewidzieć, czy dany oddział będzie do nas przyjaźnie nastawiony. Za każdym razem, gdy przejeżdżaliśmy obok kwatery głównej Dżabhat an-Nusry*, chowaliśmy aparaty fotograficzne i patrzy-

* Dżabhat an-Nusra (pol. Front Obrony Ludności Lewantu) – islamska paramilitarna grupa zbrojna będąca siatką Al-Kaidy w Syrii. Więcej o tym w następnym rozdziale.

liśmy prosto przed siebie, zdając sobie sprawę, co nam grozi, gdybyśmy zostali złapani. Na każdym punkcie kontrolnym wstrzymywaliśmy na chwilę oddech, ale na szczęście zawsze się nam udawało. Tylko raz, wskutek pomyłki żołnierzy Wolnej Armii Syrii, kazano nam klęczeć obok samochodu i celowano do nas z broni.

Podczas naszej ostatniej wizyty w Aleppo ustalenie, skąd pochodzą bojownicy, było już niezwykle trudne. Flagi, które powiewały nad ich posterunkami, akcenty, z którymi mówili, broń, którą się posługiwali – wszystko wskazywało, że wielu z nich to obcokrajowcy. Doskonale pamiętam, jak któregoś razu staliśmy przy budce z jedzeniem położonej z dala od frontu. W pewnym momencie do budki podeszła grupka zagranicznych bojowników. Ich ubrania, brody i akcent wskazywały, że są Jemeńczykami. Spuściliśmy głowy. Kupili, co chcieli, i zniknęli równie nagle, jak się pojawili. Nie zauważyli, że w kącie siedziało dwóch cudzoziemców. Nie wróciliśmy już potem do Aleppo. Miasto jest teraz całkowicie zrujnowane i jeśli w sercach mieszkańców tliła się jeszcze jakaś iskierka nadziei, to zdążyła już zgasnąć.

### *Początki*

Stany Zjednoczony miały doskonałą okazję do interwencji i uważam, że zaniechanie jej było w tym wypadku błędem. Obama wielokrotnie powtarzał, że użycie broni chemicznej spotka się ze zdecydowaną reakcją, jednak 21 sierpnia [2013 roku – przyp. red.]

o godzinie 2:45 nad ranem Asad postanowił rzucić Amerykanom wyzwanie.

Na nagraniach, które pojawiły się po ataku, dokładnie widać, jak tłumy ludzi krztuszą się, wymiotują, padają na ziemię i rozpaczliwie się drapią. Słychać krzyk dzieci, które nie są w stanie zrozumieć, co się dzieje. Nie wiedzą, dlaczego odczuwają potworny ból i nie mogą zaczerpnąć powietrza. Sanitariusze byli całkowicie bezradni. Potrząsali jedynie bezwładnymi ciałami, zanim sami stracili przytomność. Po zakończeniu ataku ulice zasłane były trupami. Martwe dzieci przykryte były ciałami swoich matek. Ofiary przenoszono do meczetów i większych sal w budynkach publicznych, gdzie kładziono je obok siebie w szeregu, a gdy zabrakło miejsca, zawijano w szmaty i zostawiano na ulicach.

Bezwonny gaz sarin został rozpylony nad leżącym na wschód od centrum Damaszku okręgiem Ghuta, gdy mieszkańcy jeszcze spali. Oenzetowscy inspektorzy potwierdzili, że władze zastosowały broń chemiczną, a sekretarz generalny ONZ Ban Ki-Moon nazwał atak zbrodnią wojenną. Powiedział, że był to „najbardziej drastyczny potwierdzony przypadek użycia broni chemicznej przeciwko cywilom od czasów Saddama Husajna".

Nie tylko sam fakt rozpylenia sarinu powinien wywołać zdecydowaną reakcję. W końcu w całym kraju ginęli wtedy niewinni ludzie i śmierć nie była czymś wyjątkowym. Syryjski reżim zlekceważył jednak ultimatum. Asad przekroczył wyznaczoną przez Obamę granicę i nie poniósł żadnych konsekwencji. Polityka bierności pozbawiła amerykańskiego prezydenta autorytetu i wiarygodności. Właśnie wtedy doszło do zmiany układu sił w toczącej się wojnie – Syryjczycy przestali liczyć na pomoc z zewnątrz i zaczęli popierać ekstremistów.

Moim zdaniem właściwą reakcją byłoby przeprowadzenie ataków na kontrolowane przez Asada bazy lotnicze i centra dowodzenia. Nie trzeba było dążyć do natychmiastowego pozbawienia dyktatora władzy, wystarczyło ograniczyć jego zdolność do przeprowadzania masowych nalotów, ponieważ przede wszystkim w ten właśnie sposób pacyfikował niepokorne miasta i wsie. Dałoby to umiarkowanym rebeliantom – wtedy jeszcze tacy istnieli – cenny czas na przegrupowanie i stawienie skuteczniejszego oporu bez konieczności przyjmowania w swoje szeregi cudzoziemców. Tę szansę jednak zaprzepaszczono.

Kilka rakiet Tomahawk wystrzelonych z okrętów pływających po Morzu Śródziemnym załatwiłoby sprawę, a ewentualnych ofiar w ludziach byłoby naprawdę niewiele. Zamiast tego cały świat, w tym również Władimir Putin, patrzył, jak prezydent Obama nie dotrzymuje słowa. Rosja dowiedziała się wtedy, że może wywierać skuteczną presję na Zachód. Bardzo możliwe, że wydarzenia w Syrii zachęciły Putina do zajęcia Krymu. Ameryka pokazała, że jest słaba i zdezorganizowana. To był jeden z najgorszych momentów prezydentury Obamy.

Mniej więcej w tym samym czasie ISI urosło w siłę i przekształciło się w ISIS. Al-Baghdadi uważnie śledził rozwój wypadków w Syrii. Widział, że różne grupy przejmują kontrolę nad poszczególnymi prowincjami, i uznał, że sam ma ochotę na kawałek tego tortu.

Początkowo jego celem było odbicie zachodniego Iraku, ale z czasem zrozumiał, że Syria daje mu o wiele większe możliwości.

Z dzisiejszej perspektywy można argumentować, że gdyby na wczesnym etapie rewolucji Stany Zjednoczone zaangażowały się w odsunięcie Asada od władzy i pomogły zapobiec katastrofie humanitarnej, ISIS pozbawione byłoby odpowiedniej bazy i możliwości dalszego rozwoju. Jest również prawdopodobne, że gdyby umiarkowani rebelianci zostali wcześniej odpowiednio wyszkoleni i uzbrojeni, radykałowie finansowani przez kraje rejonu Zatoki Perskiej nie urośliby tak szybko w siłę. Wszystko to jednak spekulacje i tak naprawdę nie wiemy, czy te działania przyniosłyby jakieś wymierne rezultaty. Jedno jest pewne – większa aktywność Zachodu na pewno nie doprowadziłaby do gorszej sytuacji niż ta, z którą mamy obecnie do czynienia.

Tymczasem syryjska rewolucja przekształcała się w wojnę religijną, Baszar Asad i jego armia popełniali coraz okrutniejsze zbrodnie, a Arabia Saudyjska i kraje rejonu Zatoki Perskiej słały do Syrii ogromne sumy pieniędzy. Właśnie z tych powodów tysiące sunnitów przyłączyło się do ekstremistów. W internecie krążyły filmy pokazujące patroszone niemowlęta, gwałty na więźniach i inne okropieństwa, co było dowodem, że Asad czuł się całkowicie bezkarny. Al-Baghdadi był gotowy do ataku.

## *Dżabhat an-Nusra i ISIS*

© Photo courtesy of Rick Findler

Ukrywający się w jaskini syryjscy rebelianci, góry w prowincji Idlib, Syria, kwiecień 2012 roku.

Dziś drugą co do znaczenia siłą w Syrii jest Dżabhat an-Nusra, która nadal pozostaje oficjalnym przedstawicielem Al-Kaidy i obok ISIS dysponuje największym potencjałem bojowym. Formalnie rzecz biorąc, ISIS walczy z Dżabhat an-Nusrą, ale kiedyś oba ugrupowania działały pod wspólnym szyldem. Tak więc historia ISIS w Syrii zaczyna się w momencie powstania Dżabhat an-Nusry. Późniejsze podziały staną się doskonałą ilustracją tego, jak działa skomplikowana sieć sojuszy i jak wygląda walka o władzę między poszczególnymi frakcjami.

W sierpniu 2011 roku al-Baghdadi wysłał z Iraku do Syrii Abu Mohammeda al-Julaniego*, jednego ze swoich najlepszych bojowników. Chodziło o przygotowanie terenu do przyszłej ekspansji. Al-Baghdadi niedawno przejął kontrolę nad ISI, nie uwolnił jeszcze z więzień posłusznych mu terrorystów i nie stworzył armii. Nadal podlegał też Zawahiriemu, szefowi Al-Kaidy w Afganistanie.

Na początku al-Baghdadi nie mieszał się w konflikt syryjski, ponieważ jego głównym celem było ustanowienie kalifatu w zachodnim Iraku. Jednak gdy pojawiły się sprzyjające okoliczności, postanowił ruszyć do boju i wydelegował al-Julaniego do leżącej na północnym zachodzie kraju prowincji Idlib. Al-Julaniemu towarzyszyło ośmiu bojowników, którzy razem założyli Dżabhat an-Nusrę (lub Dżabhat an-Nusrę li-Ahli asz-Szam, czyli Front Obrony Ludności al-Szam).

Ich droga wiodła z irackiej prowincji Anbar przez terytoria północne kontrolowane przez Kurdów. Po dotarciu na miejsce al-Julani i jego ludzie zaczęli przejmować kontrolę nad grupami dżihadystów, które działały na tym terenie od początku wojny domowej. Najczęściej były to niewielkie oddziały walczące niezależnie od siebie w różnych miastach, ale pod egidą Dżabhat an-Nusry i Al-Kaidy szybko zyskały nowych członków.

---

* W polskiej publicystyce spotkać też można zapis jego nazwiska jako Abu Mohammed al-Dżulani.

Na czele wielu z tych ugrupowań stali ludzie, których na początku rewolucji wypuszczono z syryjskiego więzienia Sednaya, gdzie przez długi czas wszyscy byli przetrzymywani na tym samym piętrze. Tak jak obóz Bucca w Iraku, tak położone w Damaszku więzienie Sednaya było dla dżihadystów czymś w rodzaju punktu rekrutacji i ośrodka szkoleniowego. Gdyby nie to miejsce, radykałowie być może nigdy by się nie spotkali. Istnieje powszechne przekonanie, że ogłoszona przez Asada „amnestia" przyczyniła się do sukcesów ISIS i Dżabhat an-Nusry. Asad potrzebował wroga, który odciągnąłby uwagę od zbrodni popełnianych przez reżim. Postanowił więc wypuścić ekstremistów, doskonale zdając sobie sprawę, że chwycą za broń.

Spośród uwolnionych rekrutowali się wysocy rangą dowódcy wszystkich organizacji islamistycznych działających w Syrii, w tym również Dżabhat an-Nusry i ISIS. Osadzeni, którzy przebywali z nimi w więzieniu Sednaya, twierdzą, że już wtedy uważani byli za liderów, a po wypuszczeniu na wolność syryjska telewizja pokazała ich zdjęcia i oskarżyła o terroryzm oraz organizowanie zamachów bombowych. Bliskie związki łączące reżimowy wywiad z ekstremistami są kolejnym dowodem na poparcie tezy, że islamiści pomogli Asadowi utrzymać władzę.

Dżabhat an-Nusra szybko stała się najskuteczniejszą siłą bojową w Syrii, głównie dzięki ogromnemu wsparciu finansowemu płynącemu z Arabii Saudyjskiej i państw rejonu Zatoki Perskiej. Tamtejsze kanały telewizyjne i media społecznościowe otwarcie nawoływały do niesienia pomocy Dżabhat an-Nusrze. Już wkrótce podległe jej oddziały zaczęły odnosić zwycięstwa z armią rządową w ważnych bitwach na północnym wschodzie kraju, szczególnie w Aleppo. Niemal w mgnieniu oka Dżabhat an-Nusra zdominowała wszystkie radykalne ruchy w Syrii.

Islamiści cieszyli się większym poparciem społecznym niż Wolna Armia Syrii, między innymi dlatego że przekazywali miejscowej ludności jedzenie, a także olej do gotowania i ogrzewania domów w czasie srogiej zimy. WAS również obiecywała tego rodzaju wsparcie, ale na obietnicach się skończyło. Pieniądze znikały w kieszeniach dowódców albo kupowano za nie broń. Ludzie odwrócili się od Wolnej Armii, co doprowadziło do jej upadku. Podczas jednej z naszych wizyt w Aleppo miejscowi cywile opowiadali o szczodrości Dżabhat an-Nusry. Przyznawali, że to radykałowie, którym zabijanie sprawia przyjemność, lecz uważali ich za jedyne ugrupowanie będące w stanie pokonać Asada.

W odróżnieniu od nieistniejącego jeszcze wtedy ISIS Dżabhat an-Nusra nigdy nie dążyła do ustanowienia kalifatu ani do wprowadzenia szariatu. Była to raczej organizacja patronacka, skupiająca pod swoimi skrzydłami rozmaite grupy i wchodząca w sojusze, między innymi z umiarkowanymi oddziałami WAS, dla osiągnięcia konkretnych celów wojskowych. Bojownicy an-Nusry często stanowili najważniejszą siłę uderzeniową i preferowali podjazdowy styl walki. Ich głównym celem było obalenie Asada i uspokojenie sytuacji w kraju. ISIS miało inne priorytety.

W 2013 roku, gdy Dżabhat an-Nusra na dobre okrzepła, al-Baghdadi postanowił przejąć nad nią kontrolę. Jego ambicje rosły z dnia na dzień. Publicznie ogłosił, że dowodzący ugrupowaniem al-Julani jest jego podwładnym. Zakomunikował również, że staje na czele obu organizacji, które od teraz będą działać pod wspólnym szyldem ISIS. Al-Julani nie chciał się zrzec władzy i zrezygnował z dalszej współpracy, informując al-Baghdadiego, że nadal uważa się za przywódcę Dżabhat an-Nusry.

Rozpoczęła się walka o władzę. Al-Julani zwrócił się do szefa Al-Kaidy Zawahiriego z prośbą o mediację, ale mimo prób negocjacji żadna ze stron nie była gotowa pójść na ustępstwa. Chociaż Zawahiri opowiadał się po stronie al-Julaniego, nastąpił impas i doszło do oficjalnego rozłamu – połowa bojowników an-Nusry dołączyła do oddziałów al-Baghdadiego, a reszta została u boku al-Julaniego. W ten sposób ISIS stało się niezależnym bytem politycznym w Syrii.

Terroryści z ISIS zaczęli porywać i zabijać wysokich rangą członków Dżabhat an-Nusry. Wewnętrzny konflikt zaostrzył się, czego kulminacją był wybuch samochodu pułapki przed kwaterą główną Dżabhat an-Nusry w Rakce, co zmusiło jej bojowników do wycofania się z miasta. ISIS zagwarantowało przeciwnikowi bezpieczeństwo podczas odwrotu, ale nie dotrzymało słowa. Już poza miastem zginęło stu dwudziestu członków an-Nusry, a w samej Rakce zamordowano setki ludzi posądzanych o sympatyzowanie z wrogiem.

Do dzisiaj obie organizacje walczą nie tylko o wpływy, lecz także o kontrolę nad mającymi strategiczne znaczenie przejściami granicznymi i polami naftowymi.

Przewaga ISIS zmusiła wielu lokalnych dowódców Dżabhat an-Nusry do sekretnego wspierania wroga.

Pod koniec 2014 roku kilku z nich rozpoczęło otwartą współpracę z ISIS. Spośród trzech obecnych liderów Dżabhat an-Nusry główną rolę odgrywa wciąż al-Julani. Najprawdopodobniej mieszka teraz w Idlibie, a jego stosunki z ISIS uległy znacznej poprawie. Abu Malik, przywódca Dżabhat an-Nusry w Kalamunie i Damaszku, również utrzymuje przyjazne relacje z ISIS i jest jedynym, który wciąż stawia czoło Asadowi. Abu Marija al-Qahtani kontroluje Dajr az-Zaur, ale stoczył z ISIS krwawą bitwę o władzę nad tym miastem i obecnie wspiera nacjonalistów z Wolnej Armii Syrii.

Pokazuje to, jak bardzo skomplikowane mogą być podziały w ramach poszczególnych ugrupowań. ISIS i Dżabhat an-Nusra zasadniczo stoją po różnych stronach barykady, ale zdarza im się współpracować w zależności od tego, gdzie lub z kim walczą. Choć pozostają odrębnymi organizacjami, krąży między nimi pewna liczba bojowników. Mówi się również, że oddziały podległe Abu Malikowi to tak naprawdę uśpione komórki ISIS.

Dlatego właśnie określenie dokładnej liczby członków każdej z tych grup jest takie trudne. Ich skład jest płynny, a o popularności decydują władza i pieniądze, które w danej chwili oferują. Nie można jednak zapomnieć, że zarówno ISIS, jak i Dżabhat an-Nusra stanowią ogromne zagrożenie, a ich cele są w gruncie rzeczy takie same.

Po dwóch latach coraz brutalniejszego konfliktu Syryjczycy zaczęli opuszczać szeregi bardziej umiarkowanych organizacji i przyłączać się do ISIS. Od reżimu Asada woleli autorytarne rządy islamistów i surowe reguły nakładane przez szariat. Na tereny zamieszkane przez ludność cywilną wierna Asadowi armia przeprowadzała masowe naloty, w których ginęli niewinni ludzie. ISIS było natomiast przewidywalne. Syryjscy sunnici wiedzieli, że jeśli zrezygnują z wolności i będą przestrzegać rygorystycznego prawa, to radykałowie zostawią ich w spokoju.

Islamiści z ISIS dawali nadzieję na obalenie reżimu i dla wielu Syryjczyków był to wystarczający powód, żeby ich poprzeć. Dla zwykłych ludzi liczyło się przede wszystkim jak najszybsze zwycięstwo. Przywódcy ISIS wybiegali w swoich planach o wiele dalej w przyszłość i pokonanie Asada wcale nie było dla nich priorytetem. Chodziło im przede wszystkim o ustanowienie kalifatu rozciągającego się od Libanu do Iraku, co wyraźnie pokazały ich dalsze działania.

© Photo courtesy of Rick Findler

Kurdyjscy peszmergowie patrolują drogę do Mosulu niedługo po tym, jak oddziały ISIS wtargnęły do północnego Iraku, czerwiec 2014 roku.

# ROZDZIAŁ 4

## Rozkład Iraku

*Generał Abdullah*

W 2013 roku spotkałem się w Bagdadzie z generałem Abdullahem Mosesem Kardomem. Wysoki rangą wojskowy miał bujne wąsy, pękaty brzuch i nosił złote epolety. Wyglądał jak relikt przeszłości ucieleśniający wszystkie wady irackiej armii. Wystrój biura – żyrandole, pozłacany zegar szafkowy, grube, obszywane złotem dywany, niezliczone flagi, haftowane zasłony, sztuczne kwiaty w wazonach – jaskrawo kontrastował z ponurymi koszarami i biedą, w której żyli zwykli żołnierze.

Na początku naszej wizyty generał wyszedł zza biurka i stanął na środku ogromnego gabinetu. Trwało właśnie spotkanie z przedstawicielem handlowym firmy produkującej sprzęt wojskowy. Abdullah wezwał nas pół godziny przed czasem i wskazał miejsce w kącie, gdzie mieliśmy spokojnie stać i patrzeć. Sam paradował po pokoju i co chwilę unosił palec, żeby przerwać akwizytorowi i sprawdzić, czy to zauważyliśmy. Potem wracał do zastawionego telefonami mahoniowego biurka i dzwonił po jakiegoś podwładnego tylko po to, żeby go odesłać skinieniem dłoni. Za każdym razem, gdy tak robił, zerkał na nas, żeby mieć pewność, że wszystko widzimy.

Generał nadzorował zakup wartych wiele milionów dolarów „rewolucyjnych urządzeń do wykrywania ładunków wybuchowych", które okazały się zwykłymi wyszukiwaczami piłek golfowych. Był to jeden z największych skandali korupcyjnych w kraju. Sprzęt dostarczył irackiej armii niejaki James McCormick, emerytowany brytyjski policjant, który zarobił na tej transakcji siedemdziesiąt pięć milionów dolarów. Wyprodukowanie jednego wykrywacza kosztowało dwadzieścia dolarów – McCormick sprzedawał go Irakijczykom za czterdzieści tysięcy dolarów.

McCormick zamówił sprzęt przez internet, zapakował go do eleganckich pudełek i wysłał do Iraku, gdzie na linii frontu miał służyć do zapobiegania zamachom bombowym. Generał Abdullah był odpowiedzialny za dystrybucję. Chociaż wszyscy doskonale zdają sobie sprawę, że wykrywacze są bezużyteczne, nadal korzysta z nich każdy posterunek kontrolny w Bagdadzie. „Działają odstraszająco, ponieważ terroryści nie wiedzą, że to atrapy", powiedział mi anonimowy funkcjonariusz. Chyba jedynie terroryści żyją w tak głębokiej nieświadomości!

Nie wiadomo, dlaczego generał utrzymał swoją posadę, mimo że pracę stracili wszyscy podlegli mu oficerowie. Trzeba przyznać, że nie ma żadnych dowodów, jakoby on również był zamieszany w oszustwo, ale zjawisko korupcji jest w Iraku dość dobrze udokumentowane. Następne wydarzenia były bezpośrednią konsekwencją wszechobecnego łapownictwa oraz opłakanego stanu, w jakim znalazła się iracka armia.

### *Irackie wojsko ucieka*

*Moim zdaniem umknęło nam, że iracka armia znajduje się w opłakanym stanie i nie będzie potrafiła stawić czoło ISIS. Kompletnie to zignorowaliśmy.*

Generał Dempsey

W czerwcu 2014 roku terroryści z ISIS znowu trafili na pierwsze strony gazet po tym, jak w wyniku rozpoczętej na terenie Syrii ofensywy błyskawicznie zajęli ogromną część Iraku. Gdy ich łupem padały kolejne miasta, członkowie amerykańskiego Kongresu zaczęli nawoływać do interwencji, argumentując, że jeśli Zachód nie zareaguje, to upadnie Mosul, drugie co do wielkości miasto w Iraku. I rzeczywiście tak się stało. Amerykanie mogli tylko patrzeć, jak ISIS wkracza do Mosulu, uwalnia z więzień tysiąc czterystu czterdziestu zaprawionych w boju dżihadystów i rekwiruje ogromną ilość ciężkiego sprzętu wojskowego wyprodukowanego w Stanach Zjednoczonych. Do magazynów trafiły czołgi, wozy pancerne i artyleria, dzięki czemu oddziały ISIS z dnia na dzień przekształciły się we w pełni wyposażoną, nowoczesną armię. W ten sposób lokalna organizacja terrorystyczna stała się nagle zagrożeniem dla ładu światowego. Podczas ofensywy zginęło tysiące żołnierzy i cywilów. Z ciał układano wysokie stosy, a trupy gniły potem w letnim słońcu.

Inwazja na północny Irak i szybkie zajęcie Mosulu były możliwe przede wszystkim z powodu słabości broniącej się armii, tak przeżartej przez korupcję i nepotyzm, że w obliczu zdeterminowanego wroga po prostu się rozpadła. Wszyscy wiedzieli, że z irackim wojskiem nie jest dobrze, ale nikt nie przewidywał, że klęska będzie aż tak dotkliwa, a była to prawdziwa katastrofa!

Utworzenie nowej armii było wielkim sukcesem propagandowym Zachodu i właśnie dlatego Stany Zjednoczone wycofały się z Iraku z podniesioną głową. Niektórzy amerykańscy instruktorzy mieli obawy, czy wszystko działa jak należy, ale zostali uciszeni. Nikt nie docenił również taktycznych umiejętności dowódców ISIS. Kluczem do sukcesu były przede wszystkim doświadczenie byłych oficerów Saddama Husajna oraz wsparcie sunnickich plemion.

Bez przesady można powiedzieć, że w obliczu nadciągających oddziałów wroga Irakijczycy po prostu rzucili broń i wzięli nogi za pas. Dzień po rozpoczęciu ofensywy odwiedziłem kilka opuszczonych irackich baz i na własne oczy widziałem niezasłane łóżka, walające się na ziemi mundury i identyfikatory oraz zostawione w szafkach rzeczy osobiste. Uciekinierzy nawet nie zamknęli za sobą drzwi i nie zakręcili kranów. W ciągu jednej nocy zdezerterowało trzydzieści tysięcy irackich żołnierzy. W koszarach porzucili wszystko, co mogło ułatwić ich identyfikację. Ogromne połacie kraju pozbawione zostały jakiejkolwiek ochrony i przez nikogo niezatrzymywane oddziały ISIS parły do przodu. Gdyby nie Kurdowie, którzy ogłosili na północnych rubieżach kraju błyskawiczną mobilizację i obsadzili opuszczone bazy, ISIS zajęłoby najprawdopodobniej jeszcze większy obszar.

Kilka dni po tym blitzkriegu rozmawiałem z Ahmedem, jednym z dezerterów, który ukrywał się wtedy w leżącym na północy kraju mieście Sulajmanija. Opowiedział mi, jak wyglądało codzienne życie w wojsku, co działo się w dniach poprzedzających ofensywę ISIS, i wyjaśnił, dlaczego uciekł.

Powiedział, że iracka armia była do tego stopnia skorumpowana, że żołnierze w ogóle nie musieli stawiać się w koszarach. W zamian za połowę wynoszącego czterysta dolarów żołdu komendant pozwalał swoim podwładnym na zostanie w domu. Oficerowie byli oszustami, którzy awansowali tylko dzięki nepotyzmowi. Wielu z nich nie miało bladego pojęcia o taktyce wojskowej i na dobrą sprawę w ogóle nie pojawiali się w pracy. Jest to zjawisko typowe dla Iraku – po amerykańskiej inwazji państwo i armia odbudowywane były na bazie wewnętrznych sojuszy, a nie kryteriów merytorycznych.

Oficerowie kupują stopnie, wymuszają haracze na cywilach, a także sztucznie zawyżają swoje pensje i liczbę podległych im żołnierzy. Handlują przeznaczoną dla armii żywnością i amunicją, która nader często trafia w ręce ISIS. Irackie wojsko znajduje się w opłakanym stanie i jeśli chcemy dalej je dofinansowywać, to potrzebny jest szczególny nadzór nad wydatkami.

Do listopada 2014 roku Pentagon wystąpił do Kongresu o przeznaczenie na iracką armię w sumie miliarda trzystu milionów dolarów. To były tylko dodatkowe fundusze. Oprócz tego amerykański rząd w ostatniej dekadzie przeznaczył na ten cel dwadzieścia pięć miliardów dolarów.

Gdy siły ISIS z impetem wkroczyły do Iraku i zbliżały się do Mosulu, Ahmed i jego koledzy zwrócili się o pomoc do przełożonych. Z przerażeniem odkryli jednak, że oficerowie włożyli cywilne ubrania i przygotowują się do ucieczki. Szeregowi żołnierze otrzymali rozkaz bronienia bazy. „Czmychnęli, aż się za nimi kurzyło", powiedział mi Ahmed. „Dlaczego to ja miałem zostać i walczyć za nich? Dlaczego miałem nadstawiać karku za armię, która jest skorumpowana i dezerteruje? Za oficerów, dla których rodzina i pieniądze liczą się bardziej niż ojczyzna? Dlaczego miałem za to umierać?"

Przed nadejściem dżihadystów pojawiały się opowieści o ich niezwykłej brutalności, szczególnie wobec żołnierzy i szyitów. Mówiło się o dekapitacjach, rzeziach i torturach. Była to prawda, którą propaganda ISIS potrafiła sprytnie wykorzystać do siania strachu i zamętu. I przynosiła doskonałe efekty. Żołnierze, którzy nasłuchali się mrożących krew w żyłach opowieści i naoglądali filmów z masowych egzekucji i tortur, wcale nie mieli ochoty na walkę. Gdy w nocy zniknęli oficerowie, poszli w ich ślady.

Z punktu widzenia strategii wojskowej była to mistrzowska zagrywka. Atak nastąpił z całkowitego zaskoczenia, a bezradni ludzie nie stawiali żadnego oporu. Szybki rajd przez pustynię okazał się bardzo skuteczną taktyką. Ludzie na całym świecie nagle zorientowali się, że grozi im prawdziwe niebezpieczeństwo. U ich drzwi stanęło ISIS.

*Masakra w Badoush*

© Photo courtesy of Rick Findler

Hełmy porzucone przez żołnierzy po klęsce irackiej armii w czerwcu 2014 roku.

Gdy 10 czerwca 2014 roku oddziały ISIS stanęły pod Mosulem, ich głównym celem było zdobycie miejscowego banku i więzienia Badoush. W banku przechowywano czterysta milionów dolarów w gotówce, a w więzieniu Badoush zamkniętych było tysiąc czterystu czterdziestu zaprawionych w boju terrorystów, którzy mieli być poważnym wzmocnieniem siły bojowej ISIS. W odróżnieniu od przeprowadzonego rok wcześniej śmiałego ataku na Abu Ghraib tym razem dżihadyści nie napotkali żadnego oporu.

Początkowo więzienia strzegło około tysiąca żołnierzy i strażników, w tym pułk piechoty Trzeciej Dywizji irackiej armii, garnizon policji, kompania transportowa i siły ochronne. Do funkcjonariuszy zaczęli jednak wydzwaniać członkowie rodzin, chcąc nakłonić ich do ucieczki. Gdy nad ranem z więzienia dali nogę wysocy rangą dowódcy, reszta strażników zrobiła to samo. Kilka dni wcześniej do kilkuset z nich osobiście telefonowali bojownicy ISIS i grozili ich rodzinom. Gdy wróg stanął u bram Badoush, na miejscu nie było już żadnego obrońcy.

Więzienie położone jest dwadzieścia kilometrów na zachód od Mosulu, między brzegami rzeki Tygrys a autostradą A1. To postawiony jeszcze za czasów Saddama Husajna ogromny zespół budynków, w których przebywało dwa tysiące siedmiuset osadzonych. Następnego dnia wielu z nich już nie żyło. Pracownicy Human Rights Watch rozmawiali z około dwudziestoma ocalałymi, którzy ze szczegółami opowiedzieli o swoich koszmarnych przeżyciach.

Masakra w Badoush jest jedną z najstraszniejszych zbrodni wojennych popełnionych w ostatnich latach i pokazuje, jak niewiele znaczy dla dżihadystów ludzkie życie. ISIS nazwało tę pierwszą masową egzekucję szyitów zwycięstwem Allaha nad „niewiernymi". Opowieści garstki ocalonych mrożą jednak krew w żyłach i wywołują oburzenie.

Kiedy więźniowie dowiedzieli się, że ISIS zajęło Mosul, zaczęli błagać strażników, żeby ich wypuścili.

Przez wiele godzin walili w drzwi, krzyczeli i szarpali za kraty, ale w więzieniu nikogo już nie było. Szyici zdawali sobie sprawę, co ich czeka, jeśli trafią w ręce ISIS. Za wszelką cenę starali się więc wydostać ze swoich cel, dotkliwie się przy tym raniąc. Wreszcie nad ranem niektórym udało się wyrwać zamki i uwolnić część współwięźniów. Wybiegli za bramę i znaleźli się na drodze wyjazdowej, ale było już za późno. W ich kierunku pędziły samochody z setkami bojowników. Nad każdym pojazdem łopotała czarna flaga.

Więźniowie zostali szybko wyłapani. Próbujących uciekać zastrzelono na miejscu, resztę wsadzono do autobusów i wywieziono na pustynię, gdzie ze względu na wyznawany odłam islamu zostali podzieleni na dwie grupy. Wielu szyitów próbowało dołączyć do sunnitów, ale nie potrafili wyrecytować odpowiednich modlitw i szybko zostali zdemaskowani. Kazano im maszerować w głąb pustyni. Szli gęsiego ze spuszczonymi głowami i związanymi rękami, a kolumna była tak długa, że według zeznań świadków nie było widać jej początku. Gdy dotarli do krawędzi wąwozu, ustawiono wszystkich w szeregu i kazano odliczać. Jeden z ocalałych słyszał, jak więźniowie doliczają do trzystu, inny – do sześciuset, ale trwało to dalej i skończyło się dopiero na liczbie dziewięćset sześćdziesiąt. Gdy zaległa cisza, aresztowani zaczęli recytować fragmenty Koranu, modląc się w ten sposób o szybką śmierć. Doskonale zdawali sobie sprawę z tego, co ich czeka. Jeden z nich zapamiętał, jak bojownicy zapytali dowódcę, do którego zwracali się „El-Hadż” (honorowy tytuł nadawany komuś, kto odbył pielgrzymkę do Mekki), co mają dalej robić.

„Zabijajcie ich parami", powiedział, a dżihadyści stanęli za plecami swoich ofiar. „Nie, lepiej dziesiątkami", krzyknął, kiedy wszystko było już gotowe. „Po prostu ich wszystkich zabijcie". Potem padły strzały. Na pięciu więźniów przypadało dwóch bojowników ISIS. Gdy otworzyli ogień, zrobiło się strasznie głośno. Martwe ciała osuwały się do wąwozu. Wielu starało się upaść na ziemię, zanim dosięgły ich kule. Kanonada trwała bez ustanku przez piętnaście minut. Jeden z ocalonych wspomina krew i resztki mózgu stojącego przed nim mężczyzny.

Niektórzy usiłowali schować się pod rosnącymi z każdą chwilą stosami trupów. Inni rzucali się do ucieczki. W końcu niemal wszystkich zastrzelono. Potem dżihadyści zeszli na dół wąwozu i zaczęli podpalać ciała. Nie wszystkie ofiary były martwe. Niektórzy starali się za wszelką cenę powstrzymać ból i leżeli nieruchomo, inni nie wytrzymywali i tych bezlitośnie dobijano. W końcu terrorystom skończyła się amunicja i odjechali. Nad wąwozem zaległa martwa cisza. Po mniej więcej godzinie nieliczni ocaleni chwiejnym krokiem ruszyli w drogę przez pustynię, ponieważ bali się iść szosą. Większość zginęła z powodu odniesionych ran lub została zastrzelona przez krążące po okolicy patrole ISIS. Masakrę przeżyło prawdopodobnie około dwudziestu więźniów, a ciała dziewięciuset czterdziestu pochłonęła pustynia. To była pierwsza z wielu dokonanych przez ISIS masowych egzekucji.

Dziś Badoush znowu jest więzieniem, przetrzymuje się w nim i gwałci kobiety. Są to przede wszystkim setki młodych jazydek* pojmanych w górach Sindżar. ISIS sprzedaje je później zagranicznym bojownikom i wiele z nich trafia do Syrii. Według niektórych doniesień do Badoush regularnie przywożone są z Mosulu kosmetyczki i fryzjerki, których zadaniem jest przygotowanie więzionych dziewcząt do wizyt dżihadystów. Dostają ładne ubrania, robi się im makijaż i uczy służalczego zachowania w stosunku do gości.

* Jazydyzm – religia wyznawana głównie przez Kurdów mieszkających na pograniczu Iraku (okolice Mosulu), Iranu, Turcji, Syrii, Armenii i Gruzji. Łączy w sobie elementy islamu, chrześcijaństwa nestoriańskiego, pierwotnych wierzeń indoirańskich, kurdyjskich i judaistycznych.

*Proklamowanie kalifatu*

© Photo by Sipa Press/REX

Abu Bakr al-Baghdadi wygłasza kazanie w meczecie w dniu, w którym ogłosił siebie kalifem, Mosul, Irak.

*ISIS wcale nie jest ugrupowaniem muzułmańskim, a ustanowiony przez dżihadystów kalifat to oszustwo.*

John Brennan, dyrektor CIA

Dwudziestego dziewiątego czerwca 2014 roku, kilka tygodni po zajęciu Mosulu, al-Baghdadi pojawił się w jednym z meczetów i proklamował kalifat, a siebie samego ogłosił kalifem. Nikt się tego nie spodziewał, ale termin został dobrany bardzo starannie. Radykałowie z ISIS właśnie podbili jedną trzecią terytorium Iraku, przeszli do ofensywy w Syrii i zaczęli likwidować posterunki graniczne między oboma krajami. ISIS utrzymywało się na fali i al-Baghdadi postanowił wykorzystać sprzyjające okoliczności do objęcia zwierzchnictwa nad całym ruchem dżihadystów. Jego deklaracja spotkała się jednak na całym świecie z niechęcią islamskich przywódców religijnych, którzy uznali samozwańczego kalifa za żądnego władzy uzurpatora. Inne grupy dżihadystów nie udzieliły ISIS prawie żadnego poparcia, ponieważ uważały, że al-Baghdadi nie należy do plemienia Kurajszytów, bezpośrednich spadkobierców proroka Mahometa, z których musi wywodzić się prawdziwy kalif. Na początku proklamowanie kalifatu zostało uznane tylko przez ugrupowanie terrorystyczne z Indonezji, odłam Al-Kaidy działający na terenie Maghrebu (AQUIM) oraz kilku niezależnych duchownych, w tym brytyjskiego kaznodzieję Anjema Choudary'ego.

Al-Baghdadi ogłosił się kalifem zaledwie czternaście miesięcy po utworzeniu ISIS, co pokazuje, że naprawdę uważał się za „bożego wybrańca". Publicznie głosił, że jest „wodzem wszystkich muzułmanów" i następcą proroka Mahometa. Rzecznik prasowy ISIS Abu Mohammed al-Adnani oznajmił, że właśnie spełniło się „odwieczne marzenie dżihadystów" i po dziewięćdziesięcioletniej przerwie odrodziło się „Państwo Islamskie".

Twierdził również, że spełnione zostały wszelkie warunki niezbędne do proklamowania kalifatu i objęcia przywództwa nad wszystkimi muzułmanami – nowy kalif w pełni kontroluje podlegające mu terytorium, dysponuje odpowiednimi funduszami, dowodzi armią i cieszy się poparciem miejscowej ludności. Fakt, że miejscowa ludność została podporządkowana siłą, wydawał się al-Adnaniemu nieistotny.

Kalifat proklamowano przynajmniej z kilku powodów. Po pierwsze, al-Baghdadi chciał, by jego zwierzchność uznali wszyscy muzułmanie. Uważał się za bożego pomazańca, co oznaczało, że każdy, kto sądzi inaczej, powinien być zgładzony. To ważne, ponieważ na tym etapie konfliktu ISIS toczyło coraz mniej bitew z Asadem i al-Baghdadi mógł konsolidować swoją władzę, przejmując kontrolę nad niezależnymi do tej pory grupami rebeliantów.

W tej wojnie nie chodziło już o obalenie okrutnego reżimu ani nawet o pokonanie innowierców, co wcześniej wydawało się priorytetem al-Baghdadiego, lecz o stworzenie nowego państwa. Skuteczna realizacja tego celu oznaczała ni mniej, ni więcej, że inne ugrupowania, w tym centrala Al-Kaidy, straciły legitymację do sprawowania władzy i powinny się podporządkować kalifowi. ISIS uznało, że ma pełne prawo zabijać niepokornych i dlatego tak wielu dżihadystów bez skrupułów atakowało innych muzułmanów, co doprowadziło do licznych konfliktów między organizacjami islamistycznymi.

Proklamowanie kalifatu było również ukłonem w stronę najwierniejszych zwolenników ISIS, czyli młodych islamistów, których pociągała idea utworzenia nowego państwa, zmiany granic i wywołania rewolucji. Chcieli stworzyć coś zupełnie nowego, ponieważ w krajach, z których pochodzili, nie działo się najlepiej – panowały bieda i bezrobocie. Byli młodzi, zniechęceni i kipieli gniewem. Niewiele łączyło ich z przywódcami religijnymi starej daty, którzy ukrywali się w górskich jaskiniach i przeprowadzali nudne egzegezy starożytnych tekstów.

Jak się później przekonamy, ISIS od zawsze starało się zabiegać o poparcie młodych radykałów, szczególnie tych działających poza głównym nurtem islamizmu, który w ciągu ostatniego dziesięciolecia ogromnie stracił na znaczeniu. ISIS to dla młodego pokolenia organizacja, która skutecznie realizuje swoje cele, a przez obecność w mediach społecznościowych sprawia wrażenie prężnej i aktywnej. Dzięki temu młodzi ludzie czują się kimś ważnym. ISIS cieszy się obecnie ogromną popularnością wśród oddolnych ruchów islamistycznych działających na całym świecie.

Pewien młody radykał w następujących słowach odpowiedział na Twitterze starszemu duchownemu z Londynu, który skrytykował deklarację al-Baghdadiego: „Siedzisz w Londynie i jesz rybę z frytkami, więc nie opowiadaj mi o proklamowaniu kalifatu. My właśnie to robimy!". Zagorzali zwolennicy ISIS myślą dokładnie w ten sposób. Ogłoszenie powstania kalifatu wzbudziło więc z jednej strony entuzjazm, a z drugiej niechęć, lecz al-Baghdadi dobrze wszystko przemyślał i uznał, że korzyści przeważają nad stratami.

Koran

# ROZDZIAŁ 5

## Pokrętna ideologia

*Islamiści krzyczą „Allahu Akbar", nawet gdy zabijają niewinnych ludzi. W ten sposób cofają się do VII wieku, szczególnie jeśli chodzi o radykalizm i podejście do wojny [...]. Ich działania oburzają większość muzułmanów, ale wielu uważa ich za szczerych wyznawców islamu, a tylko nieliczni otwarcie ich krytykują [...]. Najbardziej zadziwiające jest to, że terroryści walczą z moralnym zepsuciem Zachodu i zachodnim hedonizmem, ale jednocześnie w imię swojej religii dokonują czynów jeszcze bardziej niemoralnych.*

Samir Khalil Samir, jezuita i światowej sławy znawca islamu

Ideologia ISIS jest zakorzeniona w tradycyjnym islamie, ale konkretne działania mają nader często niewiele wspólnego z głoszonymi zasadami. Nie ulega wątpliwości, że dżihadyści są zwolennikami salafizmu, radykalnego odłamu wiary muzułmańskiej, ale żeby przyciągnąć nowych zwolenników, odwołują się również do starych proroctw. Opierają się też na dużej liczbie rozmaitych tekstów religijnych, nierzadko archaicznych i mało znanych.

Postulują powrót do pierwotnych źródeł islamu, odwołując się do jego wczesnych interpretacji, w szczególności wyznawanego w Arabii Saudyjskiej wahhabizmu. Odrzucają wszelkie niemuzułmańskie formy władzy oraz nieoparte na islamie prawo i edukację (ale jednocześnie rozpaczliwie potrzebują wykształconych na Zachodzie inżynierów oraz zachodnich systemów bankowych i firm dostarczających internet). Twierdzą, że ich celem jest oczyszczenie islamu, a przez to całego świata, i że wolno im mordować apostatów i „niewiernych", którzy stają im na drodze, w tym każdego, również muzułmanina, kto nie uznaje zwierzchności kalifa.

Duża część ze stosowanej przez nich retoryki nawiązuje do pojęcia wojny zwiastującej nadejście apokalipsy. Uważają się za armię końca świata, która zmiecie z powierzchni ziemi wszystkich wrogów islamu. Nieustannie odwołują się również do historycznych bitew rozegranych w czasie krucjat na terenie Syrii i twierdzą, że ich posłannictwem jest stoczyć je ponownie. Ma to dla nich ogromne znaczenie. Zdarza się, że wkładają sporo wysiłku w zajęcie miast (na przykład Dabiq) pozbawionych znaczenia strategicznego, ale ważnych ze względów propagandowych.

Ich zdaniem Koran i hadisy* nie są jedynie zbiorem ogólnych wskazówek i należy odczytywać je dosłownie. Tak radykalne podejście to właśnie fundamentalizm. Jeśli dżihadystom zależy jednak na usprawiedliwieniu własnych działań, to – paradoksalnie – potrafią interpretować „święte księgi" bardzo swobodnie.

Głoszą wszem wobec, że realizują misję naprawienia szkód wyrządzonych przez ich głównych wrogów, czyli „zepsuty" Zachód, szyitów i znienawidzone monarchie rejonu Zatoki Perskiej, ale tak naprawdę mordują każdego, kto wejdzie im w drogę.

Należy pamiętać, że prawie wszyscy wpływowi islamscy przywódcy religijni odmówili uznania kalifatu i potraktowali ISIS jak uzurpatora. Trzeba jednak przyznać, że dżihadyści cieszą się ogromnym poparciem wśród młodych muzułmanów na całym świecie. ISIS wprowadziło radykalny islam w XXI wiek i przyciągnęło do tej ideologii kolejne pokolenie. Wcześniej liderzy światowego ruchu islamistycznego ukrywali się w jaskiniach położonych wysoko w afgańskich górach, a kaznodzieje całymi godzinami opowiadali monotonnym głosem o jakichś mało znanych tekstach religijnych. ISIS stosuje zupełnie inną taktykę – przedstawia się jako zbawca cywilizacji islamskiej, korzysta z efekciarskich gier komputerowych, które wyglądają jak programy telewizyjne, i pokazuje, że zabijanie jest w gruncie rzeczy czymś fajnym.

---

* Hadis – opowieść przytaczająca wypowiedź proroka Mahometa lub opisująca jego czyn. Hadisy tworzą sunnę (Tradycję), czyli najważniejsze po Koranie źródło muzułmańskiego prawa szariatu.

Nie można jednak zapominać, że większość przywódców ISIS to byli członkowie partii Baas, którzy za czasów Saddama Husajna dali się poznać jako zagorzali nacjonaliści. Wielu z nich przyłączyło się do terrorystów nie z powodów religijnych, ale dlatego że chcieli odzyskać władzę. To prawda, że obecnie prowadzą spartański tryb życia, być może robią tak nie z głębokiego przekonania, ale ponieważ ciągle obserwują ich drony.

Dla wielu zwolenników ISIS zapał religijny dżihadystów ma drugorzędne znaczenie. Najważniejsze są sukcesy w walce z Asadem i dlatego wydaje się całkiem prawdopodobne, że w dłuższej perspektywie wymuszanie surowych reguł szariatu może napotkać ostry sprzeciw.

Wymordowanie setek sunnitów tylko dlatego, że nie chcieli się podporządkować, pokazuje, że dla ISIS władza jest ważniejsza od poczucia przynależności do wspólnoty. Również fakt, że dżihadyści sprzedają ropę alawickiemu reżimowi Asada, jest dowodem na to, iż różnice doktrynalne tracą na znaczeniu, gdy jest im to akurat na rękę.

# ROZDZIAŁ 6

## Na polu bitwy najskuteczniejszą bronią jest strach

*Wystarczyłoby wysłać dwie brygady amerykańskiej piechoty i ISIS zostałoby w mgnieniu oka wyparte do Syrii.*

Generał Anthony Zinni, były naczelny dowódca CENTCOM-u (Centralnego Dowództwa Sił Zbrojnych USA)

Staliśmy ściśnięci pod murem zaledwie pięćdziesiąt metrów od strzelających w naszym kierunku żołnierzy Asada. Nie mieliśmy dokąd uciec. Trzech z nas próbowało ukryć się za żelbetonową kolumną, ponieważ ostrzał był tak silny, że kule kruszyły zbudowaną z pustaków ścianę. Serie z wielkokalibrowego karabinu maszynowego od czasu do czasu trafiały w mur biegnący na lewo od nas, przebijając go na wylot. Naprawdę znaleźliśmy się w potrzasku. Patrząc na Ricka i kucających w szeregu rebeliantów, pomyślałem, że w pewnym momencie musieliśmy popełnić błąd.

Działo się to w listopadzie 2012 roku. Było przeraźliwie zimno. Zaledwie kilka godzin wcześniej przekroczyliśmy granicę turecko-syryjską i gdy dowiedzieliśmy się, że rebelianci atakują właśnie lotnisko Minnagh*, bez wahania ruszyliśmy w drogę.

Minnagh miało dla rebeliantów duże znaczenie symboliczne. Właśnie stamtąd startowały samoloty zrzucające bomby na cywilów i tylko zajęcie lotniska dawało szansę na chwilę wytchnienia. Asad doskonale zdawał sobie sprawę, jak wielką rolę baza ta odgrywa w prowadzonej przez niego kampanii. Cały czas wysyłał drogą powietrzną posiłki i zaopatrzenie dla broniących się żołnierzy. Każdego wieczoru obserwowaliśmy, jak myśliwce ostrzeliwują teren wokół lotniska, osłaniając w ten sposób lądujące helikoptery. Flary co chwilę rozświetlały ciemność, a ściany domów stojących w promieniu kilku kilometrów drżały od hałasu.

W dniu naszego przyjazdu dowódca batalionu Wolnej Armii Syrii zgodził się, żebyśmy pojechali na linię frontu i obserwowali ofensywę rebeliantów. Wsiedliśmy więc do samochodu i pomknęliśmy przez opuszczone wsie leżące na północ od Minnagh. Potem zrobiło się niebezpiecznie, ponieważ wjechaliśmy na błotnistą drogę osłanianą przez wrogi czołg. Ostatni odcinek pokonaliśmy pieszo, idąc między ruinami zbom-

* W publicystyce poświęconej wojnie w Syrii można znaleźć zapis nazwy tego lotniska (i stoczonej wokół niego bitwy) jako al-Menagh, Menagh, Menegh, Mannagh, a nawet Minakh.

bardowanych domów. W powietrzu czuć było grozę wojny. Wiedzieliśmy, że wróg musi być blisko, ale na razie nikt nas nie atakował. Podeszliśmy do muru otaczającego bazę i zajrzeliśmy przez dziurę, żeby zobaczyć, co znajduje się po drugiej stronie.

Kiedy wchodziliśmy do miasta, panowała kompletna cisza, a domy sprawiały wrażenie opuszczonych. Nagle z każdej strony zaczęto do nas strzelać. Siły Asada musiały się przegrupować i wykonać manewr oskrzydlający. Znaleźliśmy się w potrzasku. Cały teren był pod kontrolą żołnierzy ulokowanych na wieżach strażniczych. Mogliśmy wycofać się jedynie drogą, którą przyszliśmy, ale otwarte pole było teraz pod ostrzałem wroga. Wiedzieliśmy, że lada chwila na nasze pozycje może spaść granat przeciwpancerny, więc po wymianie zdań przez krótkofalówki postanowiliśmy po prostu biec, ile sił w nogach.

Pojedynczo rzucaliśmy się do ucieczki. Biegliśmy z opuszczonymi głowami, a wokół nas świstały kule. Po drugiej stronie trzeba było jeszcze wspiąć się na skały. Potem już z bezpiecznej odległości obserwowaliśmy, jak ostatni z naszych pędzą przez otwartą przestrzeń. Właśnie wtedy zobaczyłem dowódcę naszego oddziału, który śmiał się na cały głos, starając się w podskokach wyminąć pociski. Nigdy nie zapomnę tego widoku.

To wydarzenie pokazuje, jak specyficzne poczucie humoru mają rebelianci i jak bardzo pogodzeni są ze śmiercią. Tym razem dowódca miał szczęście. Gdy do nas dołączył, weszliśmy na dach stojącego niedaleko opuszczonego budynku i patrzyliśmy, jak snajperzy próbują dobrać się do skóry żołnierzom

Asada. Błyskawicznie zapomnieliśmy, że jeszcze przed chwilą nasze życie wisiało na włosku.

© Photo courtesy of Rick Findler

Autor ucieka spod ostrzału podczas oblężenia bazy Minnagh, północna Syria, styczeń 2013 roku.

Tamten dzień przypomniał mi, że na Bliskim Wschodzie nic nie dzieje się na czas. Upłynęło dziesięć miesięcy, zanim rebelianci zajęli bazę lotniczą Minnagh, a stało się to dzięki wsparciu Abu Omara Sziszaniego, jednego z dowódców ISIS, i jego słynących z brutalności Czeczenów. Podczas naszej wizyty widzieliśmy jedynie niedofinansowany i słabo uzbrojony oddział bojowników WAS, którzy mieli na dodatek blade pojęcie o taktyce wojennej. Kiedy dowództwo nad operacją przejął Sziszani, lotnisko poddało się niemal z dnia na dzień.

Sziszani naszpikował ciężarówki ładunkami wybuchowymi, opancerzył je i za ich pomocą systematycznie wysadzał w powietrze linie obronne bazy Minnagh, nie licząc się przy tym ze stratami w ludziach. Ta strategia mówi wiele o zapale bojowym ISIS i różnicy w postawie między zaprawionymi w walce, doświadczonymi dżihadystami a rebeliantami z innych ugrupowań.

Sziszani jest teraz w Syrii niemal postacią mityczną, nie tylko z powodu wyglądu – ma charakterystyczną rudą brodę i rude włosy – lecz także swojej narodowości. Jak wskazuje sam przydomek „Sziszani", pochodzi z Czeczenii. Powszechnie uważa się go za najlepszego bojownika w szeregach ISIS. To właśnie dzięki jego osobistym zasługom dżihadyści odnieśli tak wiele zwycięstw. I zamordowali tak wielu ludzi. Obecnie Sziszani pełni w ISIS funkcję szefa sztabu i jest komendantem frontu północnego. Bardzo możliwe, że zasiada również w Radzie Szury.

Pewien zbieg, który walczył u jego boku, opowiedział mi o tym tajemniczym człowieku, zwanym przez swoich towarzyszy Rudobrodym.

Jego prawdziwe nazwisko to Tarchan Tajmurazowicz Batiraszwili. Urodził się w 1986 roku w Gruzji, w małej górskiej chacie bez prądu i bieżącej wody. Został wychowany na chrześcijanina. W dzieciństwie wypasał owce w wąwozie Pankisi, w którym w latach dziewięćdziesiątych ukrywali się czeczeńscy bojownicy. Czeczeni byli wtedy – i zresztą nadal są – prześladowani przez Rosjan, którzy wszelkimi możliwymi sposobami starali się stłumić czeczeńską rebelię. Ojciec Sziszaniego twierdzi, że już od najmłodszych lat syn pomagał Czeczenom przechodzić przez zieloną granicę, a nawet brał udział w niektórych operacjach wojskowych.

Zdjęcie z oficjalnej strony internetowej ISIS przedstawiające Abu Omara Sziszaniego, rudobrodego Czeczena, jednego z najważniejszych dowódców wojskowych tej organizacji. Czeczeńscy bojownicy uznawani są za najbrutalniejszych i najskuteczniejszych żołnierzy walczących w szeregach dżihadystów.

Po skończeniu szkoły Sziszani wstąpił do gruzińskiej armii, gdzie wyróżnił się jako zdolny taktyk i znawca broni. Szybko awansował na sierżanta i służył w specjalnej jednostce wywiadowczej. Był na dobrej drodze, by zostać oficerem, ale w 2008 roku wybuchła wojna z Rosją i Sziszani trafił na front. Zajmował się rozpoznaniem i całymi dniami w samotności obserwował ruchy oddziałów wroga, co pozwoliło mu udoskonalić umiejętności zwiadowcze.

Po wojnie stwierdzono u niego gruźlicę. Musiał zrezygnować ze służby i z powodu choroby nie mógł już wrócić do wojska. Właśnie wtedy poważnie zainteresował się islamem i dżihadem. Nadal nienawidził Rosjan i szukał każdej okazji, żeby ich nękać. Kiedy w Syrii wybuchła wojna, Sziszani przyłączył się do rebeliantów, by walczyć z Asadem, którego uważał za kremlowskiego pachołka. W tamtym czasie jeszcze bardziej zbliżył się do fundamentalizmu. Wyróżniał się na polu bitwy i do jego grupy zbrojnej Dżajsz al-Muhadżirin wa-al-Ansar* przystępowało coraz więcej bojowników. Sziszani i walczący u jego boku Czeczeni szybko zyskali sławę z powodu swojej brutalności. Bez skrupułów ścinali jeńców, a podczas bitew wykazywali się skrajną agresją, przyćmiewającą nawet zachowanie innych bojowników ISIS.

Wkrótce po zajęciu bazy lotniczej Minnagh Sziszani, którego celem było już nie tylko pokonanie Asada, lecz także utworzenie kalifatu, połączył siły z al-Baghdadim. Biedny gruziński pasterz przeszedł naprawdę długą drogę. Ostatni raz kontaktował się ze swoim ojcem w 2014 roku. Zadzwonił, aby powiedzieć, że ożenił się z Czeczenką i ma córkę Zofię. Kiedy ojciec oznajmił, że nadal jest praktykującym chrześcijaninem, syn odłożył słuchawkę. Według niepotwierdzonych informacji Sziszani mieszka w wilii na przedmieściach Aleppo, ale dwaj anonimowi mężczyźni, którzy walczyli u jego boku, twierdzą, że śpi na podłodze razem ze

* Armia Emigrantów i Zwolenników Allaha.

swoimi ludźmi, je z nimi posiłki i wspólnie z nimi żartuje. Nawet ci, którzy opuścili szeregi ISIS, chwalą go jako wyśmienitego dowódcę.

Bez przesady można powiedzieć, że za wczesnymi sukcesami wojskowymi dżihadystów stali zaprawieni w walce bojownicy, tacy jak Sziszani. To właśnie oni stanowili około ośmiusetosobowy rdzeń armii, która przy wsparciu dwóch tysięcy wypuszczonych z więzień radykałów błyskawicznie zajęła ogromne połacie Iraku. Ich bronią były strach oraz doskonale przemyślana taktyka. Byli niczym ostrze włóczni, brutalni, bezwzględni i śmiercionośni. Nie ma najmniejszych wątpliwości, że to ich spektakularne zwycięstwa walnie przyczyniły się do powstania kalifatu.

## *Taktyka*

Dzisiaj za szkolenie i dowodzenie każdą dziesięcioosobową grupą nowych rekrutów odpowiada jeden z doświadczonych Czeczenów lub Libijczyków. Libijczycy cieszą się w szeregach ISIS zasłużoną sławą, którą zdobyli podczas toczonych kilka lat temu walk z reżimem Kaddafiego. W zależności od kraju pochodzenia poszczególne oddziały posługują się inną taktyką. Na przykład bitwy toczone przez Libijczyków są bardzo brutalne, ponieważ bojownicy z tego kraju lubią stawać z wrogiem twarzą w twarz i są mistrzami walk ulicznych. Czeczeni starają się natomiast zaskoczyć przeciwnika, przeprowadzając skomplikowane manewry oskrzydlające. Bitwy z ich udziałem są więc znacznie dłuższe. Przygotowując szczegółowe plany ataku, wszyscy korzystają z nawigacji satelitarnej i programów, takich jak Google Maps i Google Earth. Komunikują się za pomocą internetu i telefonów komórkowych, używając ciągle nowych kart SIM. Sam widziałem rebeliantów z workami pełnymi kart SIM, które wymieniali praktycznie co kilka połączeń.

W skład każdego batalionu ISIS wchodzą zamachowcy samobójcy, którzy rzucani są do ataku jako pierwsi. Ich zadaniem jest zrobienie wyłomu w murze, przedarcie się na teren wrogiej bazy, zniszczenie posterunku kontrolnego albo uwolnienie więźniów. Za nimi idzie reszta oddziału, mordując i dokonując całkowitego spustoszenia. Nie brakuje chętnych do przeprowadzania misji samobójczych, ponieważ możliwość poświęcenia własnego życia traktowana jest jak zaszczyt. Słyszałem, że rodziny zamachowców otrzymują jako zadośćuczynienie trzy tysiące sześćset dolarów, ale obcokrajowcy i ci, którzy nie mają rodzin, są gotowi ginąć za darmo. Samobójcy to z pewnością jedna z najgroźniejszych broni ISIS. Na dobrą sprawę nie da się zatrzymać kogoś obwieszonego ładunkami wybuchowymi lub z niewielkiej odległości strzelającego z granatnika, jeśli ta osoba jest przygotowana na śmierć.

Po zajęciu miasta oddziały ISIS od razu zakładają w strategicznych miejscach miny pułapki, co sprawia, że skuteczny kontratak staje się praktycznie niemożliwy. Na dachach rozmieszczani są snajperzy, a miejscowa ludność służy jako żywe tarcze. W zależności od rozmiarów sił wroga i warunków topograficznych ISIS wybiera odpowiednią strategię i przerzuca bojowników.

*Decentralizacja*

ISIS stało się tak potężną siłą militarną jeszcze z kilku innych powodów. Jednym z nich jest decentralizacja. Przywódcy wytyczają cele do zrealizowania, a cieszący się ich zaufaniem doświadczeni komendanci sami wybierają właściwą strategię. Zupełnie inaczej działa to u Kurdów i Irakijczyków. Brak odpowiednich procedur dowodzenia i wydawania rozkazów sprawia, że żołnierze czekają na szczegółowe wytyczne z góry i sami nie podejmują żadnych decyzji. Kurdyjski generał Abdullah Kardom powiedział mi, że „od Stanów Zjednoczonych oczekuje przede wszystkim pomocy w zbudowaniu solidnej struktury wojskowej".

Decentralizacja sprawia, że bardzo trudno jest przewidzieć kolejny ruch oddziałów ISIS i to dżihadyści dyktują warunki na polu bitwy. Wiele razy zaskakiwali wrogów brawurowymi i niespodziewanymi posunięciami, na przykład zamiast kontynuować marsz na południe, zaatakowali Kurdów na północy, nie odstąpili od oblężenia Kobane, chociaż miasto miało wątpliwe znaczenie strategiczne, a podczas inwazji na zachodni Irak nacierali jednocześnie z różnych kierunków. Strategia oparta na zmienności, choć niepozbawiona wad, okazała się bardzo skuteczna. Obecnie jest częścią prowadzonej przez ISIS polityki „baqiya wa tatamaddad", czyli „trwania i ekspansji", która polega na byciu w ciągłym ruchu, co ma pomóc w utrzymaniu dotychczasowych zdobyczy i umożliwić dalsze podboje.

Ruchliwość oddziałów ISIS uniemożliwia wrogowi zgrupowanie sił w jednym miejscu i zmusza go do rozproszenia. Co więcej, nie można przeprowadzić frontalnego ataku, ponieważ niewielkie grupy dżihadystów działają niezależnie od siebie, bez ustanku się przemieszczają i trzymają przeciwnika w niepewności. Tak dzieje się na przykład na liczącej tysiąc trzysta kilometrów granicy z tureckimi i irackimi terenami zamieszkanymi przez Kurdów, na której przewidzenie kolejnego ataku ISIS jest na dobrą sprawę niemożliwe. Bojownicy poruszają się wzdłuż linii frontu furgonetkami, szybko się przegrupowują i uderzają znienacka w najmniej oczywistym miejscu. Eksperci twierdzą, że na początku ta strategia była niezwykle skuteczna, ale z czasem zmusiła ISIS do znacznego rozproszenia sił i obecnie nie jest już tak łatwa do realizacji, szczególnie że nad głowami dżihadystów latają amerykańskie myśliwce.

Wiedza i doświadczenie byłych oficerów armii Saddama Husajna również dały ISIS przewagę, ale to przede wszystkim decentralizacja struktur wojskowych oraz większy potencjał zbrojny sprawiły, że dżihadyści mogli wyciągnąć rękę po ogromne terytorium. Kiedy odnosili pierwsze sukcesy, na ich drodze ani razu nie stanęła dobrze zorganizowana armia lub inna skuteczna siła bojowa: rozbici i zdemoralizowani Irakijczycy nie stanowili żadnego zagrożenia, armia syryjska nigdy poważnie nie przeciwstawiła się ISIS, Kurdowie byli odważni, ale nie mieli broni i doświadczenia, a Turcja, Arabia Saudyjska i kraje rejonu Zatoki Perskiej były zbyt zaniepokojone sytuacją wewnętrzną, żeby nadstawiać karku za granicą. Inne grupy rebeliantów, poza Dżabhat an-Nusrą, nie miały w starciu z ISIS żadnych szans. Mogły więc albo się podporządkować, albo zginąć.

*Uciekinier*

W małym mieszkaniu w tureckim mieście Gaziantep Abu Almouthanna opowiedział mi, jak wygląda życie bojownika ISIS. Mówił o krwi, pożądaniu, dekapitacjach, zabójstwach i poczuciu koleżeństwa. Nie było w nim wstydu, lecz raczej ogromny smutek. Przyznał, że żałuje swoich czynów i przedstawia światu swoją historię jako rodzaj zadośćuczynienia.

Abu Almouthanna jest jednym z nielicznych uciekinierów, którzy opuścili szeregi ISIS i przeżyli. Jest ich nie więcej niż kilkuset i dzięki ich świadectwom wiemy, co dzieje się na terenach okupowanych przez terrorystów. Większość zbiegów jest tropiona i zabijana na granicy tureckiej. Jeśli jakimś cudem udaje im się przetrwać pogoń i uciec, karane są ich rodziny. Oto historia Abu Almouthanna.

Urodził się w 1986 roku w Rakce, obecnej stolicy ISIS. Tak jak jego rodzice, dziadkowie i pradziadkowie był rolnikiem. Wychował się w szczęśliwej rodzinie, choć w domu panowała bieda, a krajem rządził krwawy dyktator. Niedługo po wybuchu rewolucji Abu usłyszał pukanie do drzwi. To byli żołnierze. Pobili jego starego ojca, a jego samego aresztowali i zawieźli do Damaszku. Nie był nikim ważnym, po prostu jak wielu innych w tamtym czasie wyszedł na ulicę, żeby domagać się praw i wolności.

Przez dziesięć miesięcy był torturowany. Każdego dnia przez wiele godzin wisiał przywiązany za ręce, pozbawiano go snu, wyrwano mu paznokcie i zdzierano kawałki skóry. Siedział w jednej celi z dwunastoma innymi więźniami. Niektórych zakatowano na śmierć. Pewnego dnia po prostu został wypuszczony na wolność i mógł wrócić do domu. Wstąpił do Wolnej Armii Syrii (WAS) i tak rozpoczęła się jego kariera wojskowa.

„Było we mnie wtedy bardzo dużo złości i chciałem walczyć", powiedział. „Chciałem zabijać". I tak właśnie zrobił. Na początku dołączył do ukrywającego się w górach oddziału rebeliantów, który atakował bazy armii rządowej. Robił, co mógł, żeby obalić alawicki reżim Asada, ale wkrótce Wolna Armia Syrii osłabła, a Abu Almouthanna zauważył, że istnieją też inne – lepiej uzbrojone, lepiej wyposażone i lepiej finansowane – ugrupowania opozycyjne. W okolicy w siłę urosła Dżabhat an-Nusra i Abu wstąpił właśnie w jej szeregi.

Jego oddział radził sobie coraz lepiej i z powodzeniem szturmował bazy Asada. Abu pamięta, jak modlił się razem z zamachowcami samobójcami, którzy w czasie misji wysadzali się w powietrze, a on szedł za nimi i zabijał pozostałych przy życiu wrogów. Nigdy wcześniej nie spotkał „męczenników".

Po zaledwie czterech miesiącach batalion Dżabhat an-Nusry stacjonujący w Rakce został bez jednego wystrzału pokonany przez ISIS, a dwa tysiące bojowników po prostu zmieniło przynależność. „Cieszyłem się, że mogę zostać członkiem ISIS", powiedział mi Abu Almouthanna. „Mieli jeszcze więcej pieniędzy i najlepszą broń. Poza tym niczym nie różnili się od Dżabhat an-Nusry".

Razem z kilkuset nowymi rekrutami przysiągł przed miejscowym emirem lojalność al-Baghdadiemu. „Podałem mu ręce i wyrecytowałem formułę: Przysięgam wierność księciu – Al Khalifowi Al Szejkowi

Abdullahowi Ibrahimowi Ben Awadowi Ben Ibrahimowi Ben Alemu Ben Buhammadowi al Badriemu* – i zobowiązuję się być mu we wszystkim posłuszny".

Potem został wysłany na wieś, żeby odbyć czterdziestodniowe szkolenie prowadzone przez zagranicznych bojowników – doświadczonych Czeczenów i Afgańczyków. Szkolenie było bardzo wymagające i dotyczyło przede wszystkim posługiwania się bronią. Poza tym uczestnicy musieli odbyć kurs taktyki i dużo ćwiczyli, żeby wzmocnić tężyznę fizyczną. W zabudowaniach gospodarczych zorganizowano sypialnie – na podłodze leżały koce i wszyscy spali razem obok siebie. Pobudka o 4:30, potem poranna modlitwa, a od 6:00 od 8:00 gimnastyka. Każdego dnia odbywały się dwie sesje treningowe, a od 22:00 obowiązywała cisza nocna. Podczas szkoleń rekruci byli podzieleni na dziesięcioosobowe grupy, zwykle różnej narodowości, ale Czeczeni, Uzbecy, Afgańczycy i Tadżycy często ćwiczyli razem, żeby uniknąć problemów w porozumiewaniu się.

Skakali przez mury, czołgali się pod zwalonymi pniami drzew, trenowali musztrę, uczyli się, jak organizować zasadzki i jak wykonywać manewry. Zdarzało się, że przez całą noc biegali, robiąc jedynie przerwy na modlitwę. Smacznego jedzenia było zawsze pod dostatkiem – codziennie serwowano ryż, mięso i duszone jarzyny. Posiłki przygotowywały kobiety i dzieci. Abu Almouthanna dostał ubranie, wojskowe buty i własny karabin. „Poczułem się jak prawdziwy żoł-

* Pełny tytuł używany przez Abu Bakr al-Baghdadiego jako samozwańczego kalifa Państwa Islamskiego.

nierz", powiedział. Co miesiąc dostawał też żołd w wysokości stu pięćdziesięciu dolarów.

Podczas szkolenia poznał dziesiątki innych dżihadystów, ale nie znał ich prawdziwych nazwisk, bo wszyscy posługiwali się pseudonimami. Mieszkał z trzema Francuzami i jednym Brytyjczykiem. Znali jedynie podstawy arabskiego, ale chodzili na specjalne lekcje i robili postępy. Abu Almouthanna powiedział mi, że ta czwórka miała w całej grupie najradykalniejsze poglądy. Nie najlepiej znali Koran, ale byli za to najbardziej agresywni. Przyjechali do Syrii, ponieważ kierowała nimi autentyczna żądza krwi. Od samego początku żartowali na temat ścinania głów, podrzynania gardeł i pastwienia się nad wrogiem.

Przez następne czternaście miesięcy Almouthanna walczył w szeregach ISIS i wziął udział w wielu bitwach. Niektóre kończyły się już po kilku dniach, inne były znacznie dłuższe, jak na przykład trwające pięć miesięcy oblężenie Markady. Podczas tego starcia zginęło sześciuset dżihadystów z ISIS i mniej więcej tyle samo bojowników Wolnej Armii Syrii, tej samej, w której szeregach wcześniej walczył Abu Almouthanna.

Zdobycie Markady było dla niego „niezapomnianym" przeżyciem. Gdy ISIS wkroczyło do miasta, doszło do rzezi mieszkańców. Mordowano dosłownie wszystkich – również kobiety i dzieci. „Chodziliśmy od domu do domu. To było całkiem łatwe", powiedział. „Wcześniej walczyliśmy i chcieliśmy wyładować naszą złość. Skoro oni zabili tylu naszych, to teraz my musimy się zemścić". Abu Almouthanna stanowczo zaprzeczył, jakoby sam mordował dzieci.

Podczas walki łatwo było nawiązać nowe znajomości, a potem towarzysze broni opowiadali sobie o wygranych bitwach i pokonanych przeciwnikach, opisując ze szczegółami swoje przygody, bohaterskie szarże, zabitych wrogów i szczęśliwców, którzy sami zginęli w samobójczych atakach. „Chętnych na męczenników było nawet zbyt wielu", wspomina Abu Almouthanna, ale on sam nigdy nie dostał takiej propozycji.

Chorzy i ranni trafiali do prywatnych szpitali, gdzie otrzymywali dobrą opiekę. Wśród obcokrajowców byli lekarze i pielęgniarki, którzy dla potrzeb bojowników ISIS zajmowali całe kliniki. Najpoważniejsze przypadki przewożono do Turcji, a władzom mówiono, że to rebelianci z WAS. Nikt tego później nie sprawdzał.

Dżihadyści prawie cały czas żartowali – opowiadali dowcipy o kobietach, o wojnie, o zabijaniu wrogów. Jak powiedział mi Abu Almouthanna, w oddziale panowała atmosfera „szczególnego koleżeństwa" i „wszyscy byli dobrymi przyjaciółmi". Wielu bojowników brało sobie żony. Do Rakki przywożono ciężarówkami młode jazydki i zmuszano je do ślubu, najczęściej z obcokrajowcami. „Emir dawał je im w prezencie. Robili z nimi, co chcieli. Tunezyjczycy brali zwykle po dwie albo trzy".

Podczas pobytu w stolicy Abu Almouthanna był bardzo dobrze traktowany przez mieszkańców. Sklepikarze, a nawet zwykli przechodnie przynosili mu napoje i jedzenie, nie wymagając od niego żadnej zapłaty. Twierdził, że ani on, ani inni bojownicy nie wzbudzali w nikim strachu.

Czasami odwiedzał z kolegami więzienia. Zawsze były przepełnione i w każdej celi na oczach innych kogoś torturowano. „Wielu czerpało z tego prawdziwą przyjemność". To nie byli jeńcy, lecz mieszkańcy terenów okupowanych przez ISIS, którzy popełnili jakieś wykroczenia. Najczęściej bito ich pałkami elektrycznymi, biczowano lub okładano kijami. Mieli również ślady poparzeń i rany cięte.

Po jednej z bitew jego oddział wziął do niewoli trzystu jeńców. Przez dobę trzymano ich w budynku poza granicami miasta, a potem wszystkich rozstrzelano. „Źle się z tym czułem", powiedział mi Abu Almouthanna. „Zupełnie nie wiedzieliśmy, co z nimi zrobić". Wśród zamordowanych były też kobiety i dzieci. Ciała porzucono na miejscu zbrodni.

Abu Almouthanna był też świadkiem wielu dekapitacji. Zdarzało się, że między bojownikami dochodziło do kłótni o to, kto ma ściąć więźniowi głowę. Czasem do roli kata wyznaczano nowych rekrutów, co było sprawdzianem ich lojalności. Dżihadyści często filmowali egzekucje, a potem oglądali nagrania i omawiali technikę. Abu Almouthanna twierdzi, że nigdy nikogo nie ściął. „Nie interesowały mnie takie rzeczy", powiedział.

Powoli zaczął zdawać sobie sprawę, że ISIS nie zależy wcale na obaleniu Asada, ale na zagarnięciu jak największego terytorium kosztem innych rebeliantów. Wcale mu się to nie podobało. „Zabijaliśmy niewinnych ludzi". Sam nie miał nic przeciwko atakowaniu szyitów i Kurdów, ale nie chciał walczyć z innymi Syryjczykami, wśród których byli przecież jego znajomi. „To było bratobójstwo, a nie walka w imię wspólnej religii".

Kiedy podjął decyzję o odejściu, poprosił emira o dwudniowy urlop pod pretekstem chęci odwiedzenia rodziny. Dostał zgodę, ponieważ od dawna walczył w szeregach ISIS. Odebrał go kuzyn i razem pojechali na turecką granicę. Teraz mieszka w Gaziantep i szuka pracy, najchętniej „w jakiejś restauracji".

Mówi, że żałuje śmierci niewinnych ludzi, i nawet jestem w stanie w to uwierzyć. Za chwilę dodaje jednak, że z chęcią znowu robiłby to samo. „Kim są teraz twoi wrogowie?", zapytałem. „Będę walczył z każdym, kto stanie na naszej drodze i będzie chciał nas zatrzymać… Amerykanie, jazydzi, Kurdowie, chrześcijanie. Jeśli będą uzbrojeni, nie zawaham się ich zabić".

## *Milicja*

© Photo courtesy of Rick Findler

Syryjscy rebelianci podczas oblężenia bazy lotniczej Minnagh.

W czerwcu 2014 roku Ali Said dowiedział się, że ISIS zbliża się do Bagdadu. Wszędzie aż huczało od plotek i Ali wielokrotnie słyszał, że dżihadyści są zaledwie kilka kilometrów od granic miasta. W stolicy miały też działać uśpione komórki ISIS, dysponujące tajnymi składami broni i tylko czekające, żeby wywołać zamieszki. Ludzi ogarnął strach.

Jak wielu mieszkańców Bagdadu, Ali był szyitą i doskonale zdawał sobie sprawę, co go czeka po wkroczeniu dżihadystów. Mężczyźni zostaną wymordowani, kobiety zgwałcone, a dzieci pójdą do niewoli. W tamtym czasie codziennie dochodziło do zamachów bombowych organizowanych przez sunnitów, plotki mogły więc okazać się prawdziwe. Wkrótce Ali nabrał pewności, że niedługo dojdzie w mieście do walk ulicznych. „Byłem przygotowany na najgorsze", powiedział. „Chciałem walczyć i kupiłem broń".

Kiedy iracka armia cofała się w popłochu przed nacierającymi terrorystami, najważniejszy duchowny szyicki w Iraku Ali al-Sistani wydał fatwę, czyli rodzaj religijnego nakazu, wzywającą wszystkich szyitów do „obrony kraju, współobywateli, honoru i świętych miejsc". Tysiące usłuchało tego wezwania i z bronią w ręku ruszyło do punktów werbunkowych. Wśród nich był również Ali Said.

Sistani był kiedyś uważany za najbardziej wpływową osobę w kraju. To właśnie on w 2003 roku apelował o uchwalenie nowej konstytucji, a w roku 2005 zachęcał Irakijczyków do głosowania. Szyici słuchali każdego jego słowa i po ogłoszeniu fatwy wiedzieli, że ich obowiązkiem jest zgłoszenie się na ochotnika do walki z terrorystami. Według premiera Iraku Abadiego do obrony kraju stanęło około miliona szyitów, którzy wypełnili pustkę po doszczętnie rozbitej armii. Stworzone wtedy oddziały ochotniczej milicji już wkrótce dorównają ISIS swoją brutalnością.

Czterdziestosześcioletni Ali pracował jako sklepikarz i od kilku dekad nie miał broni w ręku. Służył co prawda w armii Saddama Husajna, ale to było bardzo dawno temu. Mimo to czuł, że musi spełnić swój obowiązek i wstąpił do ochotniczych oddziałów szyickiej milicji Asaib Ahl al-Haq. Po odbyciu szkolenia trafił do jednostki stacjonującej około pięćdziesięciu kilometrów na południe od Bagdadu i zaczął walczyć z ISIS. W ten sposób został „szyickim bojownikiem religijnym".

Wraz z zaostrzaniem się konfliktu zwiększała się liczba aktów przemocy, a działająca poza wojskową jurysdykcją szyicka milicja miała w tym coraz większy udział. Już od jakiegoś czasu w zdominowanych przez szyitów dzielnicach Bagdadu sunnici nie byli szczególnie mile widziani, ale teraz zaczęli po prostu znikać i to na masową skalę.

Niebawem liczący ponad pięciuset członków oddział Alego brał już udział w regularnej wojnie religijnej, wyładowując swoją złość nie tylko na bojownikach ISIS, lecz także na całkowicie niewinnych sunnickich wieśniakach. „Doskonale zdawaliśmy sobie sprawę, że to zwolennicy ISIS. Wiedzieliśmy, że pomogą terrorystom w zajęciu Bagdadu, więc musieliśmy ich jakoś powstrzymać". Oznaczało to, że szyicka milicja zaczęła zrównywać wioski z ziemią i mordować cywilów, nakręcając w ten sposób spiralę przemocy.

W promieniu trzydziestu kilometrów od Bagdadu palono wsie i niszczono uprawy. Powstały tak zwane strefy śmierci i każdy, kto w nich przebywał, uznawany był za wroga. Domy stojące na ziemi niczyjej zostały przymusowo ewakuowane, a osiemdziesiąt tysięcy sunnitów straciło dach nad głową. Jak łatwo się domyślić, wielu z wypędzonych mężczyzn przyłączyło się do ISIS, ponieważ nie pozostawiono im innego wyboru.

W internecie znaleźć można mnóstwo filmów z oddziałami szyickiej milicji w charakterystycznych mundurach. Na jednym z nich komendant stoi nad gnijącymi ciałami, które nie wyglądają na ciała wojskowych, i zapytany, dlaczego ich nie pochowano, odpowiada: „Ci terroryści na to nie zasługują. Zostawiamy ich trupy psom na pożarcie. To kara za to, że pomagali zabijać naszych ludzi".

Członkowie ochotniczych oddziałów jednoznacznie popierają iracki rząd, ale tak naprawdę odpowiadają przed Iranem. Walczą z ISIS, lecz nie pod flagą Iraku, a pod sztandarem szyitów. Nie noszą irackich mundurów, ale uniformy polowe z insygniami szyickich brygad. Nazywają siebie dżihadystami, ponieważ na terenie całego kraju toczą wojnę religijną.

Od zamieszkanej przez Kurdów północy, przez leżącą na wschodzie prowincję Dijala, aż do południowych rubieży kraju szyicka milicja nie tylko oczyszcza miasta z „niechcianego elementu", lecz także puszcza z dymem całe dzielnice, z dumą wypisując na murach nazwę swojego ugrupowania. Takie postępowanie zrodzi w przyszłości więcej nienawiści i spowoduje, że jakiekolwiek rozwiązanie problemu ISIS stanie się jeszcze odleglejsze. Wiele rodzin musiało uciekać ze swoich wiosek ze strachu przed terrorystami, a potem ich domy zostały zniszczone przez szyitów. W ten sposób tysiące ludzi znalazło się między młotem a kowadłem.

Jednym z większych paradoksów tej wojny jest fakt, że oddziały ochotniczej milicji walczące z ISIS w Iraku są dokładnie tymi samymi oddziałami, które ścierają się ze wspieranymi przez USA rebeliantami w Syrii. „Wielu moich towarzyszy broni było wcześniej w Syrii", przyznał podczas naszej rozmowy Ali. W wielu wypadkach są to również ci sami ludzie, którzy po inwazji z 2003 roku walczyli z Amerykanami. Można zatem powiedzieć, że szyici są zarówno z nami, jak i przeciwko nam.

Po raz kolejny widać zatem ogromną rolę, jaką w tym konflikcie odgrywa Iran, który odpowiada za powstanie oddziałów szyickiej milicji. Wicepremier Iraku Huszjar Zibari, z pochodzenia Kurd, tak wypowiedział się o roli sąsiada w toczącej się wojnie: „Moim zdaniem Iran wypłaca członkom milicji żołd i finansuje ich wyżywienie, uzbrojenie, umundurowanie i tak dalej. Od czerwca dostali od ajatollahów ponad miliard dolarów".

Mimo strachu i wszechobecnych plotek o rychłym upadku Bagdadu miasto było bezpieczne. Stolica Iraku miała zbyt duże znaczenie dla niemal wszystkich zainteresowanych stron. Sianie paniki było jednak dobrym sposobem, by tysiące szyitów chwyciło za broń. Kiedy ISIS rozpoczęło swój zwycięski marsz, ludzie wpadli w popłoch, ale tak naprawdę linie obrony były trudne do sforsowania. Miasto otacza pierścień stalowych umocnień, a do jego centrum prowadzi jedynie kilka korytarzy komunikacyjnych. Poza tym w Bagdadzie mieszkają przede wszystkim szyici i jeśli ISIS marzyło o zdobyciu tak dużego ośrodka, musiałoby mieć wśród nich o wiele większe poparcie, co było z oczywistych względów niemożliwe.

Na dodatek Amerykanie zdawali sobie sprawę, że utrata kontroli nad Bagdadem oznacza utratę kontroli nad całym krajem i mimo wcześniejszych wahań wyraźnie dali do zrozumienia, że nie pozwolą na zajęcie stolicy. Byli w pełni przygotowani na szybkie i skuteczne kontruderzenie, gdyby tylko siły ISIS za bardzo zbliżyły się do bagdadzkiego lotniska, na którym wciąż stacjonowały setki amerykańskich żołnierzy. W pogotowiu czekały już śmigłowce bojowe Apache.

### *Hezbollah*

Głównym wojskowym sojusznikiem Iranu w rejonie Bliskiego Wschodu jest Hezbollah, którego kwatera główna znajduje się w Libanie. Omawiając rolę szyickiej milicji, warto powiedzieć kilka słów o zaangażowaniu Hezbollahu w wojnę domową w Syrii. Kiedy w początkowych fazach konfliktu siły Asada znalazły się pod silną presją rebeliantów, również tych wspieranych przez Amerykanów, to właśnie Iran i Hezbollah uratowały dyktatorowi skórę.

Amerykanie uznają Hezbollah za organizację terrorystyczną i ich bezpośrednią reakcją było zaostrzenie sankcji nałożonych wcześniej na to ugrupowanie. Już w oświadczeniu wydanym przez Departament Skarbu w sierpniu 2012 roku można było przeczytać, że dodatkowe sankcje są odpowiedzią na „działalność Hezbollahu na terenie Syrii i istotną pomoc, jakiej ta grupa udzieliła reżimowi Asada w dokonywaniu nieustających aktów przemocy, których ofiarą pada syryjska ludność".

Można założyć, że gdyby Iran już od samego początku nie wspierał krwawego dyktatora, to umiarkowani rebelianci mieliby większe szanse na odniesienie sukcesu, reżim zostałby obalony, a ISIS zostałoby pozbawione odpowiednich warunków do ekspansji. To wszystko czysta spekulacja, ale niewątpliwie zaangażowanie Iranu zmobilizowało tysiące sunnitów z całego świata do przyjazdu na Bliski Wschód, żeby walczyć w obronie swojej religii.

Ocenia się, że obecnie w Syrii walczy od siedmiu do dwudziestu tysięcy bojowników Hezbollahu, i jest oczywiste, że bez ich wsparcia reżim Asada wpadłby w poważne tarapaty. Moim zdaniem jeśli chcemy znaleźć jakieś wyjście z sytuacji i jeśli Zachód chce na serio przeciwstawić się ISIS, w pierwszej kolejności należy usunąć Asada. Żeby tak się stało, Iran musi przestać wspierać jego reżim zarówno finansowo, jak i przez swoich sojuszników, takich jak Hezbollah.

### *Afgańczycy*

Pojawiły się również doniesienia, że Iran wysyła do walki w Syrii afgańskich więźniów. Po jednej z bitew rebelianci z WAS wyciągnęli kilku z nich z ruin zawalonego domu. Podczas przesłuchania jeńcy zeznali, że przyjechali do Iranu nielegalnie i zostali aresztowani za różne przestępstwa, na przykład za kradzież i handel narkotykami. Irański rząd postawił ich przed następującym wyborem: albo zostają deportowani do Afganistanu, gdzie jako szyici ryzykują życiem, albo jadą walczyć do Syrii za sześćset dolarów miesięcznie, co było dla skazańców ogromną sumą pieniędzy. Tak więc dziwnym zrządzeniem losu na samym początku wojny po stronie Asada walczyło około czterystu pięćdziesięciu Afgańczyków. Ich dowódcą był irański komendant, który według zeznań świadków nie tylko wydawał im rozkazy, lecz także do nich strzelał, gdy próbowali uciekać. To doskonała ilustracja tego, w jaki sposób różne narody – chcąc nie chcąc – wpadają do tego wojennego kotła.

# ROZDZIAŁ 7

## Porwania i morderstwa

Jeden obraz pokazujący brutalność ISIS wbił się szczególnie mocno w naszą zbiorową świadomość i pozostaje dla nas urzeczywistnieniem okrucieństwa terrorystów, a poruszenie, jakie wywołał, zmobilizowało Zachód do działania. Chodzi o zdjęcie ubranego w pomarańczowy kombinezon Jima Foleya klęczącego na piasku przed wysokim, dumnym i aroganckim mordercą. Później w internecie pojawiło się więcej takich zdjęć i filmów. Wszystkie miały za zadanie prowokować. Jim Foley, David Haines, David Henning, Peter Kassig i Steven J. Sotloff.

Nie mam zamiaru opisywać tych nagrań. Nie wydaje mi się, żeby było to konieczne i co więcej, nie uważam, że należy takie rzeczy oglądać. Mimo to trudno nie zauważyć, jak istotną rolę w tej historii odegrały sfilmowane egzekucje. Chciałbym pokazać, kim były ofiary, i podkreślić, że ich życie było ważne. Każdemu z zamordowanych poświęcę fragment książki, w którym opowiem o nim jego własnymi słowami oraz słowami jego bliskich.

Niewielu ludzi zdaje sobie sprawę, co to znaczy być zakładnikiem ISIS. Nie jesteśmy w stanie wyobrazić sobie, przez co przeszli i jak wielki strach musiał im towarzyszyć, gdy dowiedzieli się, co ich czeka. Mimo to kilku więźniów ISIS wyszło na wolność w ramach wymiany jeńców lub dlatego, że ich rządy zapłaciły okup. Właśnie dzięki ich świadectwom mamy wgląd w to, co działo się po drugiej stronie. W sumie ISIS przetrzymywało jako zakładników dwudziestu trzech obywateli zachodnich państw. Część z nich była zatrudniona przez organizacje humanitarne. Z wyjątkiem Anglików wszyscy Europejczycy – Niemcy, Włosi, Francuzi, Hiszpanie, Duńczycy i Szwajcarzy – zostali uwolnieni. Ciągle przetrzymywana jest jedna nieznana z nazwiska dwudziestosześcioletnia Amerykanka, która pracowała w Syrii charytatywnie. Polityka płacenia okupów budzi jednak ogromne kontrowersje.

## *Jim Foley*

Dziennikarz Jim Foley zamordowany w Syrii przez ISIS 19 sierpnia 2014 roku.

Czterdziestoletni w chwili śmierci Jim Foley urodził się w Rochester w stanie New Hampshire* jako najstarszy z piątki rodzeństwa. Początkowo pracował jako nauczyciel, ale później zaczął interesować się toczącymi się na świecie konfliktami zbrojnymi i chciał opowiedzieć historie ludzi, którzy padają ich ofiarami. W 2011 roku był w Libii, gdzie relacjonował walkę rebeliantów z reżimem Kaddafiego. Został porwany i spędził kilka tygodni w więzieniu

* Inne źródła podają, że Foley urodził się w Evanston, Illinois, a z Rochester w New Hampshire pochodziła jego matka, Diane Foley.

w Trypolisie. Gdy odzyskał wolność, wrócił do pracy reportera wojennego na pierwszej linii frontu i 22 listopada 2012 został aresztowany w Syrii przez ISIS.

Tak wspomina go jego przyjaciel Peter Bouckaert, dyrektor do spraw sytuacji kryzysowych w Human Rights Watch*:

Jim nie był typem dziennikarza, który przylatuje na miejsce konfliktu, pisze kilka artykułów i wyjeżdża. On chciał naprawdę zamieszkać z tubylcami, dzielić z nimi cierpienia i opowiadać ich historie. Przebywał w danej okolicy przez kilka miesięcy, jeździł taksówkami i zawierał nowe znajomości. Jako były nauczyciel miał łatwość nawiązywania kontaktów. Umiał załagodzić nawet najdramatyczniejsze sytuacje i wydawało się, że zawsze pozyskiwał zaufanie ludzi, również tych, którzy mieli jakąś władzę.

Żałuję, że opublikowano film z jego brutalnej egzekucji. Te obrazy będą do końca życia prześladować jego rodzinę i przyjaciół. Nie do zniesienia jest myśl, że Państwo Islamskie zamordowało Jima w tak przerażający sposób, żeby nas zastraszyć. Trudno pogodzić się z faktem, że w rękach terrorystów znajdują się jeszcze inni zakładnicy przetrzymywani w tym samym celu. Ciężko myśleć o setkach, w większości bezimiennych, Irakijczyków i Syryjczyków, których spotkał taki sam los jak Jima, ale jestem pewien, że Jim chciałby, żebyśmy o nich nie zapominali.

Żegnaj, Jim, będziemy pamiętać nie o brutalności twoich oprawców, ale o tym, jak dobrze przeżyłeś swoje piękne życie.

---

* Pozarządowa organizacja zajmująca się ochroną praw człowieka. Jej siedziba znajduje się w Nowym Jorku.

Jim Foley został porwany razem z Johnem Cantlie 22 listopada 2012 roku niedaleko miasta Binnisz położonego na północnym zachodzie Syrii w prowincji Idlib. Wracali właśnie z udanej wyprawy w głąb kraju i przed przekroczeniem granicy tureckiej zatrzymali się w kawiarence internetowej, żeby uporządkować zebrane materiały. Potem złapali przejeżdżającą taksówkę. Gdy wyjechali z miasta, znaleźli się na bocznej szosie otoczonej przez jałowy, skalisty krajobraz. Nagle zajechała im drogę furgonetka i wyskoczyli z niej uzbrojeni mężczyźni. Dziennikarze nie chcieli otworzyć drzwi taksówki, ale w końcu musieli ustąpić, ponieważ napastnicy zaczęli strzelać. Zawiązano im oczy, skuto kajdankami i wrzucono na tył furgonetki. Tak zaczęła się ich gehenna, która dla Johna Cantlie trwa do dzisiaj.

Każdy, kto spotkał Jima, wspomina jego łagodny i przyjazny charakter. W ciemnych celach, w których był przetrzymywany przez prawie dwadzieścia jeden miesięcy, zawsze starał się podnosić swoich towarzyszy na duchu, dzielił się z nimi skromnymi racjami żywnościowymi, pożyczał swój koc, gdy było im zimno. Kiedy siedzieli stłoczeni w ciasnych piwnicach, wymyślał gry, które miały na celu zachowanie jasności umysłu i dawały nadzieję na lepsze jutro. Zakładnicy opowiadali o swoich rodzinach, dzielili się wspomnieniami i planowali, gdzie się spotkają, gdy wyjdą na wolność. Streszczali fabuły ulubionych filmów i wygłaszali pogadanki na tematy, na których się znali. Czasami wybuchali spontanicznym śmiechem, choć ich codzienne życie było przecież koszmarem.

W tamtym czasie ISIS nie istniało jeszcze jako niezależna organizacja. Jim i John zostali porwani przez

Dżabhat an-Nusrę, a potem często przewożono ich z miejsca na miejsce, ponieważ różne łączące się i rozpadające ugrupowania najprawdopodobniej przekazywały ich sobie z rąk do rąk. Później pojawiło się ISIS, które za duże pieniądze kupowało zachodnich dziennikarzy, i terroryści, którzy przetrzymywali wtedy Jima i Johna, najwyraźniej postanowili ich sprzedać, zdając sobie sprawę, ile są naprawdę warci.

Mniej więcej w tym samym czasie więźniem Dżabhat an-Nusry był amerykański dziennikarz Theo Curtis. Nie spotkał Jima osobiście, ponieważ przetrzymywano go w innym miejscu, został jednak wypuszczony na wolność w wyniku interwencji rządu katarskiego i napisał w pierwszej osobie relację o piekle, przez które przeszedł. Nie jest to przyjemna lektura.

W tekście opublikowanym w „New York Timesie" Curtis szczegółowo opisuje przemoc fizyczną, szyderstwa, upokorzenia oraz nieustające poczucie bezsensowności. W jego głowie panował zamęt – nie był w stanie zracjonalizować powodów, dla których został uwięziony i stracił wszelką nadzieję na ratunek. Bito go tak dotkliwie, że całymi dniami nie odzyskiwał przytomności. Oprawcy kopali go, chłostali, okładali pięściami, kijami i innymi przedmiotami, które akurat wpadły im w ręce. Był również głodzony, rzucano nim o ścianę i kazano przez wiele godzin stać na baczność z zawiązanymi oczami. Przez prawie dwa lata spał zwinięty w kłębek na zimnej, betonowej podłodze swojej celi.

Czasami terroryści unieruchamiali go, zakładając na nogi oponę, odwracali do góry nogami i bili stalowym kablem po gołych stopach. Tortury trwały całymi miesiącami.

Wiemy, że zakładnicy przechodzili prawdziwe katusze. Niektórzy byli na oczach innych podtapiani (stosowano wobec nich tak zwany *waterboarding*). W godzinach względnego spokoju Jim Foley zawarł z innymi więźniami rodzaj paktu: każdy miał za zadanie zapamiętać listy podyktowane przez kolegów, a po odzyskaniu wolności dostarczyć je adresatom.

Spośród znajomych Jima szczęście uśmiechnęło się do duńskiego fotografa Daniela Rye'a Ottosena, który po uwolnieniu z rąk terrorystów przekazał zapamiętany przez siebie list rodzicom Jima. Po jego śmierci państwo Foleyowie postanowili opublikować list w mediach. Oto jego treść:

*Droga Rodzino, Drodzy Przyjaciele,*

*pamiętam, jak byłem z Tatą w centrum handlowym i jak pojechałem z Mamą na długą wycieczkę rowerową. Te rodzinne wspomnienia pozwalają mi zapomnieć o więzieniu. Mam też sny, w których znowu jestem z Wami i wtedy szczęście wypełnia moje serce.*

*Wiem, że o mnie myślicie i modlicie się w mojej intencji. Jestem Wam za to wdzięczny. Czuję Waszą obecność szczególnie mocno, gdy sam się modlę. Proszę Boga, żeby dał Wam siłę i nadzieję. Właśnie podczas modlitwy wiem, że nawet w mrokach więzienia jestem blisko Was.*

*To dobrze, że razem ze mną w jednej celi siedzi osiemnastu więźniów. Dzięki temu mam towarzystwo i mogę prowadzić niekończące się rozmowy o filmach,* *sporcie i różnych ciekawostkach. Gramy w gry zrobione ze znalezionych w celi odpadków... Udało nam się nawet wymyślić sposób, żeby grać w szachy, warcaby i Ryzyko*... Organizujemy turnieje i czasami całymi dniami obmyślamy taktykę na kolejną partię lub przygotowujemy wykład, który mamy wygłosić dla naszych kolegów. Gry i nauka sprawiają, że czas mija szybciej. Bardzo nam to pomaga. Opowiadamy sobie te same historie i głośno się śmiejemy, żeby rozluźnić atmosferę.*

*Miewałem dobre i złe dni. Cieszymy się, gdy ktoś wychodzi na wolność, ale jednocześnie sami chcielibyśmy wrócić do domu. Staramy się nawzajem pocieszać i dodawać sobie otuchy. Od jakiegoś czasu jesteśmy karmieni codziennie i dostajemy lepsze jedzenie. Pijemy herbatę, czasem nawet kawę. Przez zeszły rok prawie wróciłem do swojej poprzedniej wagi.*

*Dużo myślę o siostrze i braciach. Pamiętam, jak razem z Michaelem bawiliśmy się po ciemku w wilkołaka i całą masę innych przygód: na przykład jak goniliśmy Mattiego i T dookoła kuchni. Gdy wracam pamięcią do tych czasów, poprawia mi się nastrój. Jeśli na moim koncie są jeszcze jakieś pieniądze, chciałbym, żeby trafiły do Michaela i Matthew. Michael, jestem z Ciebie bardzo dumny i wdzięczny za piękne*

---

* Dostępna także w Polsce gra strategiczna. Plansza, na której toczy się rozgrywka, jest polityczną mapą świata podzieloną na terytoria i kontynenty. Gra polega na zdobywaniu przez armie należące do poszczególnych graczy terytoriów pozostałych uczestników.

*wspomnienia z dzieciństwa. Tobie i Kristie dziękuję za wspaniałe chwile, które spędziliśmy razem już jako dorośli.*

*Wielki Johnie, wizyta u Ciebie i Cress w Niemczech sprawiła mi ogromną frajdę. Dziękuję za gościnę. Dużo myślę o RoRo i staram się sobie wyobrazić, jak wygląda teraz Jack. Mam nadzieję, że ma jej charakter!*

*Mark… Bracie, z Ciebie również jestem strasznie dumny. Zastanawiam się, jak ci idzie na Zachodnim Wybrzeżu, i mam nadzieję, że nadal jeździsz na desce snowboardowej i biwakujesz. Szczególnie miło wspominam nasz wypad do Comedy Club w Bostonie i jak już po wyjściu mocno się uścisnęliśmy. Takie chwile wciąż dają mi nadzieję.*

*Katie, na myśl o Tobie rozpiera mnie duma. Jesteś najsilniejsza i najwspanialsza z nas wszystkich! Na pewno jako pielęgniarka bardzo ciężko pracujesz i pomagasz ludziom. Cieszę się, że zanim mnie porwali, udało nam się wymienić parę SMS-ów. Modlę się o to, żebym mógł przyjechać na Twój ślub… Teraz mówię zupełnie jak Babcia!*

*Babciu, proszę, bierz lekarstwa, chodź na spacery i tańcz. Gdy wrócę do domu, pojedziemy razem do Margarity. Nie poddawaj się, ponieważ będę potrzebował Twojej pomocy, by na nowo poukładać sobie życie.*

*Jim*

# ROZDZIAŁ 8

## Seks

Odręcznie napisana notatka znaleziona w irackiej prowincji Anbar demaskuje deprawację i hipokryzję dżihadystów. Przedstawia ona tabelkę zawierającą imiona kobiet i mężczyzn, bojowników ISIS, oraz czas przeznaczony na ich współżycie – jest to coś na kształt harmonogramu domu publicznego. Dokument ten stoi w całkowitej sprzeczności z rzekomą pobożnością terrorystów, lecz ma swoje uzasadnienie w prawie obowiązującym na terenie kalifatu.

Według artykułu czternastego tak zwanej konstytucji ISIS „Allah wzywa kobiety do skromności i czystości. Nakazuje im nosić luźne szaty, przebywać w domu w reprezentacyjnym pomieszczeniu i unikać wychodzenia na zewnątrz, chyba że z konieczności. Takie zachowanie przystoi Matkom Wyznawców i cnotliwym towarzyszkom". Należy jednak pamiętać, że niemuzułmanie uważani są za odstępców od wiary. Religia jazydów jest starsza od islamu i nie uznaje Koranu, więc do jazydek stosują się zupełnie inne zasady.

Bojownicy ISIS korzystają z usług seksualnych świadczonych zarówno przez kobiety, które robią to z własnej woli, jak i przez te, które zostały specjalnie w tym celu porwane. Znaleziony dokument ma następujący tytuł: „Harmonogram ślubów z mudżahedinkami (kobietami mudżahedinami)". Jednak każda z wymienionych dziewcząt – Aisza, Marwa i Om Umar – wychodzi za mąż trzy razy dziennie, a małżeństwo trwa za każdym razem jedynie dwie godziny.

W 2013 roku saudyjski duchowny wydał fatwę nawołującą kobiety do ofiarowywania się walczącym bojownikom, czyli do tak zwanego seksualnego dżihadu (Nikka Dżihadu), który miał być ich wkładem w walkę z niewiernymi. Dziewczęta z całego świata, również ze Stanów Zjednoczonych i Wielkiej Brytanii, usłuchały wezwania i przyjechały do Syrii, żeby współżyć nawet ze stoma bojownikami, a potem wrócić do domu w stanie błogosławionym, przywożąc ze sobą – jak to określił jeden z ministrów tunezyjskiego rządu – „owoce seksualnego dżihadu"*.

Terroryści usprawiedliwiają tego typu zachowania, tłumacząc, że w islamie istnieją dwa rodzaje małżeństw. Jedno ma charakter trwały i jest to małżeństwo w naszym rozumieniu tego słowa, a drugie, nazywane

* Jeszcze wcześniej, bo w październiku 2011 r., szejk Abu Humam al-Athari, członek rady szariatu, wydał fatwę, w której jednoznacznie pozwolił mudżahedinom na porywanie kobiet niewiernych i stosunki seksualne z nimi, nawet z mężatkami, gdyż stwierdził, że ich więź małżeńska zostaje zerwana, gdy tylko dostają się one do niewoli.

*mut'a* lub *sigha*, jest tymczasowe i może być zawarte na dowolnie krótki okres. Według ISIS, jeśli kobieta poślubia mężczyznę tymczasowo, jest to zgodne z prawem i może być traktowane jako forma dżihadu, ponieważ kobiety, tak jak bojownicy, poświęcają siebie – a konkretnie swoją czystość i godność – po to, by pomóc pozbawionym kontaktów seksualnych terrorystom skupić się na walce.

Z terytoriów okupowanych przez ISIS docierają jednak przerażające relacje świadczące o tym, że wiele kobiet i dziewcząt nie ma żadnego wyboru. Pewien mieszkaniec Mosulu opowiadał mi o bojownikach ISIS, którzy przeczesywali miasto w poszukiwaniu nałożnic. Pojmane kobiety były zmuszane do „ślubu", a następnie więzione i gwałcone. Gdy dżihadyści się nimi znudzili, dostawały rozwód.

„Po mieście krążyły grupki bojowników i po prostu pukały do drzwi", powiedział mi znajomy mosulczyk. „Byli uzbrojeni, a nad ich samochodami łopotały czarne flagi. Szukali niezamężnych kobiet. Wielu z nich było obcokrajowcami – przyjechali z Czeczenii, Tunezji i Afganistanu. Uważali, że mają prawo do takiego zachowania".

Chodzili od domu do domu i pytali, czy dziewczęta – niektóre miały nie więcej niż czternaście lat – są już mężatkami. Jeśli były jeszcze pannami, dawano im dwadzieścia cztery godziny na znalezienie narzeczonego, ponieważ w przeciwnym razie zostaną „poślubione" terrorystom. Zdarzało się, że dżihadyści korzystali z akt urzędowych i gdy namierzyli odpowiednią kandydatkę, stawali na progu jej domu w towarzystwie imama i brali ślub na miejscu. Rzecz jasna, nikt nawet nie pytał „wybranek" o zdanie.

Żeby poślubić kobietę zgodnie z islamskim prawem, mężczyzna musi po prostu trzy razy powtórzyć: „Biorę sobie ciebie za żonę", a żeby się z nią rozstać, oświadcza trzykrotnie: „Rozwodzę się z tobą". Niektóre rodziny próbowały stawiać opór. W Mosulu pewien ojciec czekał w swoim domu z bronią w ręku i gdy pojawili się szukający żon terroryści, otworzył do nich ogień. Zabił jednego z bojowników, a potem z całą rodziną uciekł na północ.

W innym domu dziewczyna wiedziała, że dżihadyści przyjdą po nią w nocy. Leżała więc w łóżku z pistoletem przy boku i gdy zjawili się nieproszeni goście, zaczęła strzelać. Zabiła dwóch napastników, ale sama niestety również zginęła. W większości wypadków kobiety nie mają żadnej drogi ratunku, a otwarte przeciwstawienie się ISIS oznacza śmierć przez ukrzyżowanie lub dekapitację.

Niektóre z dziewcząt nie są w stanie znieść poczucia hańby i popełniają samobójstwo, inne uciekają na północ, żeby schronić się w zatłoczonych obozach dla uchodźców. To właśnie stamtąd docierają do nas świadectwa okrucieństw popełnianych przez ISIS.

## *Jazydzi*

W położonym na północy Iraku rozległym obozie dla uchodźców Khanke można usłyszeć mnóstwo historii o bestialskich wyczynach ISIS. W Khanke mieszka obecnie około piętnastu tysięcy wysiedlonych Irakijczyków (w porównaniu z innymi obozami to stosunkowo niewiele). Wielu nich to jazydzi, z których znaczna część utraciła członków swoich rodzin. Latem Khanke zmienia się w suchą i jałową pustynię, a ludzie śpią pod otwartymi namiotami i stoją w kolejkach po dzienną rację wody. Zimą jest za to chłodno i mokro. Obóz tonie w błocie, a woda zalewa dobytek uchodźców.

Wiele rodzin jest niepełnych – brakuje albo kobiet, które padły ofiarą seksualnego zniewolenia, albo mężczyzn zamordowanych z zimną krwią przez dżihadystów. Szacuje się, że z wiosek w górach Sindżar – pradawnego bastionu jazydów – uprowadzono od pięciu do siedmiu tysięcy młodych dziewcząt, z których większość została później zgwałcona lub zmuszona do poślubienia bojowników ISIS.

Terroryści chełpią się tym, że zabijają i porywają innowierców, a jazydki są traktowane przez nich jak trofea wojenne. Jedna piąta uprowadzonych kobiet trafiła do władz ISIS jako „podatek", a resztą podzielili się między sobą bojownicy. Niewątpliwie są to działania mające znamiona ludobójstwa, ponieważ prześladowani są członkowie konkretnej grupy wyznaniowej.

Podczas inwazji na Irak jednym z priorytetów ISIS było wykorzenienie jazydyzmu i wielu wyznawców tej religii zostało zamordowanych. Większość schroniła się na płaskowyżu położonym wysoko w górach Sindżar, gdzie została okrążona przez oddziały ISIS. Żeby się tam dostać, jazydzi musieli przez kilka dni maszerować w trzydziestostopniowym upale. Brakowało im wody i żywności. Część z nich nigdy nie dotarła do celu i zaczęły krążyć tragiczne historie o rodzinach, które musiały porzucić po drodze małe dzieci i niemowlęta.

W górach ukryło się trzydzieści tysięcy uchodźców, których bronił niewielki oddział Kurdów, praktycznie bezradny w obliczu przytłaczającej przewagi ISIS. Jazydzi musieli uciekać wyżej w ciągnącą się przez pięćdziesiąt kilometrów niegościnną partię szczytową i w końcu zostali okrążeni. Dopiero wtedy, niemal w ostatniej chwili, nadeszła pomoc. Amerykanie wysłali lotnictwo, żeby pomóc Kurdom przerwać oblężenie oraz zapewnić dostawy wody i żywności.

Bitwa o górę Sindżar przyciągnęła uwagę opinii publicznej i rzuciła światło na problem czystek etnicznych. ISIS uważa jazydów za czcicieli diabła i nawołuje do ich mordowania. Jazydzi są w znakomitej większości Kurdami. Jest to jedna z najstarszych religii wyznawanych na Bliskim Wschodzie i w swoim nauczaniu czerpie wiele z zoroastryzmu. Tradycja religijna jazydów narodziła się przed wszystkimi „świętymi tekstami" i jest przekazywana ustnie. Tymczasem ISIS uznaje za kult szatana każdą wiarę, która nie czci świętej księgi takiej jak Biblia lub Koran. Dżihadyści są więc naprawdę głęboko przekonani, że jazydów należy zniewolić albo wymordować.

Nawet chrześcijanie cieszą się większą tolerancją i jeśli mają odrobinę szczęścia, po zapłaceniu specjalnego podatku mogą bez przeszkód wyemigrować. Jazydzi są bezlitośnie prześladowani i dla dużej części spośród ośmiuset tysięcy wyznawców tej religii na całym świecie sytuacja zagrożenia życia nie jest niczym nowym. Z całą pewnością w najstarszych jazydzkich osadach na równinach Niniwy nie ma już obecnie prawie żadnych jazydów.

*Opowieść Rendy*

Wiadomości dotyczące prześladowań jazydów w sierpniu 2014 roku oraz późniejsze doniesienia o porywaniu jazydzkich kobiet zaczęły powoli docierać do światowej opinii publicznej. Dużą rolę odegrały świadectwa uciekinierek i dziewcząt, które zostały wykupione z rąk terrorystów przez swoje rodziny. Ich historie są naprawdę wstrząsające. W obozach takich jak Khanke i Dohuk krąży tak wiele przerażających opowieści, że najchętniej opowiedziałbym je wszystkie, ale to niestety niemożliwe. Wybrałem więc jedną, podobną do dziesiątków innych. Oto opowieść Rendy.

Renda jest jedną z wielu dziewcząt, która straciła większość swoich bliskich i została porwana przez ISIS podczas ucieczki z rodzinnej wioski. Nazwałem ją Renda, ale nie jest to jej prawdziwe imię. Nie chce ujawnić tożsamości, ponieważ boi się o członków rodziny, którzy wciąż mieszkają na terenie okupowanym przez ISIS. Obawia się również, że to, co ją spotkało, mogłoby okryć jej bliskich hańbą. Renda ma szesnaście lat.

W połowie sierpnia do jej wioski zbliżały się oddziały ISIS. Mieszkańcy wiedzieli, co może się stać, gdy trafią w ręce terrorystów, więc Renda i jej rodzina (rodzice, młodsza siostra i starszy brat) postanowili ukryć się w górach Sindżar. Każdy wziął ze sobą jedynie małą torbę z ubraniami i trochę zdjęć. Szybko zapakowali się do samochodu i wyjechali z wioski. Przemierzali jałową równinę w złożonym z kilku aut konwoju, gdy nagle na horyzoncie za nimi pojawiły się potężne ciężarówki ISIS, które zaczęły stopniowo doganiać ich stary i zdezelowany samochód.

Ojciec próbował przyspieszyć, ale bezskutecznie. Renda opowiadała mi, jak auto podskakiwało na wybojach, a pasażerowie obijali się o drzwi i walili głowami w sufit. Razem z siostrą wyglądała przez tylną szybę i z rosnącym przerażeniem obserwowała zbliżających się terrorystów. Gdy ich ciężarówki zrównały się z samochodem rodziny Rendy, bojownicy zaczęli krzyczeć i wskazywać na nich palcami. W pewnym momencie zajechali im drogę i wyskoczyli z szoferki. Rodzina Rendy znalazła się w potrzasku.

Wyciągnięto uciekinierów z aut i ustawiono w szeregu wzdłuż pustynnej drogi. Na początku dżihadyści podzielili ich pod względem religii – sunnici zostali puszczeni wolno i mogli kontynuować swoją podróż, a jazydów zatrzymano – a następnie pod względem wieku i płci. Pierwszą grupę stanowiły młode kobiety i dziewczęta, drugą zdolni do walki mężczyźni, a trzecią osoby starsze. Młode kobiety załadowano do ciężarówek, starców uwolniono, a mężczyzn rozstrzelano.

Jadąc w nieznanym kierunku, Renda i jej siostra wiedziały, że ojciec i brat zginęli, a matka została zupełnie sama. Ich życie miało ulec całkowitej zmianie. Przetransportowano je w kierunku granicy syryjskiej i umieszczono w budynku, w którym przebywało już dużo innych młodych kobiet. Renda nie potrafiła mi powiedzieć, ile dokładnie, ponieważ przetrzymywano je w osobnych pokojach, ale z rozmów z innymi uwięzionymi wynikało, że w gmachu znajdowało się wiele długich korytarzy z celami, a w każdej mieszkało około dwudziestu dziewcząt. Całkiem możliwe, że było to więzienie Badoush pod Mosulem.

Często przewożono ją z miejsca na miejsce. Nigdy nie wiedziała, dlaczego tak się dzieje i dokąd ją zabierają. Za każdym razem spotykała nieznane jej wcześniej dziewczęta. Zawsze sobie pomagały i starały się podtrzymywać na duchu. Renda opowiadała mi, jak nocami przytulała swoje koleżanki i jak razem próbowały uspokajać najmłodsze dziewczynki. Czasami dżihadyści dawali im telefony komórkowe, by zadzwoniły do swoich rodzin i opowiedziały, co się z nimi dzieje. Wśród uchodźców krążą historie o dziewczynkach, które były gwałcone podczas takich rozmów.

Zdarzało się, że zamykano je w celach przez kilka dni z rzędu i nie pozwalano nigdzie wychodzić. W każdym miejscu, w którym była przetrzymywana, Renda słyszała, że w celach obok gwałcone są inne dziewczęta. Ofiary wybierano na chybił trafił. Po powrocie były zazwyczaj zapłakane i nosiły ślady pobicia. Rozmaite grupy bojowników przekazywały sobie dziewczęta z rąk do rąk, a jeśli stawiały opór, bito je pięściami i kopano. Gdy trafiały w nowe miejsce, stawiano je na środku jakiegoś większego pomieszczenia, w którym zbierał się tłum bojowników. Przerażone zbijały się w gromadę, a mężczyźni śmiali się, pluli na nie i targowali się między sobą, którą z nich wezmą na noc, a z którą się ożenią.

Renda zaprzecza, jakoby sama została zgwałcona. Twierdzi, że stawiała skuteczny opór. Taką strategię stosuje wiele kobiet, które zostały wykupione albo uciekły z rąk ISIS. Szczegółowo opisują, jak gwałcono inne dziewczęta, podkreślając przy tym, że ich samych to nie spotkało. Przyznanie się do bycia ofiarą gwałtu byłoby wielkim wstydem zarówno dla nich samych, jak i dla ich rodzin, więc bardzo niewiele dziewcząt mówi całą prawdę. Renda powiedziała mi jednak, że miała myśli samobójcze. Skądinąd wiemy, że wiele więzionych kobiet odbiera sobie życie.

Z opowieści Rendy wynika, że dziewczęta żyły w ciągłym strachu, zazwyczaj dostawały jedzenie tylko raz dziennie, a dżihadyści często z nich szydzili, ponieważ był to dla nich rodzaj zabawy. Renda wzięła udział w kilku „targach niewolnic", aż w końcu kupił ją pewien starszy mężczyzna, który jej zdaniem był kimś ważnym. Razem z dwiema innymi dziewczynami pojechała w głąb Syrii. Przez kilka tygodni była przetrzymywana w dużym domu na wsi, gdzie regularnie ją bito. Twierdzi, że nie poślubiła mężczyzny, który ją kupił, choć pozostałe dziewczęta zostały do tego zmuszone. Z jej opowieści wynika, że sama została kimś w rodzaju niewolnicy. Po raz kolejny zaprzeczyła, by została zgwałcona.

Po kilku tygodniach pojawiła się szansa na ucieczkę. Dom nie był zbyt dobrze strzeżony, a Renda mogła w pewnych sytuacjach wychodzić ze swojego pokoju, na przykład gdy chciała skorzystać z toalety. Któregoś dnia późnym wieczorem razem z jedną z koleżanek wykradły się przez okno i pobiegły co sił w nogach przez pola. Były przerażone i nie miały pojęcia, gdzie są. Podjęły jednak ryzyko i zapukały do drzwi wiejskiej chaty oddalonej o godzinę drogi od domu, w którym były więzione. Otworzył im mężczyzna, który nie był szczególnie sympatyczny, ale zgodził się udzielić im schronienia. Zadzwoniły do rodziny koleżanki i zaczęły organizować powrót do domu.

Pełną wolność odzyskały jednak dopiero po kilku tygodniach, ponieważ najprawdopodobniej mężczyzna zażądał okupu i rodziny potrzebowały czasu na zebranie pieniędzy. Nie wiem, o jaką sumę chodziło, ale różne źródła podają, że przeprowadzenie uciekinierek przez granicę kosztuje od trzech do nawet piętnastu tysięcy dolarów. Pewnego dnia założyły nikaby, czyli chusty zakrywające twarz powszechnie noszone przez kobiety w tym regionie, i wyruszyły w drogę. Niedaleko granicy przesiadły się do samochodu przemytników, którzy przewieźli je bezpiecznie do Iraku. Renda odnalazła matkę i teraz wspólnie starają się odbudować swoje życie, chociaż są zdane tylko na siebie – nie mają domu ani prawie żadnego majątku, a ISIS zamordowało wszystkich mężczyzn w rodzinie.

Odnalezieniem uprowadzonych kobiet i negocjacjami w sprawie okupu zajmują się wyspecjalizowani pośrednicy. Do tej pory udało się uwolnić w ten sposób kilkaset dziewcząt, ale z upływem czasu staje się to coraz trudniejsze.

ISIS wcale nie kryje swojego odrażającego stosunku do kobiet, a w szczególności do jazydek. Szacuje się, że dżihadyści zniewolili około dwóch tysięcy siedmiuset dziewcząt tego wyznania. W jednym z numerów wydawanego przez ISIS pisma „Dabiq" znaleźć można artykuł zatytułowany *Odrodzenie niewolnictwa przed Dniem Ostatnim* (Dzień Ostatni to Dzień Sądu Ostatecznego), w którym autor usprawiedliwia działania terrorystów.

„Zanim Szatan zacznie wypełniać niepewnością serca lękliwych i nierozgarniętych, trzeba przypomnieć, że niewolenie rodzin kafirów (niewiernych) i branie ich kobiet za nałożnice jest głęboko zakorzenionym przepisem szariatu. Jeśli ktoś temu przeczy lub się z tego naśmiewa, to tak naprawdę przeczy Koranowi i wyśmiewa słowa Proroka".

W wielu wypadkach przerażające opowieści o seksualnym niewolnictwie pochodzą bezpośrednio od ofiar, które są zmuszone rozmawiać z rodzicami przez telefon i opowiadać im o seryjnych gwałtach. Schwytane kobiety są najpierw dzielone na grupy ze względu na wiek i wyznanie, a następnie wystawiane na sprzedaż. W zależności od wyglądu, koloru oczu i wieku cena może wynosić od dwudziestu pięciu do tysiąca dolarów.

Magazyn „Dabiq" wyjaśnia: „Po zatrzymaniu jazydzkie kobiety i dzieci zostały zgodnie z zasadami szariatu rozdzielone między bojowników Państwa Islamskiego, którzy uczestniczyli w oblężeniu gór Sindżar. Jedną piątą jeńców przekazano naczelnym władzom Państwa Islamskiego jako *khums*". *Khums* to część łupów wojennych, które dżihadyści muszą przekazać kalifowi. Jest to zawsze jedna piąta wszelkich zdobyczy wojennych, resztą bojownicy dzielą się między sobą.

Dziewczęta mogą zmienić wyznanie. Jeśli przejdą na islam, zostają sprzedane jako żony, jeśli odmówią, trafiają do mikroskopijnych cel, w których są wielokrotnie gwałcone. Ofiary przechodzą przez prawdziwe piekło. Niektóre opowiadały, że musiały odbywać stosunki z wieloma bojownikami po kolei i marzyły wtedy o śmierci. „Zabili moje ciało, a teraz zabijają moją duszę", powiedziała jedna z nich Pakhshan Zenganie, przewodniczącej Wysokiej Rady do spraw Kobiet, organu, który zajmuje się między innymi wykupywaniem uwięzionych jazydek. „Regularnie nas biją. Szkoda tylko, że nie zatłuką nas na śmierć".

W opublikowanym w internecie szokującym filmie nagranym telefonem komórkowym widać gwarne pomieszczenie pełne dżihadystów, którzy oczekują na wypłatę. Tematem ich rozmów i niewybrednych żartów jest zbliżający się targ niewolnic oraz ceny, które są gotowi zapłacić za nowe dziewczęta.

„Dziś będzie można kupić sobie kobietę", mówi jeden z nich, szczerząc się do kamery.

„Gdzie jest moja jazydka?", krzyczy inny i głośno się śmieje.

„Też bym chętnie jakąś przygarnął".

„Zapraszam", słychać głos z tłumu. „Oddam swoją za pistolet".

„Dam ci trzysta dolarów, ale jeśli będzie miała niebieskie oczy, zapłacę więcej. Jeśli to piętnastolatka, to muszę obejrzeć jej zęby".

Kamera zatrzymuje się na twarzy młodego chłopaka.

„Też chcesz jazydkę?"

Chłopak chichocze i kiwa głową.

„Będziesz wiedział, co z nią zrobić?"

Wszyscy wybuchają gromkim śmiechem.

Inny film przedstawia ukamienowanie młodej kobiety. Dzieje się to na oczach ojca, który nie chce przebaczyć jej cudzołóstwa. W rozdzierającym serce nagraniu bojownik ISIS mówi do dziewczyny: „Nikt cię do tego nie zmuszał, dlatego teraz powinnaś podporządkować się prawu bożemu i zaakceptować wyrok. Islam polega na poddaniu się woli Boga". Przed wykonaniem egzekucji kobieta błaga ojca o przebaczenie. Mówi przez łzy łamiącym się głosem. Ojciec pozostaje niewzruszony: „Serce nie jest moim sługą, nie mogę ci wybaczyć". Następnie prowadzi związaną córkę do wykopanego w ziemi dołu, w którym odbędzie się egzekucja. Na kolejnym kadrze widać bezwładne ciało dziewczyny otoczone kamieniami.

*Traktowanie niewolników*

W październiku 2014 roku ISIS opublikowało dokument sankcjonujący wykorzystywanie seksualne kobiet. Można w nim znaleźć szczegółowe wytyczne dotyczące dozwolonych i niedozwolonych praktyk. Lektura tego tekstu nie należy do przyjemności, ale każdy powinien się z nim zapoznać.

Pytanie 1: Co to jest *al-sabi*?

*Al-sabi* to kobieta z wrogiego plemienia schwytana przez muzułmanów.

Pytanie 2: Dlaczego można zniewolić *al-sabi*?

*Al-sabi* może być zniewolona, ponieważ wyznaje inną wiarę. Kiedy pojmane przez muzułmanów różnowiercze kobiety trafiają pod jurysdykcję islamu, mogą zostać niewolnicami, a imam rozdziela je wtedy między bojowników.

Pytanie 3: Czy można zniewolić wszystkie kobiety wyznające inną wiarę?

Nie ma sporu wśród uczonych, że dopuszczalne jest niewolenie niewiernych kobiet – to znaczy kobiet wyznających inną wiarę [*kufr asli*], na przykład *kitabiyat* [kobiet z Plemion Księgi, czyli żydówek i chrześcijanek] oraz politeistek. Uczeni mają jednak wątpliwości w kwestii niewolenia apostatek. Większość uważa, że jest to zakazane, choć są też tacy, którzy takie praktyki dopuszczają. ISIS skłania się ku opinii większości.

Pytanie 4: Czy dopuszczalne są stosunki seksualne z niewolnicami?

Stosunki seksualne z niewolnicami są dopuszczalne. Wszechmocny Allah powiedział: „[Szczęśliwi są wierzący], którzy zachowują wstrzemięźliwość z wyjątkiem swoich żon i tego, czym zawładnęła ich prawica, bo wtedy nie będą ganieni" [Koran 23:5–6]*.

Pytanie 5: Czy dopuszczalny jest stosunek seksualny ze świeżo pojmaną niewolnicą?

Jeśli jest dziewicą, jej pan może mieć z nią stosunek natychmiast po pojmaniu. Jeśli nie jest dziewicą, jej macica musi zostać wcześniej oczyszczona [...].

Pytanie 6: Czy niewolnicę można sprzedać?

---

* Wszystkie cytaty z Koranu w tłumaczeniu Józefa Bielewskiego. *Koran*, PIW, Warszawa 1986 (przyp. tłum.).

Niewolnice i niewolników można kupować, sprzedawać i dawać w prezencie, ponieważ są jak zwykłe mienie, którym właściciel może dowolnie rozporządzać, pod warunkiem że nie wyrządza przy tym żadnej szkody wspólnocie muzułmańskiej [*ummah*].

Pytanie 7: Czy można w wyniku aktu kupna lub sprzedaży rozdzielić matkę i jej dziecko?

Nie wolno oddzielić matki od jej małoletniego dziecka w wyniku aktu kupna, sprzedaży lub odstąpienia. Można to jednak zrobić, gdy dziecko jest dorosłe.

Pytanie 8: Jeśli dwóch lub więcej mężczyzn kupi razem jedną niewolnicę, to czy jeden z nich może odbyć z nią stosunek seksualny?

Jeśli pan nie jest jedynym właścicielem niewolnicy, odbywanie z nią stosunków seksualnych jest zakazane. Jest to możliwie tylko i wyłącznie wtedy, gdy współwłaściciele odsprzedadzą lub odstąpią mu swoje udziały.

Pytanie 9: Czy niewolnica może zostać sprzedana, jeśli zajdzie w ciążę ze swoim panem?

Właściciel nie może sprzedać brzemiennej niewolnicy [...].

Pytanie 10: Gdy umiera właściciel, co zgodnie z prawem dzieje się z jego niewolnicą?

Niewolnice powinny zostać rozdzielone między spadkobierców zmarłego, tak jak pozostałe części jego majątku. Jeśli zmarły właściciel lub jeden z jego synów odbył z niewolnicą stosunek lub jeśli trafia ona w ręce więcej niż jednej osoby, jest zobowiązana służyć swojemu nowemu panu, ale nie można odbyć z nią stosunku.

Pytanie 11: Czy mężczyzna może odbyć stosunek z niewolnicą należącą do jego żony?

Mężczyzna nie może odbyć stosunku z niewolnicą żony, ponieważ ta niewolnica nie jest jego własnością.

Pytanie 12: Czy mężczyzna może pocałować niewolnicę, która do niego nie należy, jeśli ma na to zgodę właściciela?

Mężczyzna nie może pocałować niewolnicy należącej do innego pana, ponieważ całowanie związane jest z przyjemnością, a doznawanie przyjemności z niewolnicą jest dozwolone tylko i wyłącznie wtedy, gdy jest się jej jedynym właścicielem.

Pytanie 13: Czy dopuszczalne są stosunki seksualne z niewolnicami, które nie osiągnęły jeszcze wieku dojrzewania?

Odbycie stosunku seksualnego z niewolnicą, która nie osiągnęła jeszcze wieku dojrzewania, jest dopuszczalne, jeżeli jest ona zdatna do stosunku. Jeśli jednak niewolnica nie jest zdatna, to można cieszyć się nią bez stosunku.

Pytanie 14: Które części ciała niewolnicy powinny być zasłonięte podczas modlitwy?

Niezależnie od tego, czy niewolnica się modli, czy też nie, powinny być zasłonięte te same części jej ciała, czyli wszystko z wyjątkiem głowy, szyi, dłoni i stóp.

Pytanie 15: Czy niewolnica może przebywać w towarzystwie obcokrajowców bez hidżabu?

Niewolnica może w obecności obcokrajowców odsłaniać swoją głowę, szyję, dłonie i stopy, jeśli nie mamy przy tym do czynienia z uwodzeniem [*fitna*]. Jeżeli natomiast dochodzi do uwodzenia lub istnieje ryzyko, że do niego dojdzie, odsłanianie jakichkolwiek części ciała jest zabronione.

Pytanie 16: Czy można wziąć sobie za niewolnice dwie siostry?

Dopuszczalne jest wzięcie sobie za niewolnice dwóch sióstr, jak również ciotki i jej bratanicy lub siostrzenicy. Stosunki seksualne można jednak odbywać tylko z jedną z nich. Nie można także współżyć z jedną w obecności drugiej. Według opinii większości uczonych jest to zakazane.

Pytanie 17: Co to jest *al-'azl*?

*Al-'azl* to powstrzymanie się od wytrysku po to, by nasienie nie znalazło się w drogach rodnych kobiety [czyli tak zwany stosunek przerywany].

Pytanie 18: Czy mężczyzna może korzystać z techniki *al-'azl* podczas stosunku seksualnego z niewolnicą?

Mężczyzna może korzystać z techniki *al-'azl* podczas stosunku seksualnego z niewolnicą niezależnie od tego, czy wyraża ona na to zgodę, czy nie.

Pytanie 19: Czy dozwolone jest bicie zniewolonych kobiet?

Dozwolone jest bicie zniewolonych kobiet, ale tylko w celu ich zdyscyplinowania [*darb ta'deeb*]. Zabronione jest natomiast znęcanie się [*darb al-takseer*], bicie dla przyjemności [*darb al-tashaffi*] oraz torturowanie [*darb al-ta'dheeb*]. Ponadto zakazane jest bicie w twarz.

Pytanie 20: Jak poważnego grzechu dopuszcza się niewolnica, która ucieknie od swojego pana?

Ucieczka niewolnika lub niewolnicy od swojego pana jest jednym z najcięższych grzechów [...].

Pytanie 21: Jaką karę powinna ponieść niewolnica, która ucieknie od swojego pana?

Zgodnie z szariatem nie ma kary dla niewolnicy, która ucieknie od swojego pana. Należy jednak udzielić jej nagany po to, by odstraszyć inne, takie jak ona, od uciekania.

Pytanie 22: Czy dozwolony jest ożenek z niewolnicą muzułmańską lub z niewolnicą żydowską czy chrześcijańską [*kitabiyya*]?

Wolny mężczyzna nie może poślubić ani niewolnicy muzułmańskiej, ani żydowskiej lub chrześcijańskiej, chyba że obawia się popełnienia grzechu cudzołóstwa [...].

Pytanie 23: Jeśli mężczyzna poślubia niewolnicę, która jest własnością kogoś innego, to kto może odbywać z nią stosunki seksualne?

Właściciel ma zakaz odbywania stosunków z niewolnicą, która jest żoną kogoś innego. Niewolnica jest zobowiązana służyć swojemu panu, ale tylko mąż ma prawo z nią współżyć.

Pytanie 24: Czy niewolnice podlegają karom koranicznym [*hudud*]?

Jeśli niewolnica popełni przestępstwo, za które grozi kara koraniczna [*hadd*], kara powinna zostać wymierzona. Jednakże jeżeli pozwala na to prawo, należy ją zmniejszyć o połowę.

Pytanie 25: Jaka jest nagroda za uwolnienie niewolnicy?

Allah rzekł: „A co pouczy cię, co to jest droga stroma? To uwolnienie niewolnika" [Koran 90:12–13]. A prorok Mahomet powiedział: „Kto uwalnia wierzącego, temu Allah uwalnia każdy organ ciała od ognia piekielnego".

Autor dziękuje za zgodę na publikację angielskiego tłumaczenia Instytutowi Badania Mediów na Bliskim Wschodzie (MEMRI).

© Photo by REX

Steven Sotloff, dziennikarz zamordowany przez ISIS 4 sierpnia 2014 roku.

# ROZDZIAŁ 9

## Steven Sotloff

Steven urodził się w Pinecrest na Florydzie. Sam określał siebie mianem „domorosłego filozofa z Miami" i potrafił rozbawić niemal każdego. Należał do grona wielbicieli serialu „South Park", uwielbiał fast food i futbol amerykański. Poza tym z ogromnym zaangażowaniem wykonywał zawód fotografa wojennego. Od lat mieszkał i pracował na Bliskim Wschodzie. Relacjonował konflikty w Jemenie, Libii i Libanie. Gdy został zamordowany, jego matka powiedziała o nim: „Miał łagodną duszę, która niestety odeszła z tego świata, ale jego duch na zawsze pozostanie w naszych sercach".

Zaraz po przekroczeniu granicy turecko-syryjskiej trzydziestoletni wówczas Steven został zatrzymany na ustawionym przez grupę mężczyzn fałszywym punkcie kontrolnym. Przejście graniczne w Kilis wygląda niemal jak autostrada i znajduje się pod stałą obserwacją różnych ugrupowań. W hotelach w Kilis organizowane są spotkania z przewodnikami pomagającymi nielegalnie przekroczyć granicę, o czym, rzecz jasna, wszyscy wiedzą. Przebywający w mieście dziennikarze mogą więc zostać łatwo zidentyfikowani i śledzeni. Jeśli Steven nie został namierzony w Kilis, to z pewnością zwrócono na niego uwagę, gdy przyjechał do Syrii w sierpniu 2013 roku.

Porywacze dobrze znali jego plany i czekali na niego na drodze prowadzącej do Aleppo. Przyjaciel Stevena i rzecznik jego rodziny Barak Barfi powiedział, że to grupa rebeliantów o umiarkowanych poglądach sprzedała ISIS informacje na jego temat za sumę od dwudziestu pięciu do pięćdziesięciu tysięcy dolarów.

Steven najpierw znalazł się w Aleppo, a następnie przewożono go z miejsca na miejsce, aż w końcu trafił do celi, w której przetrzymywano także innych zakładników. W czasie niewoli wielu z nich przeszło na islam, licząc, że ocali im to życie. Steven do samego końca pozostał przy swojej żydowskiej wierze. Według świadka w czasie święta Jom Kippur symulował chorobę, żeby mieć pretekst do niezjedzenia posiłku i zachowania postu.

Tuż przed egzekucją, która odbyła się rok po porwaniu, 2 września 2014 roku, Stevenowi udało się przemycić list do rodziców. Fragmenty odczytała na pogrzebie jego ciotka:

*Chciałbym Wam powiedzieć, że u mnie wszystko w porządku. Cieszcie się życiem i walczcie o szczęście. Każdy z nas ma dwa życia. To drugie zaczyna się wtedy, gdy zdasz sobie sprawę, że masz tylko jedno. Liczę, że wkrótce Was zobaczę. Myślcie pozytywnie i bądźcie cierpliwi. Jeżeli mimo wszystko nie będzie nam dane się spotkać, być może Bóg połączy nas w niebie.*

## *Operacja ratunkowa*

Czwartego lipca 2014 roku siły specjalne przeprowadziły operację uwolnienia zakładników, którzy zostali przewiezieni wiosną w pobliże stolicy ISIS Rakki; wydawało się, że ich życie znajduje się w coraz większym niebezpieczeństwie.

Pod osłoną nocy ciężko uzbrojony helikopter typu Black Hawk z pułku Night Stalkers (Nocnych Tropicieli) zawisł nad leżącą niedaleko Rakki bazą terrorystów znaną jako „Obóz Osamy bin Ladena". Z pokładu wyskoczyło ponad dwudziestu amerykańskich komandosów wspieranych przez samoloty i helikoptery. Zablokowali drogę do Rakki i przypuścili szturm na bazę, której broniła nieznana liczba bojowników ISIS. Rozpoczęła się trwająca trzy godziny wymiana ognia, w której zginęło około pięciu terrorystów i raniony został jeden żołnierz sił specjalnych. W kierunku helikopterów wystrzelono pociski z granatników przeciwpancernych, ale nie wyrządziły one specjalnych szkód. Niewiele więcej wiemy o tym, co wydarzyło się tamtej nocy. Operacja odbicia zakładników zakończyła się porażką. Więźniów nie było na terenie obozu, ponieważ prawdopodobnie zostali ukryci w podziemnych tunelach biegnących w kierunku Rakki.

Z czasem liczba zakładników przetrzymywanych przez ISIS zaczęła spadać, ponieważ rządy coraz chętniej płaciły za nich okupy. Stało się jasne, że o losie pojmanych w ogromnym stopniu decydują paszporty. Tragizm tej sytuacji widać było w chwili, gdy David Haines wciąż siedział za kratami, mimo że jego europejski współpracownik, z którym został porwany, wyszedł na wolność.

Wydawany przez ISIS anglojęzyczny magazyn „Dabiq" pisał: „Podczas gdy amerykański rząd ociągał się z podjęciem decyzji mogącej ocalić życie Jamesa Foleya, negocjacje z rządami państw europejskich doprowadziły do uwolnienia kilkunastu zakładników, ponieważ żądania Państwa Islamskiego zostały spełnione".

Stany Zjednoczone i Wielka Brytania kategorycznie odmawiały rozmów z terrorystami, choć dane wywiadowcze z pewnością potwierdzały, że czasu pozostawało coraz mniej. Pojawiło się wiele głosów, że operację ratunkową przeprowadzono za późno. Przecież można było przesłuchać wcześniej uwolnionych zakładników i posiadając już niezbędne informacje, niezwłocznie zareagować. Philip Balboni, prezes i założyciel internetowego dziennika „Global Post", który wydał miliony dolarów na wydostanie z niewoli swojego pracownika Jima Foleya, powiedział: „Doskonale wiedzieliśmy, gdzie jest przetrzymywany. Powiedzieli nam to wypuszczeni zakładnicy".

Szczegóły dotyczące opisanej w tym rozdziale operacji zostały odtajnione dopiero po śmierci Jima Foleya.

# ROZDZIAŁ 10

## Zimna wojna: Iran kontra Arabia Saudyjska

Żeby w pełni zrozumieć źródła syryjskiego konfliktu oraz przyczyny sukcesu ISIS, należy uważnie przyjrzeć się pociągającym za sznurki mocodawcom, czyli przede wszystkim Iranowi i Arabii Saudyjskiej. Te dwa kraje to odwieczni wrogowie, którzy dążą do unicestwienia siebie nawzajem. Ich pradawny konflikt jest historią intryg, szpiegostwa i manipulacji. Pozornie chodzi o religię, ale tak naprawdę to tylko wymówka mająca na celu uzyskanie poparcia obywateli. W rzeczywistości stawką jest władza i wywieranie wpływu na pozostałe państwa regionu.

Dwie postacie uosabiają zimną wojnę toczoną między tymi krajami, wojnę stanowiącą oś ideologicznego podziału na Bliskim Wschodzie. Jedną z nich jest tryskający energią saudyjski książę Bandar bin Sultan, do niedawna szef saudyjskiego wywiadu i były wieloletni ambasador w Waszyngtonie, który współpracował z kilkoma amerykańskimi prezydentami. Drugą jest irański generał Kasem Soleimani, tajemniczy dowódca wchodzących w skład Gwardii Rewolucyjnej oddziałów Al-Kuds, które zajmują się prowadzeniem tajnych operacji zagranicznych.

Obaj byli od samego początku zaangażowani w konflikt syryjski, ale w sierpniu 2014 roku Bandar stracił stanowisko szefa saudyjskiego wywiadu, co było wyraźnym sygnałem, że król Abdullah był z niego niezadowolony, a co więcej, że saudyjska polityka poniosła klęskę. Mniej więcej w tym samym czasie ajatollah Ali Chamenei nazwał Soleimaniego „żyjącym bohaterem", a zdjęcia zagadkowego generała po raz pierwszy pojawiły się w irańskich mediach. Jaka była przyczyna tych zmian?

Prowadzona przez księcia Bandara polityka polegała na finansowaniu sunnickiej opozycji w Syrii. Sądził on, że Asad zostanie szybko obalony, tak jak stało się z innymi dyktatorami, którzy utracili władzę podczas Arabskiej Wiosny. Taki obrót spraw oznaczałby, że Arabia Saudyjska niejako kupiłaby sobie przewagę nad Iranem. Początkowo nikt nie przejmował się tym, że pieniądze trafiają również w ręce radykałów. Po prostu uznano, że będzie można się tym zająć później.

Były szef saudyjskiego wywiadu książę Turki al-Faisal powiedział kiedyś: „Nie przeprowadzamy operacji wywiadowczych z prawdziwego zdarzenia, bo nawet nie potrafilibyśmy tego zrobić. Jedyne, co umiemy, to wypisywać czeki". Wydaje się, że przynajmniej w tym wypadku ta strategia zawiodła i Arabia Saudyjska mimowolnie przyczyniła się do wzrostu potęgi ISIS.

Soleimani okazał się natomiast o wiele bardziej skuteczny. To właśnie jego działania doprowadziły do tego, że Hezbollah zaczął aktywnie wspierać Asada i zaangażował się w obronę Bagdadu. Generał był często widywany zarówno w Damaszku, jak i w stolicy Iraku, gdzie nadzorował przygotowania do odparcia ewentualnego ataku ISIS. Soleimani jest również uważany za autora strategii polegającej na przekonaniu światowej opinii publicznej, że Asad stanowi mniejsze zagrożenie niż dżihadyści. Okazało się to nader skuteczne, ponieważ gdy tylko ISIS urosło w siłę, Amerykanie zaczęli potajemnie współpracować z Asadem, przekazując reżimowi informacje o lokalizacji celów przeznaczonych do ataków z powietrza. To był ogromny sukces Soleimaniego. Obalenie syryjskiego dyktatora przestało być dla Amerykanów priorytetem, co wzbudziło wściekłość Turcji, Arabii Saudyjskiej i państw rejonu Zatoki Perskiej. W efekcie te kraje jeszcze bardziej zwarły szeregi.

*Książę Bandar*

© Photo by Mark Reinstein/REX

Książę Bandar bin Sultan, wieloletni ambasador saudyjski w Waszyngtonie, szef wywiadu i autor strategii politycznej, którą Arabia Saudyjska początkowo realizowała w Syrii.

Bandar i Soleimani są reprezentantami dwóch różnych stylów uprawiania polityki zagranicznej przez Arabię Saudyjską i Iran. Bandar to podróżujący po całym świecie miliarder, przyjaciel kilku amerykańskich prezydentów i syn zmarłego w 2011 roku następcy saudyjskiego tronu, księcia Sultana bin Abdulaziza al-Sauda. Pali ogromne cygara, nosi świetnie skrojone garnitury, buduje biblioteki i ma na swoim koncie podpisanie największych kontraktów zbrojeniowych w historii. Regularnie jeździ do Ameryki na mecze Dallas Cowboys, a na trybunach siada obok właściciela klubu.

Znany jest jako „królewski wysłannik i chłopiec na posyłki Białego Domu". Przez trzy dekady był twarzą saudyjskiego lobby w Stanach Zjednoczonych. Koordynował proces tworzenia oddziałów sunnickiej milicji w Libanie i doradzał, w jaki sposób należy wspierać sunnickie bojówki w Syrii. Na Zachodzie ceni się go za wyjątkowy urok osobisty, w Iranie zasłużył zaś sobie na miano „księcia terrorystów". Bandar uosabia więc historyczne związki łączące Arabię Saudyjską ze Stanami Zjednoczonymi.

*Generał Soleimani*

© Photo by AY-Collection/Sipa/REX

Kasem Soleimani, dowódca irańskich oddziałów Al-Kuds odpowiedzialnych za prowadzenie tajnych operacji poza granicami kraju. Twórca strategii politycznej Iranu w Syrii.

Soleimani urodził się w położonym w górach na wschodzie Iranu biednym miasteczku Rabor. W dzieciństwie pracował fizycznie, żeby pomóc rodzinie spłacić długi, i wysłuchiwał wielu kazań wygłaszanych przez wędrujących szyickich kaznodziejów. Kiedy skończył szkołę średnią, wybuchła rewolucja islamska i wstąpił do Gwardii Rewolucyjnej. Zanim został dowódcą oddziałów Al-Kuds, wziął udział w wielu bitwach i kilka razy został ranny. Obecnie prowadzi skromne życie w Teheranie. Jego biuro znajduje się na terenie dawnej ambasady amerykańskiej. Soleimani wstaje o czwartej rano, ponieważ jak głosi plotka, cierpi na chroniczny ból pleców. Pewien były pracownik CIA powiedział o nim: „To najpotężniejszy tajny agent na Bliskim Wschodzie, chociaż nikt nigdy o nim nie słyszał". Soleimani organizował tajne operacje niemal na całym świecie, od Tajlandii po Nairobi. W 2011 roku zapłacił meksykańskiemu kartelowi narkotykowemu za zabicie następcy Bandara, saudyjskiego ambasadora w Stanach Zjednoczonych. Zamach się nie powiódł, ponieważ wśród gangsterów działał szpieg DEA. W początkowym okresie wojny z talibami Soleimani dzielił się danymi wywiadowczymi z Departamentem Obrony Stanów Zjednoczonych, ale gdy Iran został zaliczony do państw Osi Zła, ta krótka współpraca nagle dobiegła końca.

Bandar i Soleimani to postacie nadające ton prowadzonej przez ich kraje polityce zagranicznej. Warto jednak zrozumieć, co leży u podstaw konfliktu saudyjsko-irańskiego. W końcu powstanie ISIS jest nierozerwalnie związane z trwającą od dawien dawna ideologiczną wojną między Iranem a Arabią Saudyjską oraz z religijnym sporem, który sunnici toczą z szyitami.

Nie będę szczegółowo opisywał różnic między tymi dwoma odłamami islamu, ale zasadniczo sunnici uważają szyitów za heretyków, co bardzo przypomina stosunek katolików do protestantów w czasie reformacji. I, podobnie jak w dawnej Europie, popełnia się w imię boże niewyobrażalne zbrodnie.

### *Historyczne różnice*

Działania podejmowane w ciągu kilku ostatnich dziesięcioleci przez Arabię Saudyjską i Iran bardzo przypominają zimną wojnę. Formalnie rzecz biorąc, panuje pokój, ale Bliski Wschód wygląda jak targana konfliktami szachownica. W każdym państwie położonym między Arabią Saudyjską a Iranem żyją zarówno sunnici, jak i szyici (choć sunnici stanowią większość), a w Iraku, Syrii, Libanie i Bahrajnie obie frakcje są stosunkowo licznie reprezentowane.

Pod koniec XX wieku zmiany w układzie stref wpływów zaczęły coraz bardziej podsycać tlący się od dawna konflikt. Po obaleniu Saddama Husajna w 2003 roku Iran przejął kontrolę nad irackim rządem (mieszkańcy Iraku to w 60–70% szyici) i zaczął skutecznie wzmacniać swoją pozycję w całym regionie, co doprowadziło do utworzenia pasa wpływów, który ciągnął się od Teheranu przez Bagdad i Damaszek aż do Libanu. W ten sposób skutecznie podważona została saudyjska hegemonia na Bliskim Wschodzie.

Następnym ciosem było wyparcie z Afganistanu talibów, starych wrogów Iranu i sojuszników Arabii Saudyjskiej. To był kolejny znak, że Iran staje się coraz potężniejszy. Gdy za prezydentury Obamy ochłodzeniu uległy stosunki Arabii Saudyjskiej ze Stanami Zjednoczonymi, będące do tej pory podstawą uprawiania polityki w regionie, Saudowie poczuli, że nie mają wyjścia i muszą działać bardziej agresywnie, żeby samodzielnie bronić swoich interesów.

Gdy zatem okazało się, że udzielenie wsparcia bojownikom walczącym z alawickim reżimem Asada może osłabić wpływy Iranu w regionie, Saudowie nie zastanawiali się długo i wzięli sprawy w swoje ręce.

To prawda, że syryjska rewolucja miała na początku charakter oddolnej rebelii zorganizowanej przez zwykłych ludzi, którzy wystąpili przeciwko opresyjnemu systemowi rządów, lecz wkrótce wmieszały się w to siły zewnętrzne. Arabia Saudyjska zaczęła regularnie dozbrajać i finansować rozmaite ugrupowania sunnickie, które miały realne szanse na przejęcie inicjatywy.

Saudowie sądzili, że są w stanie kontrolować swoich syryjskich podopiecznych, ponieważ na własnym terenie od wieków potrafili trzymać w ryzach wahabitów, ale okazało się to czystą mrzonką. Nie należy zapominać, że ideologię dżihadystów i islamistów oddziela dość wyraźna granica. Między nimi sytuuje się zaś rozległy obszar poglądów pośrednich, który w ostatnim czasie został zaanektowany przez ideologię dżihadu.

ISIS odnosiło coraz bardziej spektakularne sukcesy, co dla dynastii saudyjskiej mogło oznaczać poważne problemy wewnętrzne. Stosunki między rządzącymi a religijnymi radykałami od zawsze oparte były na dość chwiejnej równowadze. Arabia Saudyjska musiała więc zadbać przede wszystkim o własne bezpieczeństwo. Wielu obywateli tego kraju pojechało walczyć do Syrii i władze były wyraźnie zaniepokojone, że po powrocie mogą oni próbować destabilizować sytuację w Rijadzie. Zagrożenie wzrosło jeszcze bardziej, gdy siły ISIS zbliżyły się do granicy z Jordanią.

Saudowie nie docenili wsparcia, które Asad otrzymał od Rosji i Iranu, oraz determinacji, z jaką te kraje były gotowe bronić syryjskiego reżimu. Im bardziej ISIS rosło w siłę, tym jaśniejsze stawało się, że polityka Bandara nie przynosiła pożądanych efektów.

### *Balansowanie na linie*

Strategia balansowania na linie, polegająca na wspieraniu i finansowaniu dżihadystów za granicą w celu skuteczniejszego wpływania na sytuację wewnętrzną, nie jest wcale niczym nowym. Saudowie od dawna podsycali konflikty, toczące się w różnych rejonach świata, po to, by odciągnąć uwagę własnych radykałów od problemów w kraju. W końcu czyż wysłanie ich na wojnę do Bośni, Czeczenii lub Afganistanu nie było idealnym rozwiązaniem? Wspieranie sunnickiego dżihadu to jeden z fundamentów saudyjskiej polityki zagranicznej. Dzięki temu rządzący mogą liczyć na poparcie wahabickich duchownych. W 2009 roku jedna z depesz ujawnionych przez Wikileaks dowiodła, że choć u siebie Arabia Saudyjska skutecznie walczy z Al-Kaidą, to nie robi nic, żeby powstrzymać terrorystów za granicą.

Ideologia purytańskiego wahabizmu przenika całe społeczeństwo, ale przez wiele dziesięcioleci rządzący skutecznie obłaskawiali jej zwolenników. Wahabici i Al-Kaida mają bardzo zbliżone poglądy i dlatego też wielu uważa Arabię Saudyjską za matecznik światowego dżihadyzmu. Rząd wspiera radykalnych duchownych oraz budowę nowych szkół i meczetów. W zamian wahabici przymykają oko na ekstrawagancje Saudów i ich bliskie relacje ze Stanami Zjednoczonymi.

Wspieranie syryjskiego fundamentalizmu (niekoniecznie samego ISIS, ale raczej jego poprzedników) miało ułatwić Arabii Saudyjskiej osiągnięcie dwóch celów: pierwszym było osłabienie Iranu, a drugim wzmocnienie wizerunku obrońców islamu, co niewątpliwie spodobałoby się radykalnie nastawionej części społeczeństwa.

Saudowie nie przewidzieli jednak, że ISIS może stać się aż tak silne. Kiedy wreszcie zdali sobie z tego sprawę, przestali wspierać najbardziej ekstremalne grupy bojowników, ale zdaniem wielu było już za późno. Zbytnie zaślepienie rywalizacją z Iranem doprowadziło do utraty kontroli nad procesami, które Saudowie sami wprawili w ruch. Stworzyli potwora, którego działań nie dało się przewidzieć.

Król Abdullah bin Abdulaziz wygłosił na forum ONZ nader znaczące przemówienie, które miało na celu przekonać światowe mocarstwa do interwencji: „Jeśli zlekceważymy ISIS, jestem pewien, że za miesiąc będą w Europie, a za dwa w Ameryce [...]. Zło terroryzmu należy zwalczać siłą, rozumem i szybkim działaniem". Jednakże za obecną sytuację odpowiedzialni są w dużej mierze właśnie Saudowie.

### *Iran*

W tym samym czasie Iran również podsycał religijne antagonizmy i jest w takim samym stopniu jak Arabia

Saudyjska odpowiedzialny za powstanie ISIS. Żeby bronić własnych interesów w Syrii, ajatollahowie byli gotowi niemal na wszystko, w tym na wspieranie krwawego reżimu Asada. Irańskie lotnictwo korzystało z możliwości swobodnego przelotu nad Irakiem i dostarczało syryjskiemu dyktatorowi broń, co w praktyce oznaczało dalszą rzeź ludności cywilnej i wzrost niechęci wobec Iranu.

Fakt, że Iran był gotów raczej angażować się w brutalną wojnę domową, w której ginęli cywile, niż dopuścić do obalenia Asada i ukonstytuowania się rządu tymczasowego, wyraźnie pokazuje, jak dla ajatollahów ważny jest Damaszek.

Kontrola nad południową Syrią umożliwia Iranowi bezpośredni kontakt z libańskimi sojusznikami z Hezbollahu oraz przesyłanie im broni i pieniędzy. Korytarz, będący fundamentem irańskich wpływów w regionie, powstrzymuje również Izrael przed atakami na instalacje realizowanego przez Teheran programu atomowego.

To właśnie stałe wsparcie udzielane Asadowi przez Iran doprowadziło do eskalacji konfliktu, a popełniane w jego trakcie okropne zbrodnie sprawiły, że z całego świata zaczęli ściągać do Syrii sunniccy bojownicy. Po zakończeniu wojen w Iraku i Afganistanie wielu doświadczonych dżihadystów tylko czekało na kolejną okazję, żeby chwycić za broń. Na obszarze rozciągającym się między Libią a Mali krążą obecnie liczne grupy bojowników walczących pod sztandarem fundamentalizmu islamskiego, a ideologia dżihadu zatruwa umysły młodych ludzi w różnych zakątkach globu.

Na tym jednak winy Iranu się nie kończą. Ajatollahowie pomagali też Malikiemu skonsolidować władzę w Iraku, uniemożliwiając tym samym zakorzenienie się demokracji. Kiedy Obama próbował polepszyć stosunki z Iranem, celowo ignorował rolę, którą ten kraj odgrywa w konfliktach toczonych na Bliskim Wschodzie – w szczególności chodzi o podsycanie animozji religijnych oraz udzielanie wsparcia Asadowi. Niektórzy komentatorzy zwracają uwagę, że Iran jest mistrzem w tworzeniu problemów, które tylko on sam jest w stanie rozwiązać, a regularne wizyty Soleimaniego w Bagdadzie i Damaszku jedynie potwierdzają ogromne zaangażowanie Teheranu w tę wojnę.

Niewątpliwie ISIS jest obecnie niezależnym bytem politycznym, ale celowo podkreślam rolę Arabii Saudyjskiej i Iranu, ponieważ tylko skuteczne wywieranie presji na te kraje może doprowadzić do rozwiązania problemu tak zwanego Państwa Islamskiego. Iran może zmusić Asada do ustąpienia i na jego miejsce postawić kogoś, kto rozpocząłby rozmowy z opozycją. Z kolei Arabia Saudyjska mogłaby przestać podsycać nienawiść i zrezygnować z wysyłania w rejon konfliktu funduszy i bojowników. Tak naprawdę oznaczałoby to jednak proszenie dwóch odwiecznych wrogów o daleko idące ustępstwa, na co niestety nie należy liczyć. Być może gdyby doszło do zmiany władzy w Teheranie, pojawiłaby się szansa na porozumienie z Irańczykami, którzy zasadniczo są dla Zachodu odpowiedniejszym partnerem.

Chociaż ISIS otwarcie głosi, że jednym z jego celów jest obalenie dynastii saudyjskiej, to jednak będzie to niezwykle trudne do zrealizowania. Najpierw dżihadyści musieliby odnieść całkowite zwycięstwo zarówno w Syrii, jak i w Iraku, a dopiero potem mogliby myśleć o jakimkolwiek skutecznym ataku na Arabię Saudyjską. Jednak nawet wtedy na ich drodze stanęłaby najpotężniejsza armia w regionie, która nie powinna mieć specjalnych kłopotów z ich zatrzymaniem. Tak więc pod wieloma względami istnienie ISIS oznacza dla Saudów więcej korzyści niż kłopotów i mimo że stracili oni kontrolę nad częścią swoich sojuszników, to w rzeczywistości ich panowaniu nic nie grozi. Szyizm również nie stanowi poważnego problemu – nie zapominajmy, że szyici są większością w zaledwie czterech z pięćdziesięciu siedmiu muzułmańskich krajów na świecie, ale i tak Arabia Saudyjska reaguje bardzo agresywnie na nawet najmniejsze oznaki zagrożenia. Tak było na przykład w 2011 roku w Bahrajnie, gdzie brutalnie stłumiono rewoltę szyickiej większości.

### *Czy to Iran stworzył ISIS*

Istnieje jeszcze jedna hipoteza dotycząca powstania ISIS, zgodnie z którą za wszystkim stoi Iran. Niewątpliwie sukces ISIS oznacza dla ajatollahów wiele korzyści. Przede wszystkim zmniejszyła się presja na odsunięcie od władzy ich sojusznika Asada. Co więcej, Iran może teraz zaoferować swoją pomoc w walce z ekstremistami, odgrywając przy tym rolę wybawiciela, gdy tymczasem Zachód pakuje się w kolejny bliskowschodni konflikt.

Wielu syryjskich rebeliantów, z którymi rozmawiałem w latach 2013–2014, przyznawało, że wspierane przez Iran lotnictwo Asada atakowało przede wszystkim umiarkowane oddziały Wolnej Armii Syrii, a prawie w ogóle nie nękało ISIS. Wiadomo również, że w tym samym czasie syryjski reżim kupował ropę naftową z szybów znajdujących się na terenach kontrolowanych przez dżihadystów i tym samym finansował swoich wrogów.

Dzięki między innymi tego rodzaju działaniom ISIS urosło w siłę i w pewnym momencie stało się wrogiem publicznym numer jeden, co znacznie zmniejszyło presję wywieraną na Asada. Warto również zauważyć, jak bardzo po czerwcu 2014 roku spadła liczba artykułów prasowych relacjonujących konflikt między rebeliantami a syryjskim dyktatorem. Zachodnia opinia publiczna na dobrą sprawę zapomniała o walce z Asadem, a jej zainteresowanie przesunęło się w kierunku powstrzymania światowego dżihadu. Realizacja tego celu doprowadziła zaś do dziwacznego sojuszu. Stany Zjednoczone rozpoczęły z Asadem zakulisowe rozmowy, których najważniejszym tematem były warunki korzystania z syryjskiej przestrzeni powietrznej. Bez współpracy z reżimem bombardowanie oddziałów ISIS nie jest wcale takie proste, ponieważ Syria dysponuje rosyjskim systemem obrony przeciwlotniczej SA80.

Iran nie tylko odciągnął uwagę od reżimu Asada, lecz także zyskał przychylność Amerykanów, oferując im swoją pomoc. Od początku 2012 roku ajatollahowie wspierali walczących na północy Kurdów, wzmacniali linie obrony Bagdadu i wspólnie z Amerykanami szturmowali oblężone przez ISIS miasto Amerli (amerykańskie lotnictwo wspierało oddziały irańskie z powietrza).

Istniała również opinia, że pojawienie się ISIS zbiegło się w czasie z negocjacjami dotyczącymi irańskiego programu nuklearnego. Spekulowano, że Amerykanie byliby gotowi na ustępstwa, jeżeli Iran by się zaangażował w walkę z dżihadystami. Miało to wynikać ze słabości administracji prezydenta Obamy i braku moralnego kręgosłupa

gosłupa, co objawiło się już w momencie przedwczesnego wycofania sił amerykańskich z Iraku.

Tak więc w pewnym sensie powstanie ISIS było najbardziej na rękę właśnie Iranowi. Ajatollahowie mogli pogodzić się z utratą kontroli nad północną Syrią, ponieważ wciąż zachowywali swoje wpływy w Bagdadzie i Damaszku, a to było dla nich najważniejsze. Dzięki temu utrzymywali bezpośredni kontakt z Hezbollahem i mogli skutecznie oddziaływać na to, co dzieje się w najbliższym sąsiedztwie Izraela.

Jeśli padłoby pytanie, czy Iran może w przyszłości zostać sojusznikiem Stanów Zjednoczonych, moja odpowiedź wyglądałaby następująco. W Arabii Saudyjskiej mamy do czynienia ze społeczeństwem przesiąkniętym ideami wahabizmu oraz kaznodziejami, którzy otwarcie nawołują do walki z niewiernymi. Władze tego kraju są jednak sojusznikami Zachodu i trzymają radykałów na dystans, przede wszystkim ze względu na własne interesy. W Iranie zaś jest odwrotnie: to przywódcy są fanatykami religijnymi, prowadzą brudne gry w różnych zakątkach globu, wspierając dyktatorów takich jak Asad i trzymając pod butem własne społeczeństwo. Tymczasem Irańczycy są w większości nastawieni bardzo prozachodnio. Podczas moich licznych wizyt w tym kraju spotykani przeze mnie ludzie żywili wobec Stanów Zjednoczonych niezwykle przyjazne uczucia. Irańczycy są serdeczni, pragmatyczni i łakną wolności. Co więcej, w odróżnieniu od sunnitów szyici wcale nie nawołują do światowego dżihadu. Wrogiem Zachodu są więc władze Iranu, a nie zwykli obywatele tego państwa.

© Photo by REX

Alan Henning, pracownik organizacji charytatywnej zamordowany przez ISIS 3 października 2014 roku.

# ROZDZIAŁ 11

## Alan Henning i David Haines

„Alan to spokojny i bezinteresowny człowiek, który zostawił w Wielkiej Brytanii rodzinę i pracę taksówkarza, żeby razem ze swoimi muzułmańskimi przyjaciółmi i współpracownikami wyruszyć do Syrii z konwojem i nieść pomoc ofiarom wojny.

Został porwany, gdy siedział za kierownicą ambulansu wiozącego wodę i żywność dla każdego, kto znalazł się w potrzebie. Nie rozumiem, w jaki sposób śmierć kogoś takiego jak Alan może przysłużyć się realizacji celów politycznych jakiegoś państwa.

Próbowałam skontaktować się z funkcjonariuszami ISIS i ludźmi, którzy przetrzymują Alana. Wysłałam do nich wiele naprawdę ważnych wiadomości, ale nie dostałam żadnej odpowiedzi. Modlę się, żeby się do mnie odezwali, zanim będzie za późno. Jeśli oglądają to nagranie, błagam ich, by zajrzeli do wnętrza swoich serc i wypuścili na wolność mojego męża Alana Henninga".

Barbara Henning, żona Alana Henninga

W drugi dzień świąt Bożego Narodzenia 2013 roku, pół godziny po przekroczeniu granicy syryjskiej, Alan Henning rozładowywał paczki z pomocą humanitarną w magazynie w mieście Al-Dana. Tak naprawdę to właśnie wtedy został porwany przez dżihadystów. Nie wiemy, czy ktoś sprzedał im informację o wjeździe konwoju do Syrii. Na początku Alan był w dobrym humorze, ponieważ – jak twierdzi pewien Syryjczyk, z którym dzielił celę – był przekonany, że zostanie wypuszczony, gdy tylko porywacze dowiedzą się, że jest pracownikiem organizacji charytatywnej. Niestety, 3 października 2014 roku podzielił los innych ofiar. Został brutalnie zamordowany, a przed śmiercią zmuszono go do przeczytania następującego oświadczenia: „Nazywam się Alan Henning. Brytyjski parlament podjął decyzję o ataku na Państwo Islamskie. Teraz ja, obywatel Wielkiej Brytanii, muszę za to zapłacić".

*David Haines*

Czterdziestoczteroletni David Haines został porwany w marcu 2013 roku w miasteczku Atme. Pracował dla francuskiej organizacji humanitarnej ACTED, a wcześniej przez wiele lat pomagał ofiarom konfliktów zbrojnych w różnych częściach świata, między innymi w byłej Jugosławii i Sudanie. Porwanie odbyło się według znanego schematu. Haines wracał z Aleppo w towarzystwie swoich kolegów i na bocznej drodze zrównał się z nimi inny samochód. Zamaskowani napastnicy zaczęli strzelać w opony, potem wyskoczyli ze swojego auta, otoczyli samochód Hainesa i pojmali pasażerów. Najprawdopodobniej wiedzieli, że mają do czynienia z obywatelami państw zachodnich. Haines przebywał w Syrii zaledwie od trzech dni i został zatrzymany przez oddział rebeliantów, który następnie odsprzedał go ISIS.

Porywacze wsadzili Hainesa i jego włoskiego współpracownika Motkę do bagażnika, a towarzyszących im dwóch Syryjczyków zostawili na środku drogi. To oni zdali później szczegółową relację z porwania. Wszystko odbyło się w mgnieniu oka. Haines osierocił dwie córki – czteroletnią i siedemnastoletnią.

W opublikowanym przed śmiercią nagraniu powiedział:

„Jako obywatel brytyjski muszę zapłacić wysoką cenę za politykę pana Camerona, który obiecał dozbrajać walczących z Państwem Islamskim kurdyjskich peszmergów. Jak na ironię, sam przez ponad dziesięć lat służyłem w siłach powietrznych Wielkiej Brytanii, które teraz dostarczają broń Kurdom. Diabelskie przymierze z Amerykanami, którzy wciąż nękają irackich muzułmanów i zbombardowali ostatnio tamę Haditha, tylko przyspieszy waszą klęskę. Panie Cameron, odgrywanie roli posłusznego psa wciągnie pana i pański naród w kolejną krwawą i z góry przegraną wojnę".

# ROZDZIAŁ 12

## Katar, Libia i Kuwejt

### *Katar*

*Katar prowadzi politykę zagraniczną wolną od jakichkolwiek wpływów z zewnątrz. Jesteśmy z tego dumni.*

Szejk Al-Thani

Iran i Arabia Saudyjska nie są jedynymi krajami, które mają niechlubny udział we wspieraniu dżihadystów w Syrii. Saudowie są jednak świadomi rosnącego zagrożenia i zmienili swoje nastawienie głównie ze strachu przed destabilizacją wewnętrzną. Ale nie dotyczy to już Kataru, którego ludność jest o wiele mniej zróżnicowana, a władze mają zupełnie inną wizję przyszłości całego regionu.

W odróżnieniu od Arabii Saudyjskiej Katar nie zakręcił równie zdecydowanie kurka z pomocą finansową dla ISIS, a racje, które za tym stoją, wydają się dość niejasne. Według jednej z teorii jest to zgodne z głównymi założeniami katarskiej polityki zagranicznej, co stawia Katar w opozycji nie tylko do Stanów Zjednoczonych, lecz także innych państw regionu. W marcu 2014 roku Arabia Saudyjska, Bahrajn i Zjednoczone Emiraty Arabskie odwołały z Kataru swoich ambasadorów.

Od mniej więcej dziesięciu lat Katar usilnie stara się zostać nowym mocarstwem. Władze korzystają z nieprzebranego bogactwa kraju i inwestują ogromne sumy dosłownie we wszystko – w kulturę i media, drużyny piłkarskie, zachodnie korporacje i działalność polityczną. W związku z tym do stolicy kraju, Dohy, ściągają w poszukiwaniu funduszy pośrednicy z różnych targanych konfliktami rejonów świata. Gośćmi tutejszych luksusowych hoteli byli między innymi przywódca Hamasu Chaled Meszal, rebelianci z Darfuru, byli generałowie Saddama Husajna walczący obecnie w szeregach ISIS oraz liderzy syryjskiej opozycji.

Wiele organizacji ekstremistycznych utrzymuje bliskie stosunki z katarskim rządem. To właśnie Katar pośredniczył w rozmowach mających na celu uwolnienie amerykańskiego dziennikarza Petera Theo Curtisa z rąk dżihadystów z Dżabhat an-Nusry. Katar zapłacił również dwadzieścia milionów dolarów okupu za czterdziestu pięciu fidżyjskich żołnierzy zatrzymanych na Wzgórzach Golan. Pośredniczył także w kontrowersyjnej wymianie jeńców, w ramach której w zamian za wypuszczenie pięciu wysokich rangą talibów uwolniono amerykańskiego sierżanta Bowe'a Berdahla. Talibowie mają zresztą w Dosze własną ambasadę.

Wiele łączy też katarską rodzinę królewską z Al-Kaidą. Osama bin Laden był nieraz ich gościem i zawsze spotykał się na dworze z ciepłym przyjęciem. Chalid Szejk Mohammed, główny organizator zamachów terrorystycznych z 11 września 2001 roku, mieszkał na farmie należącej do ministra katarskiego rządu Abdullaha bin Khalida al-Thaniego. Al-Thani zapłacił za jego wyjazd do Bośni, a później zapewnił bezpieczne schronienie szefowi Al-Kaidy Zawahiriemu.

Głównym celem Kataru jest niedopuszczenie do sytuacji, w której jedynym sunnickim mocarstwem w regionie byłaby Arabia Saudyjska. Aby spełnić swoje ambicje, katarski rząd prowadzi bardzo agresywną politykę zagraniczną, która oparta jest na promowaniu politycznego wymiaru islamu. Arabia Saudyjska i inne sunnickie monarchie uważają taką strategię za niebezpieczną, ale Katar już od dawna aktywnie ją realizuje, widząc w tym przyszłość całego Bliskiego Wschodu. Co więcej, nie widać żadnych oznak ewentualnych zmian w tej kwestii.

Katarczycy starają się również wkupić w łaski Zachodu. Stany Zjednoczone utrzymują w Katarze dużą bazę wojskową, a z lotniska Al-Udeid startują amerykańskie samoloty, które biorą udział w wielu operacjach powietrznych nad terytorium Syrii. Katar przystąpił do koalicji krajów walczących z ISIS, lecz nie ma żadnych dowodów, że katarskie lotnictwo przeprowadziło jakikolwiek nalot na pozycję dżihadystów. Jednocześnie działający na terenie kraju pośrednicy przelewają miliony dolarów na konta powiązanych z ISIS organizacji, które przez katarskie władze są oficjalnie potępiane. Takie zabiegi pozwalały, jak dotąd, na sprytne lawirowanie między Zachodem a ruchem salafitów, w którym Katar pokłada ogromne nadzieje na przyszłość. Ostatnio Amerykanie zaczęli jednak wysyłać katarskim szejkom coraz poważniejsze ostrzeżenia.

Salafizm jest w gruncie rzeczy hybrydą dwóch wymiarów islamu: purytańskiego i politycznego. Blisko połowa Katarczyków to salafici, a władze od dawna łożą na zespoły doradców, ośrodki myśli islamskiej i uniwersytety, które zajmują się propagowaniem tej wersji islamu. Katar chce być jedynym mecenasem ideologii, która w przyszłości zapanuje na Bliskim Wschodzie, ponieważ dzięki temu będzie miał szansę stać się centrum regionalnej władzy.

Żeby zrozumieć prowadzoną przez Katar politykę zagraniczną, wystarczy przyjrzeć się konfliktom, w które jest zaangażowany między innymi w Libii i Egipcie. W Egipcie katarskie władze finansują Bractwo Muzułmańskie i jako wyraz wsparcia dla nowo powstałego rządu przekazały Mohammedowi Mursiemu pięć miliardów dolarów w formie pakietu pomocowego na rozruszanie gospodarki. Rozzłościło to Arabię Saudyjską i inne państwa rejonu Zatoki Perskiej, uważające Bractwo Muzułmańskie za zagrożenie dla własnej hegemonii.

Katar dużo ryzykował, ale pamiętajmy, że gra toczy się o wysoką stawkę. Niestety, Mursi został szybko obalony przez wojsko pod dowództwem generała Sisiego, który otrzymał od państw rejonu Zatoki Perskiej wsparcie w wysokości dwunastu miliardów dolarów.

Egipskie władze aresztowały trzech Bogu ducha winnych dziennikarzy katarskiej telewizji Al-Dżazira. Gdy piszę te słowa, cała trójka nadal przebywa w więzieniu*.

## *Libia*

Pierwszym konfliktem zbrojnym, w którym Katar odegrał poważną rolę, była wojna w Libii. Działania katarskiego rządu były jednak dość chaotyczne i polegały na dozbrajaniu tak wielu ugrupowań sunnickich, jak tylko się dało, po to, by doprowadzić do obalenia Kaddafiego. Ten cel został w końcu osiągnięty, ale najpierw trzeba było wydać dziesiątki milionów dolarów i wysłać dwadzieścia tysięcy ton broni.

* Wszyscy trzej są już na wolności. Dwudziestego szóstego czerwca 2014 r. egipski sąd skazał na 7 lat więzienia dziennikarzy Al-Dżaziry: obywatela Kanady Mohameda Fahmy'ego i Australijczyka łotewskiego pochodzenia, byłego reportera BBC Petera Greste'a. Trzeci, Egipcjanin Baher Mohamed, dostał dodatkowo 3 lata za posiadanie broni. Wyroki zostały potępione przez organizacje praw człowieka, ONZ i zachodnie rządy. Pod tym naciskiem na początku stycznia 2015 r. najwyższa instancja sądowa Egiptu anulowała kary więzienia. Pierwszego lutego 2015 r. wydalono do Australii Petera Greste'a, a 13 lutego egipski sąd nakazał uwolnienie dwóch pozostałych. Fahmy, jako obcokrajowiec, wyszedł na wolność po zapłaceniu kaucji w wysokości ok. 33 tys. dolarów. Dwunastego maja 2015 r. jego prawniczka poinformowała o złożeniu pozwu przeciw stacji Al-Dżazira. Fahmy chce, by zapłaciła mu ona 100 mln dolarów odszkodowania w związku ze swoją rolą w jego skazaniu i aresztowaniu. Wciąż trwa nowy proces w sprawie wspierania przez tych dziennikarzy islamistycznej opozycji.

Katar nie tylko współpracował z Amerykanami podczas bombardowań, lecz także starał się finansować rozmaite ugrupowania, licząc, że po zakończeniu konfliktu zjednoczą się one w jeden organizm polityczny. Na początku ta strategia przynosiła pożądane rezultaty, ale po upadku Kaddafiego okazało się, że niemal każdy z niezliczonych oddziałów milicji ma własne ambicje i bojownicy skoczyli sobie do gardeł. Choć kraj do dziś pogrążony jest w chaosie, wszystkie zwalczające się frakcje są wdzięczne Katarowi za udzieloną im pomoc.

Bardzo podobną taktykę zastosowano w Syrii. Na początku zwerbowano mieszkających w Katarze niechętnych Asadowi Syryjczyków i wykorzystano ich znajomości do stworzenia sieci kontaktów. Potem wysyłano już tylko pieniądze. Najpierw władze Kataru finansowały mnóstwo niewielkich oddziałów i na dobrą sprawę każdy, kto skontaktował się z odpowiednią komórką rządową i przedstawił szczegółowe zapotrzebowanie, dostawał to, czego chciał. Aż do 2012 roku Amerykanie przymykali na to oko. Wydawało im się, że to dobry sposób na pozbycie się Asada bez konieczności zbytniego angażowania się w konflikt. W końcu w tamtych czasach nikt nie przewidywał, że z otchłani zamętu wyłoni się tak zwane Państwo Islamskie. Nie ma też żadnych dowodów, że Katar kiedykolwiek bezpośrednio finansował ISIS. To zbyt ekstremalna organizacja, nawet na katarskie standardy.

Jednakże z pieniędzy korzystały radykalne ugrupowania, które później przekształciły się w Dżabhat an-Nusrę i Ahrar al-Szam, a to niewątpliwie miało wpływ na powstanie ISIS. Były to organizacje nie tylko najbardziej zbliżone do siebie pod względem ideologicznym, lecz także blisko powiązane zarówno z Al-Kaidą, jak i Katarem. Gdy powstawała ta książka, wielu katarskich duchownych wciąż otwarcie wyrażało w mediach społecznościowych swoje poparcie dla dżihadystów.

Kolejnym nieprzewidzianym efektem polityki prowadzonej przez Katar i inne kraje rejonu Zatoki Perskiej było odwrócenie się od nich grup, które wspierali finansowo. Rząd w Dosze dawał pieniądze każdemu, kto ich potrzebował, licząc, że po okresie walki o władzę wyłoni się hegemon, który z pewnością odwdzięczy się za udzieloną pomoc. Wielu bojowników zaczęło jednak uważać, że pieniądze są wysyłane po to, by przejąć nad nimi kontrolę i wypaczyć ideę dżihadu. W rezultacie spora część przeszła na stronę ISIS, które miało opinię ugrupowania nastawionego bardziej idealistycznie.

Łatwy dostęp do gotówki rzeczywiście deprawował, a osoby zajmujące się pozyskiwaniem funduszy potrafiły szybko dorobić się ogromnych majątków. W niektórych wypadkach pośrednicy wielokrotnie składali te same zamówienia i zatrzymywali dla siebie prowizję lub dopisywali kilka tysięcy martwych dusz do listy bojowników, którym mieli wypłacić żołd. A katarscy sponsorzy, chcący za wszelką cenę robić wrażenie poważnych graczy, dawali wszystko, o co ich proszono.

## *Kuwejt*

*Kuwejt to główny ośrodek zbierania funduszy dla organizacji terrorystycznych działających na terenie Syrii.*

David S. Cohen, podsekretarz stanu
w Departamencie Skarbu Stanów Zjednoczonych

Kuwejt jako pierwszy zaczął naprawdę finansować syryjską opozycję. To kraj, który cieszy się długą tradycją działalności dobroczynnej, ma wyjątkowo liberalne prawo dotyczące zbierania funduszy na cele charytatywne, a znaczny procent jego ludności stanowią salafici – krótko mówiąc, idealne miejsce do pozyskiwania funduszy. W odróżnieniu od innych państw rejonu Zatoki Perskiej w Kuwejcie do założenia organizacji charytatywnej nie jest potrzebna zgoda władz, a rząd zachęca do przekazywania darowizn na cele religijne (czyli tak naprawdę na dżihad).

Były kuwejcki minister sprawiedliwości oraz muzułmańskiej działalności charytatywnej i religijnej Nayef al-Ajmi otwarcie wspierał dżihad, a jego zdjęcie pojawiło się na plakatach Dżabhat an-Nusry zachęcających do finansowania tej organizacji.

W Kuwejcie mieszka około stu tysięcy Syryjczyków (zarówno sunnitów, jak i szyitów) i panuje duży ferwor religijny. Już na samym początku konfliktu w radiu, telewizji i mediach społecznościowych pojawiło się wiele reklam nawołujących do niesienia pomocy rebeliantom. Takie prośby wydawały się wtedy całkiem na miejscu – bojownicy byli przecież sunnitami walczącymi z alawickim reżimem. W telewizji występowali znani duchowni, wzywając do finansowego wspierania syryjskiej opozycji. Jak się obecnie szacuje, prywatne osoby wysłały wtedy do Syrii przez różnych pośredników setki milionów dolarów.

Pieniądze przeznaczone były na pomoc humanitarną, ale pod koniec 2011 roku pojawiło się coraz więcej głosów, że należy również wspierać poszczególne oddziały rebeliantów. Tak też się stało, co znacznie upolityczniło rolę darczyńców, którzy zaczęli ingerować w strategię prowadzenia działań wojennych. Starali się na przykład prowadzić mediacje między zwaśnionymi ugrupowaniami albo domagali się atakowania konkretnych celów.

Wraz z eskalacją konfliktu rosły wysyłane do Syrii sumy pieniędzy. Poszczególne oddziały dostawały setki tysięcy dolarów miesięcznie, co miało ogromny wpływ na sytuację na polu bitwy.

W Kuwejcie, tak jak w innych krajach zaangażowanych w konflikt syryjski, zbieranie funduszy przeszło pewną ewolucję. Na początku wyglądało to jak pospolite ruszenie – w stolicy otwarto liczne biura, w których niemal wszyscy wpłacali pieniądze, a niektórzy ofiarowali nawet biżuterię. Darczyńców informowano o konkretnych sumach, za które można było kupić sprzęt dla bojowników, na przykład granatnik przeciwpancerny za osiemset dolarów, co prowadziło do swoistej rywalizacji i popisywania się przed innymi wielkością datków. Z upływem czasu wspierane ugrupowania zaczęły się wzajemnie zwalczać i wielu ofiarodawców zorientowało się, że ich pieniądze zwyczajnie zmarnowano. W końcu jaki sens miało finansowanie sunnickich oddziałów, które skaczą sobie do gardeł?

Zwykli obywatele przestali więc łożyć na wojnę w Syrii i dziś zajmują się tym tylko bogaci islamiści, pragnący wywierać realny wpływ na konflikt. Pieniądze są dla nich kartą przetargową, dzięki której mogą zmieniać bieg wydarzeń na linii frontu. Ich plany sięgają jednak o wiele dalej. Chcą nie tylko pozbawić władzy Asada, lecz także stworzyć na terenie Syrii sunnickie państwo z zupełnie nowym rządem. Chodzi o całkowitą przebudowę regionu i uderzenie w Iran i Hezbollah. Ci ludzie nie przestaną wysyłać pieniędzy, ponieważ traktują to jak inwestycję w swoją religię.

# ROZDZIAŁ 13

## Egzekucje

*Odmawiam nazywania tego odrażającego ugrupowania „Państwem Islamskim", ponieważ to nie jest żadne państwo, tylko sekta wyznająca kult śmierci.*

Tony Abbott, premier Australii

W Rakce, stolicy ISIS, egzekucje są codzienną rutyną. Dla bojowników wykonanie wyroku to po prostu kolejne zadanie, dla mieszkańców obowiązkowe zgromadzenie publiczne, a dla wszystkich ostrzeżenie. Szybkie ścięcie długim mieczem, powolne podrzynanie gardła tępym nożem, trwająca kilka dni potworna męka ukrzyżowania – wszystko po to, by wywołać strach. Przed zgromadzonym tłumem odczytywane są nazwiska skazańców i popełnione przez nich przestępstwa: „Abdul Hassan, spożywanie alkoholu; Ali Andome, znieważenie Allaha; Feras Alrisy, kradzież". Następnie wyprowadza się ich na miejsce egzekucji, a tłum zaczyna krzyczeć: „Allahu Akbar, Allahu Akbar!" – Bóg jest wielki. Krąg się zacieśnia. Skazańcy mają często zawiązane oczy i ze spuszczonymi nisko głowami wydają się pogodzeni ze swoim losem.

© Photo courtesy Rick Findler

Rzadkie zdjęcie przedstawiające bojownika ISIS schwytanego przez kurdyjskich peszmergów, Chanakin, północny Irak, czerwiec 2014 roku.

Przed egzekucją mieszkańcy są wzywani na główny plac miasta. Na ulicach rozwieszone są plakaty ze szczegółowym harmonogramem. Na placu mieści się około tysiąca osób, które tłoczą się wokół wytyczonego na środku okręgu, wyciągając szyję, żeby mieć lepszy widok. Tam, gdzie kiedyś stał pomnik Hafeza al-Asada, leżą teraz odcięte głowy i resztki ciał. Wzmaga się żądza krwi. Wszyscy głośno krzyczą, niektórzy zaczynają wspinać się na latarnie, dzieci wypychane są do przodu, a morderczy szał ogarnia nawet kobiety.

Ofiary wyprowadzane są z więzienia, w którym bojownicy ISIS toczą zażarty spór o to, kto będzie dziś zabijał. Twierdzą, że przybliża ich to do Boga. Czasami zaszczyt ten przypada trzynastoletnim dzieciom. Mieszkańcy Rakki są zachęcani do udziału w publicznych egzekucjach, a nawet się od nich tego oczekuje. Jeśli nie przychodzą w miarę regularnie, mogą się spodziewać wizyty bojowników w swoim domu. Zostaną wtedy surowo pouczeni, mogą też wylądować na kilka dni w więźniu lub zostać wychłostani. Nigdy nie wiadomo. Oglądanie egzekucji stało się więc czymś normalnym i stanowi część tutejszego stylu życia. Nieobecność na piątkowych modlitwach oznacza odsiadkę w więzieniu, za palenie papierosów grozi chłosta, a obraza Allaha oznacza pewną śmierć.

Po wykonaniu wyroku bojownicy odciągają trupa na bok, a kopnięta wcześniej głowa ląduje po chwili w tym samym miejscu co korpus. Cała procedura jest następnie wielokrotnie powtarzana. Krew plami chodniki i miesza się z pyłem zalegającym na drogach i miejskich placach. Wszędzie wyczuwalny jest zapach śmierci. Ciała skazańców z zawieszonymi na szyjach tabliczkami wystawiane są na widok publiczny jako przestroga. Miejscowa ludność nie ma wielkiego wyboru i musi być posłuszna.

W opartym na szariacie systemie sprawowania władzy chodzi głównie o wzbudzenie strachu. Pamiętajmy, że chociaż ISIS zajęło ogromne terytorium, to musi jeszcze utrzymać nad nim kontrolę. To jest dla dżihadystów prawdziwy egzamin – podbój to jedno, a skuteczne rządzenie to coś zupełnie innego. Na razie udało im się zrobić wszystko, żeby przestraszyć miejscową ludność. Egzekucje są ważnym elementem tej strategii.

# ROZDZIAŁ 14

## Scentralizowane finansowanie

Zatrzymanie Abu Hadżdżara w czerwcu 2014 roku dało służbom wywiadowczym możliwość wglądu w finanse ISIS. Hadżdżar, kurier Abdulrahmana al-Bilawiego, szefa rady wojskowej ISIS, został aresztowany podczas blokady drogowej w okolicach Mosulu. W wyniku przesłuchania ujawnił irackim służbom bezpieczeństwa kryjówkę swojego mocodawcy. Podczas przeprowadzonej nocą operacji odnaleziono i zlikwidowano Bilawiego. W jego domu śledczy natknęli się na sto sześćdziesiąt pendrive'ów z zapisem informacji, które okazały się prawdziwą sensacją. Wśród danych znalazły się między innymi pełna lista zagranicznych bojowników i wysokich rangą dowódców, personalia urzędników współpracujących z ISIS oraz szczegółowa analiza finansów tego ugrupowania.

Najważniejsze były dane ekonomiczne, ponieważ do tej pory ten aspekt działalności dżihadystów pozostawał tak na dobrą sprawę tajemnicą. Okazało się, że w ciągu dwóch lat udało im się osiągnąć cel, do którego inne organizacje terrorystyczne dążą od dziesięcioleci, czyli uzyskanie całkowitej niezależności finansowej. Dżihadyści działają poza międzynarodowym systemem bankowym, co sprawia, że znacznie trudniej z nimi walczyć. Nie tylko zgromadzili ogromne pieniądze (pod koniec 2014 roku ich majątek był wyceniany na miliard trzysta milionów do dwóch miliardów dolarów), lecz udało im się także zbudować sprawnie funkcjonującą gospodarkę. Regularnie wypłacają pensje i stworzyli scentralizowany system finansowy, który będzie bardzo trudno zniszczyć, choć niewątpliwie trzeba to zrobić, jeśli chcemy ich pokonać.

Dobrą ilustracją stosunków ekonomicznych panujących w ISIS jest historia pewnego mosulczyka, który zamiast uciekać przed dżihadystami, postanowił zostać w mieście i zrobić na tym interes. Studiował w Moskwie (tak samo zresztą jak wielu Syryjczyków) i znał rosyjski, dzięki czemu został głównym dostawcą anten satelitarnych i innych towarów dla walczących w szeregach ISIS Czeczenów i Gruzinów. Twierdzi, że zarobił na tych transakcjach fortunę. Pewnego razu od jednego z czeczeńskich dowódców dostał zamówienie na dziesięć telewizorów plazmowych, pięć zestawów do satelitarnego odbioru internetu i piętnaście aparatów fotograficznych wysokiej klasy. Rachunek wyniósł sześćdziesiąt tysięcy dolarów i został zapłacony gotówką.

Pieniądze odgrywają w tej historii kluczową rolę. To właśnie bogactwo dżihadystów oraz ich wczesne sukcesy militarne przyciągnęły do nich rzesze nowych ochotników. Wielu dezerterów z oddziałów ISIS, z którymi miałem okazję rozmawiać, otwarcie przyznawało, że to pieniądze stanowiły dla nich największą przynętę. ISIS kupuje broń i amunicję, płaci pensje i daje łapówki, utrzymuje w dobrym stanie sprzęt, nagradza za udział w udanych operacjach i wypłaca odszkodowania rodzinom poległych bojowników. Wszystko to sprawia, że dżihadyści rosną w siłę, a dla wielu Syryjczyków są wręcz ostatnią deską ratunku. W ich kraju nie funkcjonuje przecież gospodarka i dołączenie do ISIS wydaje się jedynym sposobem na utrzymanie rodziny.

Kwestie finansowe są też niezwykle istotne dla przyszłości ISIS. Rządzenie krajem wymaga przecież ogromnych sum pieniędzy. Trzeba utrzymać infrastrukturę w miastach i wsiach oraz zatrudnić ludzi, którzy będą zajmowali się administracją. Dżihadyści mają też ogromne wydatki związane z prowadzeniem zakrojonej na szeroką skalę kampanii medialnej. Rzecz jasna, sami doskonale zdają sobie z tego sprawę i dlatego już na początku powołali ministrów finansów zarówno w Syrii, jak i w Iraku. Prowadzą też niezwykle szczegółową dokumentację finansową i w ogóle przywiązują dużą wagę do biurokracji.

Niezależność finansowa dżihadystów jest bardzo groźna, ponieważ Zachód nie jest w stanie wpływać na źródła ich dochodów. W wypadku Al-Kaidy można było śledzić przeprowadzane przez terrorystów międzynarodowe transakcje i konfiskować znaczną część ich funduszy (lub przynajmniej wywierać presję na ich bogatych sponsorów, nakładając na nich sankcje). Jeśli chodzi o dżihadystów z ISIS, taka strategia jest jednak nieskuteczna, ponieważ większość dochodów pochodzi z kontrolowanych przez nich terytoriów i jest przekazywana w gotówce.

Do ich budżetu wpływają miesięcznie dziesiątki milionów dolarów, które pochodzą ze sprzedaży ropy oraz z wymuszeń i okupów. Dżihadyści rabują też banki i okradają zwykłych obywateli, uzyskując w ten sposób setki milionów dolarów. Pieniądze te pozwalają na zapewnienie sobie lojalności plemion sunnickich, bardziej umiarkowanych rebeliantów oraz libańskich oddziałów milicji.

ISIS oficjalnie walczy z korupcją i rzeczywiście w odróżnieniu od innych ugrupowań wszystkie dochody trafiają do centralnego budżetu, z którego wypłacane są pensje i pokrywane inne wydatki. Dżihadyści mają własnych ministrów finansów, a kary za przekupstwo wyznacza surowy kodeks postępowania, którego znajomość jest wpajana nowym bojownikom podczas wstępnych szkoleń. Konstytucja ISIS kategorycznie zabrania czerpania osobistych korzyści majątkowych:

„Za majątek znajdujący się w rękach rządu safawidzkiego (czyli finanse publiczne) odpowiedzialny jest imam, który rozporządza nim dla dobra całej wspólnoty muzułmańskiej. Ci, którzy chcą ten majątek zagrabić lub przywłaszczyć go w jakikolwiek inny sposób, odpowiedzą za to przed sądem i zostaną przykładnie ukarani".

Przed powstaniem ISIS przywódcy innych ugrupowań, w tym batalionów Wolnej Armii Syrii i lokalnych plemion, gromadzili w swoich rękach ogromne fortuny. W rezultacie ich podwładni albo odchodzili, albo stawali się równie chciwi i też zaczynali kraść. Inaczej jest w wypadku dżihadystów – członkowie oraz potencjalni rekruci uważają ISIS za organizację niezepsutą przez pieniądze pochodzące z krajów rejonu Zatoki Perskiej oraz wierną swoim pokrętnym ideałom.

### *Ropa*

W niewielkim tureckim miasteczku położonym na granicy z Syrią, którego nazwy nie mogę niestety podać, mieszka Adem. Prawie codziennie trafia do niego nowa dostawa syryjskiej ropy naftowej, którą sprzedaje z ogromnym zyskiem. Co kilka dni z samego rana po syryjskiej stronie zatrzymują się małe i duże cysterny wypełnione po brzegi olejem napędowym, rafinowanym i gotowym do użycia. Wzdłuż granicy stoją obserwatorzy, którzy informują Adema o ruchach tureckich pograniczników. Gdy teren jest czysty, Adem w zależności od potrzeb przepompowuje paliwo z jednej cysterny do drugiej albo leje je od razu do beczek, które są błyskawicznie ładowane na ciężarówki i przewożone w głąb Turcji lub przechowywane w jakimś okolicznym domu, aż sytuacja się uspokoi.

Zapytałem go wprost, czy wie, skąd pochodzi ropa. „Z Syrii", odparł ze znaczącym uśmiechem. Chciałem się dowiedzieć, czy to możliwe, by paliwo dostarczane było przez ISIS, ale nie dał się wciągnąć w dyskusję na ten temat. „Wszystko jest tutaj po staremu", odpowiedział.

Początkowo kładł rury pod polami leżącymi wzdłuż granicy – to był skomplikowany system umożliwiający pompowanie ropy bezpośrednio do domów i dalszy transport już po zmroku. Teraz Adem nie musi jednak być aż tak bardzo ostrożny. Wystarczy odpowiednio wybrać czas i miejsce dostawy. Pogranicznicy nie są w stanie patrolować całej granicy, więc trzeba tylko opłacić obserwatorów i przejąć towar na terenie, który jest w danym momencie najbezpieczniejszy. „Jeśli strażnicy są tam, to ja pompuję ropę tu. Jak przyjdą tu, to ja już będę tam. Nie mają ze mną żadnych szans. Nawet jeżeli mnie złapią, to dam im łapówkę".

Większość dochodów ISIS pochodzi właśnie ze szmuglowania ropy w taki sposób, głównie do Turcji, lecz także do Kurdystanu. Granica ciągnie się przez mniej więcej dwa tysiące kilometrów i nie da się sprawować nad nią pełnego nadzoru. Na kontrolowanych przez dżihadystów syryjskich i irackich polach naftowych cały czas prowadzone jest wydobycie. ISIS korzysta ze starych szlaków przemytniczych i za ułamek ceny rynkowej sprzedaje ropę handlarzom, takim jak Adem, którzy następnie transportują ją w głąb Turcji i wprowadzają do legalnego obiegu. Według doniesień tureckich mediów galon przeszmuglowanego oleju napędowego kosztuje dwa dolary i siedemdziesiąt pięć centów, podczas gdy w Turcji oficjalna cena wynosi ponad siedem dolarów. Szacuje się, że dziennie ISIS wydobywa między trzydziestoma a osiemdziesięcioma tysiącami baryłek ropy*.

W przygranicznych miasteczkach miejscowa ludność bawi się z tureckim wojskiem w kotka i myszkę. Turcy to w końcu naród kupców, a jedno z ich przysłów głosi: „Jeśli nie byłeś przemytnikiem, to nie znajdziesz sobie żony".

* 1 baryłka to 42 galony, czyli ok. 159 litrów.

Najbardziej zaskakujący jest jednak fakt, że ropę od ISIS kupuje również Asad i to w całkiem sporych ilościach. Gdy dżihadyści zajęli pola naftowe na wschodzie Syrii, porozumieli się z przedstawicielami reżimu (najprawdopodobniej przez pośredników) w sprawie kontynuowania wydobycia. Jeden ze zbiegłych dżihadystów wyjaśnił mi, na czym polega ta umowa. Każdego dnia przez określoną liczbę godzin ISIS otwiera rurociąg i przesyła ropę Asadowi, dostając w zamian wiele milionów dolarów. Kontrolowane przez dżihadystów szyby wydobywcze i rafinerie nadal obsługiwane są przez stary personel. Jedynie na stanowiskach kierowniczych pracują nowi ludzie, którzy mają odpowiednie doświadczenie i są mocno związani z ISIS. Gdy zapytałem byłego bojownika, co myśli o bliskiej współpracy dżihadystów z ich zaprzysięgłym wrogiem, powiedział: „Tak to już jest. Jeśli odetniemy Asadowi dostęp do ropy, rządowe lotnictwo zbombarduje pola naftowe. Jak widać, taki układ jest na rękę obu stronom".

Na początku czerwca 2013 roku dzienny dochód ISIS ze sprzedaży ropy wynosił najprawdopodobniej milion dolarów, choć według niektórych szacunków mogło to być nawet trzy razy więcej. Fakt, że Asad pozwala, by takie pieniądze regularnie zasilały budżet dżihadystów, jest często wysuwany na poparcie teorii, zgodnie z którą syryjski dyktator pośrednio wspiera ISIS, żeby odciągnąć uwagę świata od własnych zbrodni i utrzymać się przy władzy.

W październiku 2014 Stany Zjednoczone zaczęły bombardować niektóre rafinerie znajdujące się pod kontrolą ISIS, żeby pozbawić dżihadystów ważnego źródła dochodu. Czas pokaże, czy przyniesie to oczekiwane skutki, choć z pewnością same naloty nie wystarczą. Jeśli Amerykanie chcą utrudnić ISIS sprzedawanie ropy za granicę, to muszą również podjąć inne działania na lądzie, czyli na przykład zidentyfikować i obserwować ludzi takich jak Adem. David Cohen, podsekretarz stanu do spraw walki z terroryzmem i wywiadu ekonomicznego, ostrzega:

„To oczywiście prawda, że większość wydobywanej przez ISIS ropy krąży poza oficjalnym obiegiem gospodarczym, co oznacza, że mamy ograniczone narzędzia wpływania na ludzi, którzy są zaangażowani w ten nielegalny proceder. Jednak w pewnym momencie paliwo trafia w ręce kogoś, kto działa zgodnie z prawem i korzysta ze światowego systemu finansowego – ma konto w banku, bierze kredyty, ubezpiecza pojazdy, potrzebuje rządowych pozwoleń na prowadzenie działalności gospodarczej.

Pośrednicy i handlowcy, rafinerie i firmy transportowe – wszyscy, którzy mają do czynienia z ropą sprzedawaną pokątnie przez ISIS, powinni mieć świadomość, że jesteśmy w stanie ich wyśledzić i nie tylko odciąć od amerykańskiego systemu finansowego i zamrozić aktywa, lecz także uniemożliwić znalezienie jakiegokolwiek banku, który przyjmie od nich pieniądze lub będzie przetwarzał ich transakcje".

Niestety, nie jestem pewien, czy takie działania są w stanie poważnie zaszkodzić interesom Adema.

To oczywiste, że wśród członków ISIS znajdują się ludzie znający się na biznesie i inwestycjach. W czasie pogłębiającego się kryzysu paliwowego dżihadyści są właścicielami licznych stacji benzynowych, które przynoszą im przyzwoite dochody. ISIS sprzedaje paliwo ludziom, którym go wcześniej brakowało, czasem nawet za czterokrotność normalnej ceny. Sprawowanie pełnej władzy w miastach umożliwia ścisły nadzór nad drogami wjazdowymi, co jest istotne nie tylko ze względów bezpieczeństwa, lecz także ze względu na możliwość pobierania opłat. Stawki różnią się w zależności od rodzaju pojazdu. Za przejazd cysterny bojownicy biorą tysiąc pięćset dolarów, za dużą ciężarówkę dwieście, a za średnią – sto.

Nawet jeśli podejmowane obecnie przez Zachód próby ukrócenia przemytu ropy do Turcji, południowego Iraku i na tereny kontrolowane przez Asada zakończą się sukcesem, to i tak ISIS rozwija rozbudowany właśnie system wymuszania haraczy, który na wiele lat zapewni dżihadystom stałe źródło finansowania.

## *Podatki i wymuszenia*

ISIS stworzyło skomplikowany system wymuszania haraczy od firm i zwykłych obywateli, który przynosi kilka milionów dolarów zysku miesięcznie. Podwaliny tego systemu istniały, zanim jeszcze ISIS aktywnie włączyło się w konflikt syryjski. Kilka lat temu bojownicy Państwa Islamskiego w Iraku (ISI) regularnie zastraszali prywatne firmy działające w Mosulu, domagając się od nich opłat za ochronę przed napadami.

Gdy do Mosulu wkroczyły oddziały ISIS, ten proceder kwitł w najlepsze. Co ciekawe, jedyne podmioty gospodarcze, które nie płacą już haraczy, to firmy telekomunikacyjne, ponieważ świadczone przez nich usługi są tak ważne, że bojownicy z własnej inicjatywy ochraniają maszty antenowe. Pracownicy tych firm otwarcie przyznają, że interes nigdy tak dobrze się nie kręcił, chociaż inne przedsiębiorstwa zostały splądrowane, fabryki trafiły w ręce ISIS, a sprzęt rozkradziono albo sprzedano. Dżihadyści chodzą od drzwi do drzwi, od jednej firmy do drugiej, od sklepu spożywczego do odzieżowego i żądają pieniędzy. Jeśli nie zapłacisz, dostajesz ostrzeżenie, a potem wybucha bomba.

Mimo to wielu mieszkańców Rakki jest zadowolonych, że życie w mieście przynajmniej na pozór wróciło do normalności i traktują haracze jako rodzaj podatku. Główny bank w Rakce pełni teraz funkcję urzędu podatkowego, do którego co dwa miesiące zgłaszają się sklepikarze i płacą dwadzieścia dolarów za prąd, wodę i ochronę. Robią to bez szemrania, ponieważ rządy dżihadystów są lepsze od wojennego chaosu. Czas pokaże jednak, jak długo będą w stanie znosić brutalność nowych władców.

Nadal działają banki, chociaż wypłaty gotówkowe są mocno ograniczone. Zdarza się również, że pod placówkami stoją bojownicy ISIS i domagają się dziesięcioprocentowej prowizji od każdej transakcji. Kierowcy ciężarówek muszą płacić za korzystanie z niektórych dróg, a stawki rosną w miarę zbliżania się do granicy tureckiej.

W nielicznych wypadkach dżihadyści zezwolili na pozostanie w mieście niemuzułmanom (dotyczyło to zaledwie garstki osób). Warunkiem było zapłacenie siedmiuset dwudziestu dolarów za każdego dorosłego mężczyznę. Teoretycznie jest to zgodne z Koranem, ale w praktyce bojownicy woleli zabijać lub zniewalać niewiernych. Nigdy nie słyszałem żadnej wiarygodnej historii potwierdzającej, że taki wykup faktycznie miał miejsce, choć często wspominają o tym materiały propagandowe islamistów.

Trudno powiedzieć, czy ISIS jest w stanie skutecznie rządzić. Oficjalny iracki budżet prowincji kontrolowanych obecnie przez dżihadystów wynosił na rok 2014 ponad dwa miliardy dolarów – to z pewnością dużo więcej, niż wpłynęło do kasy ISIS. Dopiero czas pokaże, czy można dźwigać taki ciężar finansowy i jednocześnie prowadzić na rozległym obszarze agresywną kampanię wojskową. Już pojawiły się doniesienia o niedoborach wody i przerwach w dostawie prądu, które w Rakce dochodzą nawet do dwudziestu godzin dziennie.

Bez wątpienia, żeby skutecznie walczyć z dżihadystami, trzeba uderzyć w ich finanse. Jeśli nie będą w stanie wypłacać żołdu, zapewniać broni i amunicji oraz dostarczać miejscowej ludności wody, żywności i innych zasobów, wybuchnie bunt i tak zwane Państwo Islamskie zacznie chwiać się w posadach. Obecnie dżihadyści nadal korzystają z irackich i syryjskich systemów bankowych, od których powinni zostać jak najszybciej odcięci. Krążą również pogłoski, że zamierzają bić własne monety – złote, srebrne i miedziane – które staną się podstawą nowej waluty: „dinara islamskiego". Szanse na realizację tego pomysłu wydają się jednak znikome.

### *Porwania*

Uprowadzenia nie są z pewnością tak lukratywne jak handel ropą naftową, ale wciąż przynoszą zyski nie do pogardzenia. Do większości porwań dochodzi na irackich i syryjskich terytoriach okupowanych przez ISIS – dżihadyści zatrzymują mężczyzn, kobiety i dzieci, a następnie żądają okupu. Jeśli go nie dostaną, sprzedają zakładników w niewolę albo z zimną krwią zabijają. Chrześcijańscy uchodźcy z Karakosz opowiadali, że wyrywano im dzieci z rąk i grożono śmiercią, jeśli nie opuszczą własnych domów. Potem otrzymywali telefony z propozycjami zapłacenia od pięciu do trzydziestu tysięcy dolarów za umożliwienie bezpiecznego powrotu. Wokół porwań powstało coś na kształt nowej gałęzi gospodarki zatrudniającej rzesze pośredników, którzy czerpią zyski z cierpienia innych.

Naprawdę duże sumy przechodziły z rąk do rąk w wypadku porwań zachodnich dziennikarzy pochodzących z krajów, które były gotowe zapłacić za ich wypuszczenie. Na krótko przed zamordowaniem Jima Foleya ISIS zażądało za jego wolność stu trzydziestu dwóch milionów dolarów, choć trzeba przyznać, że kwota ta była wzięta z sufitu. Negocjacje w sprawie zachodnich zakładników zaczynają się od dwudziestu milionów dolarów, ale wypłacana suma jest znacznie niższa – wystarczy zwykle zapłacić około pięciu milionów. Na przykład w 2014 roku czterej Francuzi odzyskali wolność w zamian za osiemnaście milionów dolarów.

Komitet Antyterrorystyczny ONZ szacuje, że w roku 2014 ISIS zarobiło na okupach czterdzieści pięć milionów dolarów, a dochody dżihadystów z tego źródła mają w najbliższej przyszłości wzrosnąć. Warto dodać, że Al-Kaida jest bardziej niż ISIS uzależniona od zysków z porwań – w ciągu ostatnich czterech lat do kieszeni terrorystów z tego ugrupowania trafiło ponad sto milionów dolarów.

# ROZDZIAŁ 15

## Churasan

Gdy późnym wieczorem 23 września 2014 roku amerykańskie samoloty zaczęły bombardować cele w Syrii, wszyscy myśleli, że to atak na ISIS. Tymczasem chodziło o zupełnie inne, niewielkie ugrupowanie, które do tej pory trzymało się w cieniu: Churasan, czyli Wilczy Batalion.

Pociski Tomahawk wystrzelone z krążowników pływających po Morzu Śródziemnym spadły między innym na gospodarstwo rolne położone w prowincji Idlib. W budynkach stacjonował około pięćdziesięcioosobowy oddział zajmujący się produkcją bomb, które były i są nadal wykorzystywane do przeprowadzania zamachów terrorystycznych na Zachodzie. Tamtego dnia Amerykanom udało się zniszczyć instalacje służące do produkcji broni i materiałów wybuchowych, systemy łączności oraz stanowisko dowodzenia.

Bombardowanie to rzuciło nowe światło na niebezpieczeństwa czyhające w kraju, w którym rządzi bezprawie. Syria to doskonała baza wypadowa dla ugrupowań planujących przeprowadzenie ataków terrorystycznych. Chaos daje radykałom poczucie względnego bezpieczeństwa, co przypomina sytuację Al-Kaidy w ogarniętym wojną Afganistanie. Churasan to w rzeczywistości odnoga Al-Kaidy, która wyłoniła się z Dżabhat an-Nusry. Celem Churasan jest powtórka z 11 września. Nie chodzi zatem o obalenie Asada ani o utworzenie kalifatu, tylko o rekrutowanie i szkolenie zagranicznych bojowników, którzy następnie mają organizować na Zachodzie zamachy terrorystyczne.

Członkowie grupy zostali wysłani do Syrii bezpośrednio przez szefa Al-Kaidy Ajmana az-Zawahiriego. Mieli się uczyć, jak przygotowywać ataki, w szczególności jak konstruować i testować ładunki wybuchowe oraz w jaki sposób rekrutować obcokrajowców, którzy mieliby przeprowadzać zamachy. Poszczególne komórki Al-Kaidy mogą przeprowadzać ataki poza granicami swojego regionu tylko za zgodą naczelnego dowództwa i wydaje się, że w tym wypadku Dżabhat an-Nusra dostała odpowiednie błogosławieństwo. Na przykład Zawahiri zgodził się, by Al-Kaida Półwyspu Arabskiego (AQAP) działała w imieniu całej organizacji również poza swoim terenem. Priorytetem Al-Kaidy jest wciąż walka z Zachodem, podczas gdy dla ISIS (przynajmniej na razie) liczy się przede wszystkim powstanie kalifatu.

Głównym celem amerykańskich nalotów z września 2014 roku było zlikwidowanie dowódcy Churasan Muhsina al-Fadhliego, człowieka, który już od dawna prowadził wojnę z zachodnią cywilizacją. Według licznych doniesień al-Fadhli prowadził „szkolenia dotyczące sposobów przeprowadzania operacji terrorystycznych na Zachodzie, w szczególności ataków na publiczne środki transportu, takie jak pociągi i samoloty".

W wieku zaledwie trzydziestu trzech lat znalazł się w gronie wysokich rangą dowódców Al-Kaidy, a zdaniem niektórych pełnił nawet funkcję jednego z szefów Al-Kaidy w Syrii. Za jego głowę wyznaczono nagrodę w wysokości siedmiu milionów dolarów, co pokazuje, że był kimś naprawdę ważnym. Amerykański wywiad miał go na celowniku co najmniej od dekady i najprawdopodobniej zginął podczas wrześniowego bombardowania*.

Krążą też pogłoski, że jeszcze jako dziewiętnastolatek al-Fadhli należał do wąskiego grona osób, które wiedziały o zamachach planowanych na 11 września 2001 roku. Według ONZ al-Fadhli walczył również z Rosjanami w Czeczenii, gdzie uczył się posługiwania różnego rodzaju bronią, w tym korzystania z dział przeciwlotniczych, i wykorzystywania materiałów wybuchowych. Potem kierował irańską komórką Al-Kaidy i założył w rodzimym Kuwejcie siatkę terrorystyczną. Za jej finansowanie trafił zresztą do więzienia. Z całą pewnością był więc globalnym dżihadystą, przemieszczającym się od jednej kryjówki do drugiej, od jednego konfliktu do drugiego.

Kierowana przez niego organizacja współpracowała z jemeńskim konstruktorem bomb Ibrahimem al-Asirim, członkiem Al-Kaidy Półwyspu Arabskiego. To najprawdopodobniej al-Asiri skonstruował ładunek,

* Dziesiątego grudnia 2014 r. CIA podała, że al-Fadhli jednak żyje.

który nosił pod ubraniem Umar Farouk Abdulmutallab podczas nieudanego zamachu na samolot w 2009 roku. Korzystanie z eksperymentalnych materiałów wybuchowych i oryginalne metody transportu to znaki szczególne al-Asiriego.

Tajemnicze ugrupowanie Churasan wielokrotnie podejmowało próby przeprowadzenia zamachów terrorystycznych, co poważnie zaniepokoiło amerykańskich oficjeli. „Nieustające wysiłki, żeby skutecznie ukryć ładunki wybuchowe i wysadzić w powietrze zachodnie samoloty, dowodzą, że ich celem jest dokonanie spektakularnych aktów terroru", powiedział Nicholas Rasmussen, zastępca dyrektora Narodowego Centrum Antyterrorystycznego. „Coraz lepiej znają zachodnie procedury bezpieczeństwa i starają się dostosować do nich swoje metody".

Tak więc, chociaż ISIS jest niewątpliwie ogromnym zagrożeniem dla Syrii, Iraku i całego Bliskiego Wschodu, to w wywołanym przez dżihadystów chaosie doskonale funkcjonują również inne ekstremistyczne ugrupowania. Rejon konfliktu jest dla nich nie tylko bezpieczną przystanią, lecz także miejscem rekrutacji nowych członków. To kolejny problem, któremu należy stawić czoło, a żeby sobie z nim poradzić, nie wystarczą półśrodki.

© Photo courtesy of Rick Findler

Syryjskie dziecko z karabinem w ręku. Taftanaz, północna Syria, maj 2012 roku.

# ROZDZIAŁ 16

## Dzieci kalifatu

*ISIS traktuje dzieci priorytetowo, ponieważ może liczyć na ich długotrwałą lojalność oraz posłuszeństwo wobec ideologii. Dzieci zostaną też w przyszłości oddanymi sprawie bojownikami, dla których przemoc będzie częścią stylu życia.*

Niezależna Międzynarodowa Komisja Dochodzeniowa ONZ w sprawie Syrii

Dzieciom żyjącym na terenach okupowanych przez ISIS grożą głód, bieda i brak jakichkolwiek perspektyw na przyszłość. Już w wieku trzynastu lat masowo trafiają do obozów szkoleniowych, gdzie przygotowywane są do roli bojowników, zamachowców samobójców i morderców. Niektóre same wybierają taki los, ale większość kuszona jest jedzeniem, oddawana przez rodziców albo po prostu porywana. Uchodźcy z obszarów kontrolowanych przez ISIS opowiadają o sposobach, w jaki dżihadyści manipulują dziećmi i jak je szkolą. To dobrze zaplanowany i zorganizowany proceder.

Na terenach pod rządami ISIS zamknięto wszystkie szkoły i uniwersytety. Jedynym dostępnym tam wykształceniem jest więc to oferowane przez samych dżihadystów. Dzieci poniżej szesnastego roku życia trafiają najpierw do obozu dla rekrutów, gdzie przez czterdzieści pięć dni poddawane są praniu mózgu. Wpaja się im ideologię dżihadu, uczy na pamięć fragmentów Koranu oraz przygotowuje do walki. Nieletni werbowani są również po to, by szpiegować wspólnotę, z której pochodzą, także własnych rodziców. Składają przysięgę wierności kalifowi i deklarują, że będą mordować niewiernych. W internecie znaleźć można filmy pokazujące życie w takich obozach – dzieci karnie stoją w szeregu, skandują, recytują i przyrzekają posłuszeństwo al-Baghdadiemu. Ich zapał jest niezwykle szczery. Kiedy składają ręce na dłoniach emira, na ich twarzach pojawia się szeroki uśmiech.

Po przejściu religijnego prania mózgu młodsze dzieci trafiają razem z obcokrajowcami i nowymi rekrutami do obozów szkoleniowych dla starszych bojowników. Przez kolejne trzy miesiące uczą się, jak obsługiwać broń palną, rzucać granatami i konstruować bomby. Oglądają nagrania dekapitacji i masowych mordów, które przedstawiane są jako czyny godne najwyższej pochwały. Młodzi adepci dzieleni są na grupy, na których czele stoją mentorzy – zamachowcy samobójcy, konstruktorzy bomb i żołnierze. Jeden z byłych bojowników ISIS, który pojechał na taki obóz, powiedział mi, że wiele dzieci zabiega o to, by trafić na linię frontu albo wziąć udział w misjach samobójczych. Przed ukończeniem szkolenia dostają lalki, na których trenują ścinanie głów. Czasem zmuszane są do przeprowadzenia prawdziwej egzekucji – jest to wyraz ostatecznej dehumanizacji, od której nie ma już odwrotu.

Na filmach widać dzieci stojące w równych szeregach, ubrane w identyczne czarne mundury. Instruktorzy kopią je, szturchają i biją pięściami. Gdy któreś dziecko cofnie się lub upadnie, natychmiast wstaje i wraca do szeregu, gotowe na dalsze upokorzenia. Za karę okładane są kijami. Uzbrojone w prawdziwe karabiny, które czasami są niewiele mniejsze od nich samych, chodzą również na patrole i ćwiczą manewry. Uczą się, jak przeprowadzać aresztowania, jak traktować więźniów, jak ustawiać blokady drogowe i organizować zasadzki. Na nagraniach widać, że dzieci czerpią z tego wszystkiego ogromną przyjemność (pamiętajmy jednak, że to czysta propaganda).

Po zakończeniu szkolenia odpowiednio urobieni ideologicznie młodzi ludzie stają się gotowymi na śmierć maszynami do zabijania. Od razu trafiają na front, a jeśli nie ukończyli jeszcze szesnastu lat, w oczekiwaniu na swoją szansę pomagają dorosłym bojownikom, nosząc im amunicję i gotując. Podczas bitwy o Kobane natrafiono na ciała młodziutkich żołnierzy ISIS, co było niezbitym dowodem, że gdy potrzebne są posiłki, dżihadyści posyłają do walki nieprzygotowaną i nieprzeszkoloną młodzież. Wiadomo również, że dzieci są nakłaniane do oddawania krwi potrzebnej do transfuzji dla rannych.

Na przykładzie konfliktów zbrojnych toczonych w Afryce wiemy, że możliwa jest resocjalizacja dzieci-żołnierzy, ale w znanych nam wypadkach młodocianym nie wpajano żadnej ideologii – faszerowano ich po prostu narkotykami i posyłano w bój. Dzieci walczące w szeregach ISIS chcą zabijać i sprawia im to przyjemność. Najgorsze, że na dobrą sprawę nie da się tego zmienić.

To jeden z największych problemów, z jakimi musimy się zmierzyć. Bierność Stanów Zjednoczonych oznacza, że choć dżihadyści kontrolują ograniczone terytorium i w związku z tym możemy próbować ich jakoś odizolować, to jednak każdego dnia dzieciom żyjącym pod ich jarzmem wpajana jest nienawiść do Zachodu. To ogromne zagrożenie, które będzie miało wpływ na następne pokolenia.

To właśnie zindoktrynowana młodzież z czarnymi opaskami na przedramieniu bardzo często patroluje miasta kontrolowane przez ISIS. Na blogu zatytułowanym „Cicha rzeź Rakki" można przeczytać przerażającą historię syna, która doniósł na swojego ojca. Za brak lojalności wobec ISIS ojciec został wychłostany, a syn przyglądał się wymierzaniu kary.

Nawet poza obszarem tak zwanego Państwa Islamskiego łatwowierna młodzież, która ma dostęp do internetu, pada ofiarą prania mózgu. Pewnego razu zaczepiłem kurdyjskiego nastolatka, na którego profilu facebookowym zobaczyłem czarną flagę ISIS. Powiedział, że to dobrzy muzułmanie, którzy walczą ze złem. Nie miał zielonego pojęcia, czym tak naprawdę się zajmują. Popierał ich, ponieważ taka jest moda. W Turcji niektórzy młodzieńcy noszą na przedramieniu czarne przepaski i godzinami oglądają filmy publikowane przez ISIS w internecie, czekając na dzień, kiedy sami będą mogli przyłączyć się do walki.

Propaganda wpływa nie tylko na młodzież. W sieci pojawiły się mrożące krew w żyłach doniesienia o angielskich i francuskich rodzicach wywożących do Syrii swoje zaledwie czteroletnie dzieci. Można było również zobaczyć zdjęcia podpisane na przykład: „Kolejne pokolenie męczenników", na których uśmiechnięte maluchy wymachiwały bronią.

*Nawet dziesięcio- lub dwunastoletnie dzieci pełnią w strukturach wojskowych wiele różnych funkcji: są bojownikami, posłańcami, szpiegami, wartownikami i strażnikami na punktach kontrolnych. Wykonują również rozmaite prace domowe: gotują, sprzątają, czasem opiekują się rannymi.*

Laurent Chapuis,
regionalny doradca UNICEF do spraw ochrony dzieci na Bliskim Wschodzie i w Afryce Północnej

# ROZDZIAŁ 17

## Abdul Rahman (Peter Kassig)

Dwudziestosześcioletni Abdul Rahman Kassig przyszedł na świat jako Peter Kassig w Indianapolis w stanie Indiana. Został porwany, kiedy dostarczał pomoc charytatywną mieszkańcom Syrii. Tak jak innych więźniów, przetrzymywano go w okropnych warunkach. Szesnastego listopada 2014 roku światło dzienne ujrzało nagranie przedstawiające jego egzekucję. Wywołało to oburzenie muzułmanów na całym świecie, ponieważ Kassig przeszedł na islam i za jego uwolnieniem opowiadała się nawet Dżabhat an-Nusra. Nic nie było jednak w stanie ocalić mu życia. Jak widać, ISIS po prostu morduje Amerykanów niezależnie od ich wyznania.

Kassig był żołnierzem elitarnych oddziałów piechoty Armii Stanów Zjednoczonych, tak zwanych rangersów, i przez cztery miesiące walczył w Iraku. Po zakończeniu służby pojechał do Libanu, gdzie zaczął pomagać uchodźcom. Założył organizację pozarządową Special Emergency Response and Assistance (SERA), której celem było niesienie pomocy Syryjczykom. Kassig kilkakrotnie przekraczał granicę. Został porwany 1 października 2013 roku w drodze do Deir ez-Zor. Znalazł się w jednej celi z Johnem Cantlie i francuskim dziennikarzem Nicolasem Heninem. To właśnie w więzieniu przeszedł na islam. W skrajnie trudnych warunkach udało mu się przekazać list do rodziców, który został później upubliczniony.

*Nadal ciężko mi uwierzyć, że to wszystko dzieje się naprawdę [...]. Jak zapewne wiecie, nie narzekamy tutaj na brak wrażeń. Nas, obcokrajowców, trzymali do tej pory razem [...], ale połowa wróciła ostatnio do domu [...]. Mam nadzieję, że dla mnie to również dobrze się skończy, ale całkiem możliwe, że będzie inaczej. Jeśli rzeczywiście są to moje ostatnie chwile na tym świecie, to najwyższy czas, zanim będzie za późno, powiedzieć Wam kilka rzeczy.*

*Po pierwsze, chciałbym Wam obojgu podziękować za wszystko, co dla mnie zrobiliście jako moi rodzice. Za wszystko, czego mnie nauczyliście. Za wszystko, co mi pokazaliście i za wszystkie chwile, które razem przeżyliśmy. Nie jestem w stanie sobie wyobrazić, jakiej siły i poświęcenia potrzeba, żeby wychować takiego syna jak ja. Jestem Wam niezmiernie wdzięczny za Waszą miłość i niezwykłą cierpliwość.*

*Po drugie, chciałbym, żebyście wiedzieli, jak wygląda moje życie w niewoli i przez co tutaj przechodzę. Chcę Wam o tym opowiedzieć sam, żebyście nie musieli się domyślać, zgadywać lub wyobrażać sobie, jak to wszyst-*

*ko może się przedstawiać (to często gorsze niż rzeczywistość). Ogólnie rzecz biorąc, jestem zdrowy. Na pewno mam sporą niedowagę, ale nie przymieram głodem i nie mam żadnych fizycznych obrażeń. Jestem wciąż młodym i twardym facetem, co w sumie pomaga.*

*Z pewnością pobyt w takim miejscu jest jednak koszmarem psychicznym, chyba najgorszym, jaki może nas spotkać. Napięcie i strach są trudne do wyobrażenia, ale radzę sobie z tym, najlepiej jak potrafię. Nie jestem sam. Mam przyjaciół, z którymi razem się śmiejemy, gramy w szachy i inne gry, żeby zachować bystrość umysłu. Opowiadamy sobie różne historie o domu i naszych bliskich. Wiecie, że nie zawsze jest ze mną łatwo. Często robię coś bez zastanowienia i szybko tracę cierpliwość. Mimo wszystko daję sobie jakoś radę. Przez pierwsze miesiące dużo płakałem, ale teraz zdarza się to już znacznie rzadziej. Martwię się za to o Was i o moich przyjaciół.*

*Mówią nam, że o nas zapomnieliście lub/i nie interesujecie się naszym losem, ale doskonale wiemy, że robicie wszystko, żeby nas uratować. Nie martw się, Tato – jeśli nawet przyjdzie mi umrzeć, na pewno będę odchodził z tego świata z myślą, że Ty i mama kochacie mnie ponad wszystko.*

*Rzecz jasna, boję się śmierci, ale najgorsza jest niepewność, ciągłe wahanie, zastanawianie się, czy w ogóle powinienem mieć jakąś nadzieję. Jest mi bardzo przykro, że to się zdarzyło i że musicie przez to wszystko przechodzić. Jeśli umrę, to przynajmniej i Wy, i ja będziemy mogli pocieszać się tym, że pojechałem tam, by próbować złagodzić cierpienie i pomagać ludziom w potrzebie.*

*Jeśli chodzi o moją wiarę, to modlę się codziennie i w tym sensie nie jestem zły z powodu tego, co się stało. Z dogmatycznego punktu widzenia moja sytuacja jest skomplikowana, ale żyję w zgodzie ze swoją religią.*

*Żałuję, że ta kartka nie jest nieskończenie długa i że nie mogę dłużej z Wami rozmawiać. Po prostu pamiętajcie, że jestem wszędzie tam, gdzie Wy. Nad każdym strumieniem, nad każdym jeziorem, na każdym polu i nad każdą rzeką. W lasach i na wzgórzach. W każdym miejscu, które mi pokazaliście. Kocham Was.*

© Photo by Sipa Press/REX

Peter Kassig, pracownik organizacji charytatywnej zamordowany przez ISIS 16 listopada 2014 roku.

*Nagranie*

Nagranie wideo z udziałem Petera Kassiga jest jedynym, które chciałbym dogłębnie przeanalizować, ponieważ znacznie różni się od wszystkich pozostałych i nie zawiera sceny samego morderstwa. Poza tym jest doskonałym przykładem tego, jak działa propaganda ISIS i jakiego rodzaju symboliką się posługuje. Film przedstawia przede wszystkim egzekucje wielu syryjskich żołnierzy, wykonywane przez różnych zagranicznych bojowników, w sumie dwudziestu dwóch. Ciało Kassiga widać dopiero na samym końcu nagrania.

Film jest pełen starannie dobranych symboli. Bojownicy ISIS noszą identyczne, klasyczne mundury polowe (choć bez kołnierzy, co nadaje im bardziej muzułmański sznyt). Ma to najprawdopodobniej pokazać, że są prawdziwym islamskim wojskiem, a nie zgrają okrutnych terrorystów (znaczna część propagandy ISIS stara się przedstawić dżihadystów jako dobrze wyszkoloną siłę bojową, co w wielu wypadkach jest zgodne z prawdą).

Syryjczycy, którzy zostali ścięci przez ISIS, są gładko ogoleni, choć wcześniej nosili brody. W miejscach, w których mieli zarost, wyraźnie widać jaśniejszą skórę. Chodzi zapewne o to, by nie wyglądali jak typowi muzułmanie – mają przypominać raczej wrogów z pola bitwy, a nie wrogów religijnych. Od kiedy na dżihadystów posypały się gromy ze strony świata muzułmańskiego, starają się nie pokazywać, jak mordują innych sunnitów, choć takie zbrodnie są na porządku dziennym. W swojej strategii rekrutacyjnej nadal jako głównego wroga przedstawiają szyitów.

Każdy z dwudziestu dwóch zagranicznych bojowników dokonujących egzekucji patrzy prosto w kamerę i nie ukrywa swojej twarzy pod maską, jak miało to miejsce w wielu innych nagraniach tego typu. W ten sposób rzucają widzowi wyzwanie i prowokują Zachód do reakcji. Mówią: „Chodźcie po nas".

Co znamienne, nagranie zostało zrealizowane w okolicach Dabiqu, miasta, pod którym według Koranu rozegra się ostateczna bitwa między krzyżowcami a armią islamu. ISIS celowo odnosi się do tej przepowiedni. To właśnie w tym miejscu dżihadyści przeleją „krew niewiernych" i pokonają Zachód.

Wielu komentatorów zastanawiało się, dlaczego nagranie nie zawiera samej egzekucji Kassiga. Mocno wierzę, że nie pozwolił, by potraktowano go jak przedmiot, i że do końca zachował hart ducha amerykańskiego rangera. Credo tej jednostki wydaje się w tym wypadku szczególnie na miejscu:

„Rozumiem, że zgłosiłem się na ochotnika do rangersów, i w pełni zdaję sobie sprawę z niebezpieczeństwa wybranego zawodu. Zawsze będę starał się podtrzymywać prestiż, honor i *esprit de corps* rangersów.

Zdając sobie sprawę z faktu, że ranger należy do wojskowej elity i pierwszy rusza do boju lądem, morzem lub drogą powietrzną – wiem, że mój kraj oczekuje ode mnie jako rangera, iż posunę się dalej, szybciej i będę walczyć bardziej zajadle niż jakikolwiek inny żołnierz.

Nigdy nie zawiodę swoich towarzyszy. Będę zawsze czujny, silny i uczciwy i będę zawsze starał się wykonać z nawiązką wszystko, co do mnie należy – cokolwiek by mi polecono – angażując się zawsze na sto procent, a nawet więcej.

Gotów jestem z dumą zademonstrować światu, że jestem specjalnie wybranym i dobrze wyszkolonym żołnierzem. Mój szacunek dla oficerów, właściwy ubiór i troska o sprzęt będą przykładem do naśladowania dla innych.

Energicznie będę zwalczał wrogów mojej ojczyzny. Pokonam ich na polu walki, ponieważ jestem lepiej wyszkolony, i będę walczyć ze wszystkich sił. Słowo „poddanie się" nie istnieje w słowniku rangersów. Nigdy nie opuszczę rannego towarzysza, nie dopuszczę, aby wpadł w ręce nieprzyjaciela i w żadnych okolicznościach nie przyniosę wstydu mojemu krajowi.

Rozumnie będę manifestować hart ducha – konieczny, by prowadzić walkę do końca, i wypełniać misję powierzoną rangersom, nawet gdybym pozostał sam"*.

---

* *Podręcznik taktyki rangersów. Walka, szkolenie, uzbrojenie*, przeł. Przemysław Pyś, Bellona, Warszawa 2011 (przyp. tłum.).

© Photo courtesy of Rick Findler

W zniszczonych podczas walk budynkach nadal toczy się życie, Aleppo, Syria.

# ROZDZIAŁ 18

## Rzeź chrześcijan

*Fala brutalnych ataków, która przetoczyła się przez północny Irak, poruszyła sumienia wszystkich kobiet i mężczyzn dobrej woli, mobilizując ich do podjęcia w imię solidarności konkretnych działań, takich jak ochrona ludzi zagrożonych przemocą lub już przez przemoc dotkniętych oraz udzielenie niezwłocznej pomocy wysiedleńcom po to, by mogli bezpiecznie wrócić do swoich miast i domów. Tragiczne wydarzenia XX wieku oraz fundamentalna koncepcja ludzkiej godności zmuszają wspólnotę międzynarodową, szczególnie przez normy i mechanizmy prawa międzynarodowego, do uczynienia wszystkiego, co w jej mocy, żeby powstrzymać dalszą eskalację przemocy wymierzonej w mniejszości etniczne i religijne.*

Papież Franciszek do Ban Ki-Moona,
sekretarza generalnego ONZ

Po raz pierwszy od blisko dwóch tysięcy lat w najstarszych osadach chrześcijańskich na świecie nie było już żadnych wyznawców tej religii. ISIS osiągnęło to, co do tej pory nie udało się niezliczonym reżimom i tyranom. Znakomita większość chrześcijan, którzy zamieszkiwali równiny Niniwy, uciekła na północ, przynosząc ze sobą przerażające opowieści.

Na terenach kontrolowanych przez ISIS została garstka wyznawców Chrystusa, ale ich życie jest wyjątkowo trudne, jeśli w ogóle można to nazwać życiem. Nie wolno im ani remontować, ani budować kościołów (większość świątyń została przerobiona przez ISIS na urzędy), nie mogą pokazywać symboli religijnych ani w żaden sposób krytykować islamu.

W leżącym na północy mieście Sulajmanija spotkałem się w kościele z rodzinami uchodźców. W rogu leżała skulona pod kawałkiem kartonu siedemdziesięcioczteroletnia kobieta. Starała się osłonić oczy przed słońcem. Miała złamane biodro, nosiła pieluchę i ledwo mówiła.

Nie była w stanie się podnieść, więc na leżąco, łamiącym się głosem, opowiedziała mi o ucieczce swojej rodziny z Mosulu. Przeżyli, jak im się wydawało, niemający końca ostrzał artyleryjski, który niemal doszczętnie zniszczył ich dzielnicę. Potem na ulicach zaroiło się od bojowników ISIS. „Za drzwiami słyszeliśmy strzały i wiedzieliśmy, że to terroryści zabijają chrześcijan", powiedziała. „Mieliśmy nadzieję, że ktoś nam jednak pomoże. Przez dwa dni ukrywaliśmy się w domu, ale w końcu trzeba było uciekać. Wzięliśmy trochę ubrań i pod osłoną nocy wyszliśmy na zewnątrz".

„Na każdej ulicy trzeba było się czaić, a czasem nawet czołgać, ale w końcu dotarliśmy na przedmieścia, choć byłam niemal pewna, że nas złapią".

Rodzina schroniła się w chrześcijańskim mieście Karakosz, ale wkrótce również i ono zostało zajęte przez ISIS, a prawie wszyscy mieszkańcy, w sumie pięćdziesiąt tysięcy osób, zostali zmuszeni do ucieczki. Potem sześcioosobowa rodzina, której członkowie mieli od ośmiu do siedemdziesięciu ośmiu lat, trafiła do Irbilu, ale nie mogła znaleźć żadnego dachu nad głową.

Przez kilka dni wałęsali się po mieście. Spali w parkach albo na ulicach. Potem wyruszyli na wschód i znaleźli azyl w kościele. Wszystkie świątynie w tej okolicy były wypełnione uchodźcami, a duchowni musieli radzić sobie z prawdziwym kryzysem humanitarnym.

„Wszędzie było mnóstwo chrześcijan. Koczowali w każdym parku i na progu każdego domu. Było ich wielu i zupełnie nie mieli gdzie się podziać. Cieszę się, że my jesteśmy już bezpieczni. Mieliśmy naprawdę dużo szczęścia".

Wielu uchodźców straciło niemal wszystko, lecz mimo to czują, że przytrafiło im się coś niezwykłego. Ich odwaga w obliczu tragedii jest wręcz zawstydzająca. Chrześcijanie, z którymi rozmawiałem, są po prostu wdzięczni za otrzymaną pomoc i cieszą się, że w ogóle udało im się przeżyć. Nikt się na nic nie uskarża.

Bez wątpienia taki hart ducha jest wynikiem licznych prześladowań. Dla wielu nie była to wcale pierwsza ucieczka w życiu. Iraccy chrześcijanie byli represjonowani od kilku dziesięcioleci, najpierw przez reżim Saddama Husajna, a potem przez różne ugrupowania dżihadystów.

Z tego powodu niektóre chrześcijańskie dzieci nigdy nie miały prawdziwego domu i musiały przeprowadzać się z miejsca na miejsce, żyjąc w ciągłym zawieszeniu.

Kiedy zapytałem dziesięcioletniego Awsa, który dumnie prezentował własnoręcznie narysowany na swoim ramieniu prawosławny krzyż, czy chciałby wrócić do domu, spojrzał na mnie zdziwiony. „Nie, tutaj jest fajniej", odpowiedział szybko. Wokół nas koczowały setki uchodźców, a w pomieszczeniach o powierzchni nieprzekraczającej dziesięciu metrów kwadratowych spało nawet trzynaście osób.

Ojciec Awsa został zamordowany przez dżihadystów osiem lat temu, gdy rodzina po raz pierwszy została zmuszona do ucieczki. Teraz znowu są w drodze. Aws powiedział, że tym razem musieli wyjechać, ponieważ „bomby spadały zbyt blisko, a szyby we wszystkich oknach były wybite. Wielu ludzi zginęło".

Jego matka, która ze strachu nie chciała podać swojego imienia, powiedziała, że przez ostatnie kilka lat oszczędzała na zakup nowego domu, ale nagle znowu została z niczym. Przed wyjazdem posprzątała starą chałupę, licząc, że któregoś dnia będzie mogła do niej wrócić.

ISIS maluje na chrześcijańskich domostwach literę N, jak Nasare (Nazaret), czyli muzułmańskie słowo oznaczające wyznawcę Chrystusa. Dżihadyści twierdzą, że chrześcijanie nie muszą wcale uciekać, ponieważ mogą albo przejść na islam, albo płacić podatek wynoszący czterysta pięćdziesiąt dolarów miesięcznie, ale doniesienia z różnych miast temu zaprzeczają. Chrześcijanie nie mogą liczyć na żadną taryfę ulgową, a w Syrii ISIS po prostu pozbawia „niewiernych" głów.

Gdy zapytałem uchodźców, czy kiedykolwiek myśleli o zmianie religii, bez wahania zaprzeczyli. „Mówi się, że łatwo zostać muzułmaninem, ale wiara to wszystko, co mi zostało. Dlaczego miałbym się jej wyrzec? Wolę już umrzeć".

Chociaż w tym rejonie świata setki tysięcy ludzi nadal wierzy w Chrystusa, w północnym Iraku chrześcijaństwo umiera.

Jednym z celów kurdyjskich peszmergów, wspieranych obecnie przez amerykańskie lotnictwo, jest odzyskanie równin Niniwy. Chrześcijanie modlą się o powodzenie tego przedsięwzięcia. „Opowiedz światu, co się tutaj dzieje", błagali mnie. „Powiedz, że po prostu chcemy wrócić do swoich domów".

„Muzułmanie to dobrzy ludzie, byli naszymi sąsiadami", powtarzali wielokrotnie. „Nie mamy pojęcia, kim są ludzie z ISIS, nie jesteśmy w stanie wyobrazić sobie, co oni myślą. Chcemy tylko żyć. Chcemy spokoju i bezpieczeństwa".

# ROZDZIAŁ 19

## Struktura wewnętrzna ISIS

W piątek 7 listopada 2014 roku myśliwce koalicji dowodzonej przez Amerykanów zaatakowały znajdujący się w okolicach Mosulu budynek, w którym odbywało się spotkanie dowódców ISIS. Świadkowie twierdzili, że celem zmasowanego ataku był nie tylko sam dom, w którym przebywali wysocy rangą dżihadyści, lecz także konwój dziesięciu opancerzonych samochodów, przemieszczający się w pobliżu miasta Al-Qa'im niedaleko granicy syryjskiej. Przez kilka następnych dni krążyły plotki, że podczas nalotu mógł zginąć al-Baghdadi i jego najbliżsi współpracownicy. Z miejscowego szpitala ewakuowano chorych, a po ulicach miasta jeździły auta z głośnikami, przez które nawoływano do oddawania krwi, co podkreślało powagę sytuacji.

Z internetowych czatów można było jednak wywnioskować, że al-Baghdadi uszedł z życiem (ISIS ma w zwyczaju nie zwlekać z informowaniem o śmierci swoich członków). Według źródeł irackich al-Baghdadi został ciężko ranny, ale nikt tego nie potwierdził. Po kilku dniach dowódca ISIS opublikował nagranie, w którym zapewnił, że jest cały i zdrowy. Zginął jednak jeden z jego głównych współpracowników i posłańców, Abdul Rahman al-Atija, oraz pięćdziesięciu innych bojowników.

Najważniejsi dowódcy tego ugrupowania gromadzą się w jednym miejscu niezwykle rzadko i nadal nie wiadomo, dlaczego do spotkania na szczycie doszło akurat wtedy ani czy Amerykanie mieli wśród uczestników jakichś szpiegów. Sam pomysł, że można zniszczyć ISIS, zabijając jego liderów, jest jednak chybiony. Tak zwane Państwo Islamskie jest przygotowane na taką ewentualność, a al-Baghdadi nie jest jedyną osobą, która może stać na czele kalifatu.

W rzeczywistości al-Baghdadi nie zajmuje wcale najwyższego stanowiska w hierarchii dżihadystów. Chociaż to on podejmuje najważniejsze decyzje i jest odpowiedzialny za prowadzoną przez ISIS politykę, to formalnie podlega Radzie Szury, czyli rodzajowi rządu, który wybiera namiestników i członków rady wojskowej oraz nadzoruje wprowadzanie w życie rozkazów al-Baghdadiego.

### *Rada Szury*

Licząca od dziewięciu do jedenastu członków Rada Szury ma prawo podejmować i unieważniać decyzje, również te wydane przez samego al-Baghdadiego. Została stworzona jeszcze przez poprzedniego przywódcę ISIS Abu Omara al-Baghdadiego, twórcę struktury dowodzenia, która przetrwała do dziś w prawie niezmienionym kształcie. Od jakiegoś czasu uciekinierzy rozpuszczają plotki, jakoby al-Baghdadi był tylko figurantem, a prawdziwa władza znajdowała się w rękach kogoś innego, być może właśnie członków Rady Szury, ale te informacje trudno zweryfikować.

Dostępne fakty wskazują raczej, że al-Baghdadi sam wybrał członków rady spośród swoich bliskich współpracowników, z którymi był więziony w obozie Bucca, a potem walczył w Iraku w 2009 roku. To ludzie, którzy z pewnością nie przeciwstawią się jego woli. W Radzie zasiada również dwóch potencjalnych następców al-Baghdadiego, którzy – gdyby zaszła taka potrzeba – mogliby przejąć funkcję kalifa: są to Abu Muslim al-Turkmani* i Abu Ali al-Anbari.

Turkmani został wybrany przez al-Baghdadiego na zarządcę dwunastu „regionów" w Syrii, a Abu Ali al-Anbari dwunastu „regionów" w Iraku. Chociaż celem ISIS jest utworzenie jednego kalifatu, to jednak dżihadyści są wystarczająco pragmatycznie nastawieni do rządzenia, żeby zdawać sobie sprawę z faktu, że w obu krajach stoją przed nimi zupełnie inne wyzwania i zanim nie rozwiążą wszystkich lokalnych problemów, potrzebne są im odrębne struktury władzy.

---

* Wydarzenia opisywane w tej książce wciąż trwają i mają niezwykle dynamiczny charakter. Informacja o następcach al-Baghdadiego jest nieścisła o tyle, że Abu Muslim al-Turkmani zginął w pobliżu Mosulu, w Iraku, podczas amerykańskiego nalotu 7 listopada 2014 roku.

Turkmani (jego prawdziwe nazwisko to Fadel Ahmed Abdullah al-Hijali) służył w randze podpułkownika w irackim wywiadzie wojskowym i był bliskim współpracownikiem zarówno samego Saddama Husajna, jak i jego szwagra* Izzata ad-Duriego, który dowodził siłami ISIS podczas oblężenia Mosulu. Przed upadkiem reżimu Husajna Turkmani był oficerem okrytej złą sławą Gwardii Republikańskiej. Jak wielu innych członków partii Baas, przyłączył się następnie do sunnickiej partyzantki walczącej z Amerykanami. Został schwytany i trafił do obozu Bucca, gdzie mniej więcej w tym samym czasie więziony był również al-Bahgdadi i gdzie najprawdopodobniej się poznali. Jako szef operacji w Iraku Turkmani nie tylko nadzoruje pracę namiestników prowincji kontrolowanych przez dżihadystów, lecz także uśpione komórki ISIS działające na obcym terenie, które są przygotowywane do błyskawicznego przejęcia władzy po wkroczeniu wojska. Turkmani jest powszechnie uważany za najważniejszego kandydata na następcę al-Baghdadiego.

Anbari, dowódca ISIS w Syrii, był w przeszłości generałem w armii Saddama Husajna i w 2003 roku przyłączył się do sunnickich rebeliantów. Został jednak wyrzucony z działającego w tamtym czasie ekstremistycznego ugrupowania Ansar al-Islam pod zarzutem korupcji. Potem wstąpił do Al-Kaidy w Iraku (AQI) i szybko awansował, aż w końcu został jednym z przywódców ISIS. To doskonały przykład hipokryzji wielu wysokich rangą dżihadystów, dla których władza

* Pokrewieństwo ad-Duriego i Husajna polegało na tym, że córka ad-Duriego przez krótki czas była żoną Udaja Husajna, najstarszego syna prezydenta Iraku.

liczy się bardziej niż przekonania, a religia jest dla nich tylko narzędziem służącym do podporządkowania sobie szeregowych bojowników. Anbari i Turkmani są odpowiedzialni za prowadzenie operacji wojskowych i administrowanie podległymi im prowincjami. Obaj słyną z brutalności. Takiego podejścia nauczyli się podczas wieloletniej służby w armii Saddama Husajna. Poza tym są zdyscyplinowani i mają odpowiednie kompetencje wojskowe – w końcu byli zawodowymi żołnierzami. Obaj są więc doskonałymi kandydatami na przejęcie schedy po al-Baghdadim.

### *Inne rady*

Oprócz Rady Szury ważną funkcję pełni Rada Szariatu, której przewodniczącym jest sam al-Baghdadi. Ten organ stoi na straży doktryny islamskiej i wprowadza w życie rozporządzenia dotyczące religii. O tej radzie wiemy na dobrą sprawę bardzo niewiele. W jej skład wchodzi sześciu członków, co jest zgodne z dekretem wydanym w 634 roku przez Umara ibn al-Chattaba, jednego z najpotężniejszych i najbardziej wpływowych kalifów w historii.

Kolejna rada – wojskowa – zajmuje się strategią, organizuje ataki zbrojne, awansuje oficerów, zapewnia uzbrojenie i rozdziela łupy. Zasiada w niej od ośmiu do trzynastu bojowników i choć na jej czele stoi Abu Ajman al-Iraki, to według plotek szefem sztabu jest obecnie Omar al-Sziszani, czeczeński weteran znany nie tylko ze swoich spektakularnych sukcesów na polu bitwy, lecz także z rudnych włosów i bujnej rudej brody.

Szefem rady bezpieczeństwa jest Abu Ali al-Anbari, ten sam, który zarządza w imieniu al-Baghdadiego syryjskimi prowincjami i jest jego potencjalnym następcą. Rada dba o bezpieczeństwo na terenach okupowanych przez ISIS i nadzoruje siatkę wywiadowczą, do której zadań należą demaskowanie szpiegów, ochrona al-Baghdadiego, infiltracja oddziałów wroga i tworzenie jednostek bojowych złożonych z zamachowców samobójców. Rada odgrywa również zasadniczą rolę w ustanawianiu kalifatu.

### *Sprawowanie rządów*

Pełny tekst tak zwanej konstytucji ISIS znajduje się w aneksie.

Rada bezpieczeństwa oraz będąca na jej usługach siatka szpiegowska odgrywają decydującą rolę w zaprowadzaniu nowego porządku. Dżihadyści korzystają przy tym z równie brutalnych narzędzi jak wcześniejsze reżimy, co jest swoistym paradoksem. Wiele okrutnych praktyk jest stosowanych częściej niż kiedykolwiek w przeszłości, a odpowiadają za to nieraz ci sami ludzie, którzy sprawowali władzę w czasach Saddama Husajna.

Według aktywistów działających w miastach znajdujących się pod kontrolą ISIS (na przykład odważnych autorów bloga „Cicha rzeź Rakki") na ulicach panuje ciągły strach, a nawet najdrobniejsze przewinienia karane są więzieniem. Praca w czasie przeznaczonym na modlitwę, palenie tytoniu, nieuczestniczenie w publicznych egzekucjach – to tylko niektóre wykroczenia, za każde grożą dotkliwe kary.

Władze ISIS zdają sobie sprawę, że skuteczna kontrola podległej im ludności musi opierać się na dwóch filarach: sprawnej służbie bezpieczeństwa, która uniemożliwi jakikolwiek bunt, oraz zdolności do zapewnienia mieszkańcom podstawowych wygód, takich jak dostęp do wody, gazu i prądu. Obecnie ISIS stara się stworzyć normalnie funkcjonujące społeczeństwo, ale jego najskuteczniejszym narzędziem kontroli wciąż pozostaje strach.

Kwestią podstawową jest to, czy dżihadyści są w stanie wystarczająco szybko utworzyć na podległych im terenach sprawnie działające instytucje, dzięki czemu nie będą traktowani jak przejściowi najeźdźcy, tylko jak realni władcy. Skuteczne administrowanie może również sprawić, że ludność będzie bardziej skłonna zaakceptować ich brutalność.

Aby osiągnąć ten cel, ISIS zaczęło błyskawicznie tworzyć rozmaite ministerstwa i agendy, które miały uzupełniać istniejące już struktury policyjne i wojskowe. Powstały instytucje zajmujące się religią, pomocą humanitarną i sądownictwem. Dżihadyści bardzo chcieli pokazać, że ich model kalifatu faktycznie będzie działał. W swoich głównych bastionach, Rakce i Deir ez-Zor, rzeczywiście odnieśli pewne sukcesy, szczególnie jeśli weźmie się pod uwagę panujący wcześniej wojenny chaos.

ISIS działa w ramach stałego schematu. Po podbiciu jakiegoś miasta bądź regionu dżihadyści niezwłocznie wprowadzają w życie program pomocy humanitarnej – otwierają piekarnie, dostarczają wodę i żywność, a w okresie zimowym również koce i olej opałowy. Po okresie zamętu, który trwał wiele miesięcy, a czasem nawet lat, miejscowa ludność z radością przyjmuje każdą oznakę życzliwości. Jakakolwiek forma ładu i porządku, nawet jeśli wiąże się z utratą praw obywatelskich, jest lepsza niż wojenna anarchia.

Dżihadyści organizują też rozmaite wydarzenia ocieplające ich wizerunek. Na głównych placach miast odbywają się jarmarki z grami i konkursami, turnieje znajomości Koranu oraz recytacje fragmentów Świętej Księgi, pogadanki dowódców, spotkania z bojownikami i prezentacje wyjaśniające, czym jest ISIS i co ze sobą przynosi. Rozdawane są ulotki, można za darmo napić się i zjeść. Bojownicy rozmawiają ze zwykłymi ludźmi, pokazując im swoją „przyjazną" twarz. Dzieci biorą udział w zawodach w przeciąganiu liny, wyścigach i innych zabawach. To wszystko część kampanii propagandowej, mającej na celu pokazanie, że życie pod rządami ISIS będzie lepsze niż wcześniej.

Po skonsolidowaniu władzy nad danym obszarem i zaskarbieniu sobie sympatii ludności ISIS wysyła do akcji policję religijną, która ma za zadanie egzekwować surowe prawo szariatu i tępić wszelkie wykroczenia. W krótkim czasie zbudowane zostaje silne państwo policyjne i jakikolwiek bunt staje się niemożliwy.

Należy jednak podkreślić, że część mieszkańców jest rzeczywiście zadowolona z takiego stanu rzeczy. Na pewno żyje im się lepiej niż przez ostatnie dwa lata – działają podstawowe instytucje użyteczności publicznej (może nie cały czas, ale przynajmniej czasami), a ludzie mają zapewniony dostęp do wody, żywności i prądu. To prawda, że dżihadyści rządzą silną ręką, ale panuje spokój. Jedynym zagrożeniem są ataki wojsk wiernych Asadowi, w których giną głównie cywile, co sprawia, że przynajmniej część miejscowej ludności zaczyna sympatyzować z ISIS. Mając wybór między dżihadystami, którzy zostawią cię w spokoju, jeśli tylko będziesz skrupulatnie przestrzegał narzuconych przez nich reguł, a reżimem, który wciąż nęka Bogu ducha winnych ludzi i bombarduje miasta, wielu wybiera ISIS.

Spektakularne sukcesy dżihadystów wynikają również z tego, że korzystają oni z infrastruktury wybudowanej jeszcze za czasów Asada: szybów wydobywczych, elektrowni, dróg itd. Chociaż teoretycznie chcieliby zlikwidować wszystko, co związane jest ze starym systemem i raz na zawsze zakończyć współpracę z „niewiernymi", to są wystarczająco pragmatyczni, żeby szukać złotego środka i nadal używają istniejących narzędzi, między innymi finansowych, bez których państwowa maszyneria po prostu przestałaby działać. W rezultacie pod rządami ISIS wciąż działają te same firmy i te same banki, co zapewnia płynność przepływu środków i daje ludziom poczucie względnego bezpieczeństwa. Zachód mógłby w bardzo łatwy sposób zaburzyć funkcjonowanie tych systemów, ale doprowadziłoby to do katastrofy, której ofiarami padłyby miliony ludzi.

Jednak z faktu, że obecnie dżihadyści są w stanie zapewnić dostęp do prądu i wody, nie wynika, iż będzie tak już zawsze. W końcu zaczną szukać zasobów, części zamiennych i pracowników za granicą, a ponieważ nie będzie chętnych do ich dostarczenia, sytuacja stanie się niezwykle trudna. Stosunkowo najłatwiej będzie znaleźć robotników i kadrę zarządzającą. Już dziś dżihadyści mają z kogo wybierać. Ich propaganda namawia do przyjazdu doświadczonych menedżerów i inżynierów z Arabii Saudyjskiej, Jemenu, Tunezji i innych krajów. Na krótką metę jest to prawdopodobnie skuteczna strategia, lecz jeśli ISIS chce na dobre objąć ster rządów, to konieczne stanie się wykształcenie własnych kadr i potrzeba czegoś więcej niż tylko lekcji religii. A tego dżihadyści na razie ani nie chcą, ani nie potrafią zrobić.

Całkiem możliwe, że w przyszłości Stany Zjednoczone będą chciały uderzyć w infrastrukturę, dzięki której ISIS dostarcza ludności podstawowe zasoby. Jeśli założymy, że w dłuższej perspektywie tak właśnie się stanie, to z pewnością dojdzie do niepokojów, a dżihadyści będą zmuszeni zastosować jeszcze brutalniejsze metody, aby utrzymać się u władzy.

# ROZDZIAŁ 20

## Życie pod prawem szariatu

ISIS surowo zabrania palenia tytoniu. Grozi za to chłosta i kilka dni więzienia, a recydywiści mogą nawet zostać skazani na śmierć, jeśli taki jest akurat kaprys „sędziego". Mimo drakońskich kar ludzie znajdują sposoby na obejście zakazu. Po Rakce, stolicy kalifatu, krążą opowieści o niezwykłym harcie ducha palaczy i o tym, jak daleko się posuwają, żeby zdobyć upragnioną dawkę nikotyny.

Jeden z nich został już wcześniej przyłapany na paleniu i zmuszony przez okoliczności wpadł na genialny pomysł, jak można w bezpieczny sposób szmuglować nielegalny towar. Tytoń jest nadal dostępny na czarnym rynku i można go kupić w samym centrum miasta, choć, rzecz jasna, wiąże się to ze sporym ryzykiem. Nasz bohater dwa razy w tygodniu idzie więc na rynek, ale po dokonaniu transakcji nie zabiera towaru ze sobą, ponieważ już raz został zatrzymany na ulicy i przeszukany przez milicję religijną, co jest w Rakce regularną praktyką. Paczkę z tytoniem przywiązuje więc do udomowionego gołębia, którego zabrał ze sobą „na sprzedaż". Następnie wchodzi na dach i wypuszcza tresowanego ptaka na wolność. Gdy wraca do domu, towar już na niego czeka. Inni chowają papierosy w opakowaniach po środkach przeciwbólowych lub w chlebie.

Palenie to tylko jedna z wielu rzeczy zabronionych przez ISIS. O tym, co jest dozwolone, a co nie, decyduje radykalne odczytanie szariatu, czyli kodeksu moralnego, którego – zdaniem ISIS – powinni przestrzegać wszyscy muzułmanie (oraz na dobrą sprawę cały świat). Co znamienne, dżihadyści otworzyli na kontrolowanym przez siebie terytorium więcej urzędów do spraw szariatu niż jakichkolwiek innych instytucji. To właśnie w tych urzędach wydawane są dekrety, przeprowadza się dochodzenia oraz karze przestępców.

Organem wprowadzającym w życie prawo szariatu jest okryta złą sławą milicja religijna al-Hisbah, która stanowi trzon islamskiego aparatu przemocy i odgrywa w strukturach ISIS pierwszoplanową rolę, stojąc na straży przestrzegania surowych reguł stanowionych przez Radę Szury. Na al-Hisbah wydaje się więcej pieniędzy niż na inne organy tak zwanego Państwa Islamskiego.

Internetowa propaganda głosi, że celem al-Hisbah jest „krzewienie cnoty i zapobieganie występkowi, likwidowanie źródeł zła, walka z przejawami nieposłuszeństwa i zachęcanie muzułmanów do czynienia dobra". Oddziały milicji religijnej patrolują miasta w specjalnie oznaczonych samochodach, zatrzymują i przeszukują przechodniów, organizują blokady drogowe, sprawdzają komputery i telefony komórkowe w poszukiwaniu zabronionych materiałów oraz aresztują za pokazywanie (lub niepokazywanie) rozmaitych symboli i wizerunków. Poważnym wykroczeniem jest cokolwiek, co ma związek z zachodnimi wartościami, a w wypadku kobiet również nieodpowiedni strój lub zachowanie. Zabronione jest noszenie zachodnich ubrań, na przykład dżinsów, oraz w zasadzie każdego stroju, zarówno damskiego, jak i męskiego, który uwydatnia sylwetkę.

### *Sądy*

Dżihadyści chwalą się, że w ich „państwie" udało się ograniczyć przestępczość, a mianowani przez emira „sędziowie" twierdzą, że dzięki ich wysiłkom w dużym stopniu wykorzeniono szaber i kradzieże. W tym samym czasie bojownicy ISIS grabią całe dzielnice, ponieważ w okradaniu niewiernych nie ma przecież niczego złego. Wyciągają tylko ręce po należne im łupy wojenne oraz gwałcą, zniewalają i mordują kobiety. Wielu dżihadystów umieszcza na Twitterze zdjęcia splądrowanych domów oraz przedmiotów, które zrabowali. Wymieniają się również uwagami na temat zgwałconych kobiet. Wszystko to odbywa się za oficjalną zgodą władz sądowniczych.

Islamskie sądy działają praktycznie wszędzie: w Rakce, Aleppo, Mosulu oraz w innych miastach kontrolowanych przez ISIS. Sędziowie codziennie rozpatrują rozmaite sprawy wnoszone na wokandę przez mieszkańców, od sporów indywidualnych dotyczących majątku lub rodziny, przez kradzieże i rozwody, aż do wykroczeń przeciwko religii. Sąd wysłuchuje stron i wydaje wyrok, ale na porządku dziennym są liczne zatrzymania, aresztowania i okrutne akty, takie jak obcinanie rąk, do których dochodzi poza oficjalnym systemem wymiaru sprawiedliwości. Wszystko to jest kwestią kaprysu sił porządkowych. Więzienia pełne są ludzi, którzy albo nie zrobili niczego złego, albo ośmielili się przeciwstawić dżihadystom, albo ich kara wynika z pokrętnej interpretacji islamskiego prawa. To jedna wielka farsa.

# ROZDZIAŁ 21

## Zagraniczni bojownicy

Na ekranie widzimy pięciu zagranicznych bojowników siedzących po turecku na tle spokojnej oazy, w otoczeniu zielonych palm oraz bujnej roślinności. Mówią do kamery niezwykle spokojnym tonem, tak jakby wokół nich nie toczyła się wojna, której jedyną oznaką jest spoczywająca na ich kolanach broń. Pochodzą z Australii i Wielkiej Brytanii. Po kolei zachęcają swoich współobywateli do przyłączenia się do walki. Z dumą opowiadają o tym, czym się zajmują, podkreślając, że są szczęśliwi, a w ich sercach panuje spokój. Zapraszają do wstąpienia w szeregi ISIS, gładząc swoje długie brody.

Gdy zaczyna przemawiać Australijczyk Abu Dżahja*, na ekranie pojawiają się napisy informujące o jego męczeńskiej śmierci (zginął w bitwie niedługo po zrealizowaniu nagrania). Bez emocji mówi o czekającej

---

* W transkrypcji angielskiej Abu Yahya ash Shami.

bojowników nagrodzie w niebie i wygląda tak, jakby już tam był.

Rzecz jasna, mamy do czynienia z kolejnym dobrze wyreżyserowanym i sprawnie zmontowanym filmem propagandowym, którego celem jest rekrutacja obcokrajowców, ale trzeba przyznać, że jest on nader przekonujący. O skuteczności tego rodzaju materiałów świadczy ogromna liczba zachodnich obywateli, którzy przyłączają się do ISIS.

Rzeczywistość odbiega jednak znacznie od tego, co widzimy na tym wystylizowanym nagraniu. Większość obcokrajowców cieszy się nie najlepszą reputacją i daleko im do łagodności. Wręcz przeciwnie, słyną z okrucieństwa i uważa się, że przyjechali tylko po to, by strzelać i obcinać głowy. ISIS nie ma dla nich wiele wspólnego z islamem. Przyłączyli się, ponieważ podczas wojny mogą dostać to, czego pragną.

Rozmawiałem z dezerterami, którzy byli zszokowani brutalnością obcokrajowców. Kieruje nimi żądza krwi, nie mają żadnych oporów przed zabijaniem i zadawaniem bólu. Wielu bardzo słabo zna Koran, a część całkiem niedawno została muzułmanami lub „ponownie odkryła" islam.

O wiele bliższe realiom od wyidealizowanych obrazków spreparowanych przez machinę medialną ISIS są filmy nagrane przez samych zagranicznych bojowników. W jednym z nich mężczyzna w kominiarce, mówiący z mocnym akcentem z południowego Londynu, zwraca się do swoich angielskich „ziomków": „Stoicie na ulicy i gapicie się na przechodzące laski, a gdy wam stanie, wkładacie sobie ręce w spodnie. Gdzie jesteście, gdy my obcinamy głowy i dajemy tym gościom prawdziwą nauczkę?". Potem wykrzykuje jeszcze: „Za chwilę zabijemy niewiernego psa, a wy, co robicie?". I strzela w powietrze.

Tak właśnie wygląda prawdziwe oblicze wielu zagranicznych bojowników. Przyjechali na wojnę, żeby zostać gangsterami i chwalić się kumplom z dzielnicy. Nie twierdzę, że nie wierzą w dżihad – niektórzy zgłaszali się jako ochotnicy do przeprowadzania zamachów samobójczych (między innymi Moner Mohammad Abusalha, Amerykanin z Florydy). Spora część zamierza jednak wrócić do domu, ponieważ rzeczywistość znacznie różni się od ich wyobrażeń.

Obcokrajowcy nie cieszą się zaufaniem dowódców ISIS. Według różnych doniesień muszą często stać na warcie, zmywać naczynia, dźwigać worki i gotować. Stoją najniżej w hierarchii i kiedy trafiają na linię frontu, traktowani są zwykle jak mięso armatnie. Tak było na przykład pod Kobane. Gdy brakuje żołnierzy, zwierzchnicy w połowie przerywają szkolenie obcokrajowców i od razu wysyłają ich do walki.

Z tego powodu rośnie liczba tych, którzy chcą wrócić do domu. Dziennik „Le Figaro" opublikował serię listów, w których francuscy dżihadyści szukają sposobu na wyrwanie się z rąk ISIS. Twierdzą, że decydując się na wyjazd, popełnili ogromny błąd. „Mam już dość", pisze jeden z nich. „Zmuszają mnie do zmywania naczyń". Drugi narzeka: „Nie działa tu mój iPod. Muszę wracać". Trzeci boi się trafić na pole bitwy: „Chcą wysłać mnie na front, ale ja nie potrafię przecież walczyć". Z listów wynika również, że pewien Francuz, który tak jak jego znajomy chciał wrócić do ojczyzny, został ścięty przez emira. To dowód, że od decyzji o przystąpieniu do ISIS nie ma odwrotu. W grudniu 2014 roku dżihadyści zabili stu dwudziestu obcokrajowców, którzy próbowali zdezerterować.

Właśnie na tym powinna skupić się prowadzona na Zachodzie kampania przeciwko ideologicznemu zaczadzeniu „zniechęconej" młodzieży, ale na razie niewiele się niestety w tej sprawie robi. Przeważa pogląd, że jeśli ktoś jest wystarczająco naiwny, żeby złapać się w sidła ISIS, to lepiej, żeby został na Bliskim Wschodzie. Jeśli mimo wszystko wraca, od razu trafia na listę podejrzanych i znajduje się pod obserwacją służb.

W kontrolowanym przez ISIS mieście Manbidż, położonym na północ od Aleppo, stacjonuje tak wielu zagranicznych bojowników, że nazywane jest ono często „małym Londynem" lub „małą Brytanią". Rzeczywiście przybyło ich tu tylu, że na ulicach arabski wcale nie jest najczęściej słyszanym językiem. Niektórzy zabrali ze sobą żony i dzieci, ale wszyscy przyjechali, żeby prowadzić świętą wojnę. Departament Bezpieczeństwa Krajowego Stanów Zjednoczonych szacuje, że ponad dwa tysiące siedmiuset obywateli krajów zachodnich wyjechało walczyć w szeregach ISIS. W tym gronie jest pięciuset Brytyjczyków, siedmiuset Francuzów, czterystu Niemców i ponad stu Amerykanów.

Obcokrajowcy mogą bez specjalnych trudności zostać członkami ISIS. Wystarczy skontaktować się z kimś, kto już walczy dla dżihadystów, kupić bilet lotniczy do Stambułu, dostać się na granicę i korzystając ze swojego kontaktu, przejść na drugą stronę. Na przygranicznych lotniskach w Gaziantep i Antiochii spotkać można wielu młodych mężczyzn z niewielkim bagażem, którzy albo właśnie przyjechali, albo wyjeżdżają. W obu miastach znaleźć można również hotele, które uważa się za bezpieczne dla bojowników.

Goście z bardziej odległych zakątków globu, czyli Australii, Stanów Zjednoczonych czy Kanady, mogą swobodnie podróżować po Europie, a turecką wizę kupią bez problemu na lotnisku. Ekstremiści znajdujący się pod obserwacją policji są coraz częściej powstrzymywani przed wyjazdem za granicę, a niektórym postawiono zarzut organizowania zamachów terrorystycznych na podstawie treści SMS-ów i innych dowodów.

Jednakże mimo wzmożonej kontroli i tak wielu udaje się prześliznąć przez jej gęste sito. Tak było w wypadku Brytyjczyka Mohammeda Ahmeda Mohameda, który w 2013 roku został objęty prewencyjnym nadzorem policyjnym stosowanym wobec podejrzewanych o terroryzm (ang. *terrorism prevention and investigation measure*, w skrócie TPIM). Wyszedł z aresztu za kaucją, ale każdy jego ruch był śledzony, ponieważ istniało duże ryzyko, że ucieknie z kraju. Pewnego dnia, gdy znajdował się pod obserwacją tajnego agenta, wszedł do meczetu, przebrał się w zakrywającą całe ciało burkę, zdjął z nogi elektroniczną bransoletkę i po prostu wyszedł na ulicę. Do dziś nie udało się go odnaleźć. Najprawdopodobniej walczy za granicą w szeregach dżihadystów.

Inny niebezpieczny przybysz z zagranicy to dwudziestoletni Abu Hussain al-Britani (czyli tak naprawdę Junaid Hussain). W 2012 roku został skazany przez brytyjski sąd na pół roku więzienia za piractwo komputerowe, po czym uciekł do Syrii i wszystko wskazuje na to, że obecnie kieruje grupą hakerów nękających dziennikarzy i agencje informacyjne.

Po tym, jak przez Ferguson w stanie Missouri przetoczyła się fala zamieszek*, Abu Hussain zwrócił się za pośrednictwem internetu do protestujących Amerykanów. „Słyszymy Was", napisał. „Chętnie udzielimy Wam pomocy, jeśli tylko przejdziecie na islam, odrzucicie absurdalne wynalazki, takie jak na przykład demokracja, i złożycie przysięgę wierności kalifowi Abu Bakrowi. Wtedy będziemy za Was walczyć. Wyślemy naszych żołnierzy, którzy nie śpią, żywią się krwią wrogów, a mordowanie sprawia im czystą przyjemność".

Zagraniczni bojownicy umieszczają również w sieci filmy instruktażowe informujące o tym, jak dostać się na teren tak zwanego Państwa Islamskiego i co należy ze sobą zabrać (na przykład ciepłe ubrania). Dla potrzeb nowych rekrutów stworzona została nieźle funkcjonująca sieć kontaktów, którą należy jak najszybciej zlikwidować. Ze względu na łatwość przekraczania granic wstąpienie do ISIS jest też znacznie prostsze dla Europejczyków niż dla Amerykanów.

Nie mają z tym problemu również kobiety. W ramach prowokacji brytyjscy dziennikarze podawali się w internecie za nastolatki chętne do wyjazdu do tak zwanego Państwa Islamskiego. Bardzo szybko zgłosił się do nich przedstawiciel ISIS, który wysłał im do Londynu pieniądze na bilety. Na lotniskach zatrzymano już sporą liczbę Brytyjek, które chciały przyłączyć się do dżihadystów, ale z pewnością wielu udało się zrealizować swoje zamiary.

Wiadomo, że na teren okupowany przez ISIS przedostało się pięćdziesiąt Brytyjek, czterdzieści Niemek

* W sierpniu 2014 r. czarnoskóry mężczyzna został zastrzelony przez białego policjanta.

i sześćdziesiąt trzy Francuzki*. Wyjechały po to, by urodzić dżihadystom dzieci. We wrześniu 2014 roku rozbito gang działający w środkowej Francji, który specjalizował się w rekrutowaniu młodych dziewcząt, chcących wziąć udział w seksualnym dżihadzie. Dziewczyny poznawały bojowników w internecie, a następnie wyjeżdżały i brały z nimi ślub. Gdy ich małżonek ginął na polu walki, ogłaszano je wdowami po męczennikach, co pozwalało im ponownie wyjść za mąż.

Niektóre z nich są tak młode, że z pewnością nie mają pojęcia ani co robią, ani czym jest religia i dżihad. Po raz kolejny wyidealizowane obrazki przedstawione w materiałach propagandowych posłużyły do skutecznej manipulacji podatnymi na wpływy dziewczętami, wśród których było kilka szesnastolatek, jedna czternastolatka i najmłodsza ze wszystkich trzynastoletnia Niemka. Niektóre zabrały ze sobą małe dzieci, następnie fotografowały je z bronią w ręku lub w towarzystwie obciętych głów, a zdjęcia umieszczały w internecie.

### *Jihadi John*

Najsłynniejszym zagranicznym bojownikiem jest, rzecz jasna, sprawujący urząd kata Jihadi John. To człowiek, który osobiście zamordował wszystkich zachodnich więźniów i stał się symbolem walki dżihadystów z Zachodem. Na opublikowanych nagraniach stoi nad swoimi

---

* Te same liczby podawał też „Tygodnik Powszechny" z 21 października 2014 r., który cytował Melanie Smith z ICSR (Międzynarodowego Centrum Studiów nad Radykalizmem).

ofiarami z nożem w ręku i wygłasza przemówienia bezpośrednio do kamery. Z czasem stał się znaczącą figurą w strukturach ISIS i obecnie zasiada w Radzie Szury. Jak głoszą plotki, zawsze porusza się w otoczeniu brytyjskich ochroniarzy, ale płynnie mówi klasyczną arabszczyzną, co jest rzadkością wśród obcokrajowców.

Chociaż amerykańskie władze twierdzą, że znają jego prawdziwą tożsamość, to jednak do tej pory jej nie ujawniły. Krążą natomiast liczne pogłoski, jakoby był to niejaki Abdel Bary – raper i drobny przestępca z Londynu. Około trzydziestoletni Abdel-Majed Abdel Bary walczył w szeregach ISIS w Iraku, jeszcze zanim dżihadyści przystąpili do wojny domowej w Syrii. Na Twitterze chwalił się fotografią, na której trzyma w ręku obciętą ludzką głowę. Podpis pod zdjęciem: „Relaksuję się ze swoim ziomkiem lub raczej z tym, co z niego zostało"*. Jego pięćdziesięcioczteroletni ojciec Adel Abdul Bary stanął we wrześniu 2014 roku przed amerykańskim sądem i przyznał się do udziału w zorganizowanych przez Al-Kaidę zamachach terrorystycznych na amerykańskie ambasady w Kenii i Tanzanii, za co grozi mu kara dwudziestu pięciu lat pozbawienia wolności.

Czy zagraniczni bojownicy stanowią rzeczywiste zagrożenie dla Zachodu? Cóż, teoretycznie tak. Możliwe, że

* Dwudziestego szóstego lutego 2015 r. na stronie BBC News pojawiła się informacja, że Jihadi John to Mohammed Emwazi (właśc. Muhammad Jassim Abdul Karim Olayan al-Dhafiri), urodzony w 1988 r. w Kuwejcie obywatel brytyjski, mieszkający w zachodnim Londynie absolwent Uniwersytetu Westminster. Jego przydomek „John" wziął się stąd, że grupę czterech szczególnie bezwzględnych Brytyjczyków w szeregach ISIS nazywano Beatlesami, a byli w niej jeszcze Ringo, Paul i George. Przydomek Jihadi John stworzyły już media.

wrócą do domu, czyli na przykład do Stanów Zjednoczonych, Kanady, Australii, Anglii lub Francji, z jeszcze radykalniejszymi poglądami niż przed wyjazdem i będą siać zamęt. Praktycznie jednak każdy ekstremista opuszczający granice swojego kraju jest namierzany przez służby wywiadowcze. Władze wiedzą, z kim mają do czynienia i ile czasu dany osobnik spędza za granicą. Dzięki tym informacjom można z dużym prawdopodobieństwem ustalić, gdzie przebywał i czym się zajmował. Realnie rzecz biorąc, istnieje więc niezwykle mała szansa, że wróci niezauważony i jeszcze mniejsza, że uda mu się potajemnie przygotować zamach terrorystyczny.

### *Obcokrajowcy w centrum ISIS*

Zagraniczni bojownicy stanowią jednak poważne zagrożenie z dwóch powodów. Po pierwsze, propaganda internetowa ma bezpośredni wpływ na radykałów na całym świecie, którzy mogą na własną rękę przygotować ataki terrorystyczne u siebie, bez konieczności wyjazdu za granicę. Ci ludzie nie figurują w policyjnych kartotekach, co pozwala im na planowanie zamachów w tajemnicy. Tak stało się na przykład w Londynie, kiedy na ulicy odcięto głowę Lee Rigby'emu; w Bostonie, gdy podczas maratonu wybuchły bomby podłożone przez braci pochodzących z Czeczenii; w Sydney, gdzie pewien Australijczyk zabił dwoje wziętych w sklepie zakładników, oraz w Kanadzie, gdy w atakach terrorystycznych zginęło dwóch żołnierzy. Wszystkie te tragedie miały bezpośredni związek z rozprzestrzenianą przez ISIS propagandą, a zamachy zostały zorganizowane przez radykałów, którzy nigdy nie prowadzili świętej wojny za granicą. Naszym priorytetem powinno być zatem namierzenie ludzi zajmujących się szerzeniem i uprawianiem radykalnej agitacji.

Drugim poważnym zagrożeniem są „prawdziwi" zagraniczni bojownicy, którzy stanowią trzon armii pustoszącej obecnie Syrię i Irak. Nie są oni ani Syryjczykami, ani Irakijczykami, lecz pochodzą między innymi z: Tunezji, Turcji, Kazachstanu, Kuwejtu, Libii, Algierii, Jemenu, Jordanii, Filipin, Kambodży, Chin i Rosji. Szacuje się, że do ISIS przyłączyło się do tej pory około tysiąca sześciuset bojowników z osiemdziesięciu różnych państw i ciągle napływają nowi. Ta masowa imigracja powinna wzbudzać poważny niepokój. Wielu przybyszów walczyło już w konfliktach toczonych w innych zakątkach globu, są dobrze wyszkoleni i głęboko wierzą w dżihad.

Nie łączą ich żadne związki z miejscową ludnością i dlatego nie mają oporów przed popełnianiem aktów okrucieństwa – w pewnym sensie są więc idealnym materiałem na żołnierzy dżihadu. To właśnie dzięki nim ISIS rośnie w siłę. Należy zatem wywierać presję na poszczególne kraje, żeby skutecznie uniemożliwiały ekstremistom wyjazd na teren objęty konfliktem.

Dżihadyści pochodzący z krajów o niestabilnej sytuacji wewnętrznej mogą po powrocie do domu zacząć szerzyć ideologię ISIS i siać ferment. Jordania, Arabia Saudyjska, Libia i Jemen – te państwa stoją obecnie na skraju przepaści, ale jeśli ktoś myśli, że ich problemy nie mają żadnego wpływu na świat zachodni, to mocno się myli. Nowy, głęboki kryzys na Bliskim Wschodzie bez wątpienia odbiłby się szerokim echem na całym świecie i należy temu przeciwdziałać.

# ROZDZIAŁ 22

## Granica turecka

W kwietniu 2012 roku, gdy wojna domowa w Syrii dopiero się zaczynała, próbowaliśmy przekroczyć granicę. Leżeliśmy w rowie pełnym błota, obok drutu kolczastego oddzielającego Turcję od Syrii. Wstrzymywaliśmy oddech, ponieważ zaledwie sześć metrów od nas oddział syryjskiej milicji Szabiha przeczesywał teren latarkami. Szukali nas. Była pierwsza w nocy, a horyzont wciąż rozświetlały wybuchy. Ukrywaliśmy się przez dwie godziny. Ściśnięci i przytuleni do siebie słuchaliśmy, co mówią. Nie mieliśmy najmniejszych wątpliwości, że gdyby nas znaleźli, zabiliby naszych przewodników na miejscu, a nas samych wsadzili do więzienia.

Z podsłuchanych rozmów wynikało, że ktoś przekazał im informację o naszym zamiarze przekroczenia granicy. W południowo-wschodniej Turcji, a szczególnie na niewielkim skrawku jej terytorium wrzynającym się między wybrzeże Morza Śródziemnego a Syrię, nie brakuje zwolenników Asada i chociaż bardzo staraliśmy się nie zwracać niczyjej uwagi, to jednak wiele razy musieliśmy zmieniać środek transportu i zachowanie anonimowości było po prostu niemożliwe.

Po dwóch długich godzinach, kiedy przerażeni leżeliśmy w całkowitym bezruchu, wrogi patrol wreszcie zrezygnował z poszukiwań i zniknął w ciemnościach. Niedługo potem pojawiło się dwóch mężczyzn z kałasznikowami. Gdy wyszli z zarośli, zauważyliśmy, że mają na sobie tylko bieliznę. Powiedzieli, że mamy się rozebrać i iść razem z nimi. Kiedy nasz przewodnik (porucznik Wolnej Armii Syrii) skinął głową, zrozumieliśmy, że mamy robić, co nam każą. Musieliśmy wyglądać komicznie, gdy przedzieraliśmy się przez krzaki, a nasz sprzęt i ubrania co chwilę zahaczały o gałęzie. W ślad za grupą uzbrojonych facetów w jasnoczerwonych majtkach skradało się dwóch półnagich dziennikarzy, których celem była rozświetlona wybuchami linia horyzontu.

W oddali ujrzeliśmy rzekę i wszystko stało się jasne. Na początku woda sięgała nam do kolan, ale już wkrótce szliśmy zanurzeni po szyję, trzymając w wyciągniętych rękach kamizelki kuloodporne i plecaki. Na drugim brzegu ubraliśmy się i szybkim krokiem ruszyliśmy przez gaje oliwne w kierunku znajdujących się niedaleko wzgórz. Byliśmy już na terytorium Syrii, na tyłach linii wroga.

Asad nie kontroluje już granicy z Turcją i szlak, którym przeszliśmy, stał się wkrótce popularną trasą przerzutową dla przemytników i żołnierzy (w pewnym momencie zbudowano nawet specjalne tratwy do przeprawy przez rzekę). Obecnie dzień i noc na obu brzegach stoi kolejka. Przez dziury w płocie z drutu kolczastego przeciskają się setki uchodźców, a w tym samym czasie na przejęcie na drugą stronę czekają cierpliwie młodzi mężczyźni w wieku poborowym.

Niestrzeżona granica okazała się błogosławieństwem dla ISIS i innych ugrupowań opozycyjnych, co ściągnęło na Turcję falę krytyki. Pojawiły się oskarżenia, że niezbyt rygorystyczne kontrole są wyrazem wsparcia dla dżihadystów i choć nie ma na to bezpośrednich dowodów, to jednak czasami można rzeczywiście odnieść takie wrażenie. Turcja stara się asekurować z każdej strony, ponieważ jest to częścią jej wybiegającej wiele dziesięcioleci w przyszłość polityki, której celem jest pozbawienie Arabii Saudyjskiej wpływów w regionie.

Dla Turków większym zagrożeniem niż dżihadyści są Kurdowie i Asad. Właśnie dlatego władze w Ankarze zajmują raczej neutralne stanowisko, zakładając, że ze strony ISIS nic im nie grozi. A gdyby nawet groziło, to mają w pogotowiu sześćset pięćdziesiąt tysięcy świetnie wyszkolonych żołnierzy, czyli drugą co do wielkości, po amerykańskiej, armię w Sojuszu Północnoatlantyckim. O wiele większym problemem dla tureckiej hegemonii są natomiast Kurdowie, których na terenie Turcji żyje od czternastu do osiemnastu milionów, oraz irańskie wpływy w Syrii.

Zaledwie kilka lat temu Turcja zaczęła odnosić ogromne sukcesy dyplomatyczne i w 2010 roku turecki minister spraw zagranicznych Ahmet Davutoğlu z dumą oświadczył: „Bez naszej wiedzy nie może drgnąć żaden liść na Bliskim Wschodzie". Nie jest zatem jasne, czy nagłe pojawienie się ISIS było dla Turków niespodzianką, czy też wszystko przewidzieli, ale uznali, że oznacza to dla nich długofalowe korzyści. Jeśli dobrze to rozegrają, mogą w przyszłości sąsiadować z przyjazną im sunnicką Syrią, zapewnić sobie intratne kontrakty gazowe z irackimi Kurdami oraz ograniczyć wpływy irańskie w regionie.

Turcy mają naprawdę ogromne ambicje i uważają, że ich odradzający się potencjał polityczny i gospodarczy pozwoli im wkrótce zostać lokalnym mocarstwem. Razem z Katarem wspierali Bractwo Muzułmańskie, co pokazuje, że ich zdaniem przyszłością Bliskiego Wschodu jest polityczny wymiar islamu. Islamska wizja państwa jest również coraz bliższa sercu prezydenta Erdoğana.

Gdy wybuchł konflikt syryjski, Turcja jako jedna z pierwszych poparła rebeliantów, licząc na to, że obalenie Asada zwiększy tureckie wpływy na południu i pomoże w realizacji strategicznych celów Erdoğana. Na początku 2012 roku minister spraw zagranicznych Davutoğlu powiedział w parlamencie: „Stoimy na czele dokonujących się właśnie zmian. Rodzi się nowy Bliski Wschód. To my będziemy właścicielami, pionierami i sługami tego Bliskiego Wschodu". Czy turecka tolerancja wobec ISIS jest częścią tej strategii? Czy Turcy czekają, aż inne kraje na dobre ugrzęzną w konflikcie?

## *Turcja i ISIS*

Tureckie władze bezustannie powtarzają, że podstawowym warunkiem udzielenia pomocy w walce z dżihadystami jest zgoda Stanów Zjednoczonych na usunięcie Asada. Amerykanie nie chcą jednak tego zrobić (boją się, że próżnię po dyktatorze wypełni ISIS), więc nastąpił impas. Dopóki nie pojawi się ugrupowanie zdolne przejąć władzę w Syrii po ewentualnym upadku ISIS (i nie będzie to ani Asad, ani Kurdowie), Turcja będzie stała z boku.

Na początku konfliktu Stany Zjednoczone z zadowoleniem patrzyły, jak przez turecką granicę przepływają pieniądze, uzbrojenie i bojownicy zasilający bardziej umiarkowane oddziały walczące z syryjską dyktaturą. Turcja do dziś przymyka na to oko. Obama wierzył, że regionalne mocarstwa będą w stanie skutecznie wpływać na przebieg działań wojennych, co doprowadzi do szybkiego zakończenia konfliktu bez konieczności angażowania się w to Amerykanów. Niestety, Asad utrzymał się przy władzy, popełniane przez niego zbrodnie stawały się coraz bardziej przerażające, a na scenie pojawiło się ISIS. Mimo że dżihadyści odnosili coraz większe sukcesy, Turcy robili niewiele, żeby zmienić swoją politykę i uszczelnić granicę, przez którą nadal płynęła ropa i przechodzili bojownicy.

Gdy w rozmowie z uciekinierem z oddziałów ISIS wspomniałem, że Turcja może przecież wzmocnić kontrole graniczne, roześmiał mi się prosto w twarz: „Granica nie jest dla nas żadnym problemem. Ani Turcja". Powiedział mi, że przed przekroczeniem granicy dżihadyści przebierają się i podają za żołnierzy Wolnej Armii Syrii. Sam wielokrotnie stosował ten wybieg i nigdy nie został zatrzymany.

Tureckie służby bezpieczeństwa (MIT) stale obserwują poczynania ISIS, czego dowodem jest niezwykle szczegółowy raport opublikowany przez gubernatora przygranicznej prowincji Hatay.

„Na początku marca 2014 roku tajni agenci ISIS zaczęli gromadzić się w miejscowości Darkusz i 14 marca wyruszyli autobusem w stronę Zarzuru. Około stupięćdziesięcioosobowy oddział spędził noc w dwupiętrowym domu położonym trzysta metrów od wioski Kolcular w pobliżu granicy tureckiej. Piętnastego marca 2014 podzielili się na grupy liczące od czterdziestu pięciu do pięćdziesięciu bojowników i przekroczyli granicę w czterech różnych miejscach. Po drugiej stronie czekał na nich niejaki Abu Bara i około szóstej nad ranem następnego dnia zabrał ich do hotelu Kent w Reyhanli".

Mimo tak dokładnych informacji wywiadowczych aresztowania dżihadystów są rzadkością. Krążą nawet plotki, że bojownicy ISIS przyjeżdżają do Turcji tylko po to, żeby w jednym z południowych miasteczek zjeść na obiad kebab w restauracji. Wiadomo również, że ranni są leczeni w prywatnych szpitalach znajdujących się w okolicach Antiochii, a potem zostają tam jeszcze na rekonwalescencję.

Napływające sygnały pokazują więc, że Turcja wyraźnie gra na dwa fronty. Z jednej strony, tureckiemu rządowi zdarzało się negocjować z dżihadystami (na przykład w wypadku czterdziestu pięciu dyplomatów zatrzymanych w Mosulu – mówi się, że w ramach umowy Turcy mieli wypuścić na wolność więzionych bojowników ISIS). Z drugiej strony, dochodziło też do starć zbrojnych (chodzi o kilka przygranicznych potyczek). Warto również przypomnieć, że na początku Turcy współpracowali z Kurdami, ale później zawiesili swoją pomoc, choć właśnie wtedy Kurdowie najbardziej jej potrzebowali. Turecki rząd otwarcie wspiera

Stany Zjednoczone, ale jednocześnie nie wyraził zgody na to, by Amerykanie korzystali z tureckich lotnisk w celu przeprowadzania nalotów. Turcy robią również niewiele, żeby ukrócić prowadzony przez dżihadystów handel ropą i z pełną świadomością pozwalają bojownikom ISIS na prowadzenie działalności na swoim terytorium, choć, rzecz jasna, oficjalnie tego zabraniają. O co im w takim razie chodzi?

## *Przecieki*

Dwudziestego siódmego marca 2014 roku światło dzienne ujrzało nagranie zarejestrowane podczas spotkania wysokich rangą tureckich urzędników. Opublikowany na YouTube film ukazał całą prawdę o tureckiej polityce wobec Syrii i ISIS. W odwecie władze tureckie wprowadziły obowiązujący w całym kraju zakaz korzystania z tego serwisu internetowego.

We fragmencie najbardziej obciążającym władze turecki agent specjalny i szef Narodowej Organizacji Wywiadowczej (MIT) Hakan Fidan proponuje sfingowanie ataku sił ISIS na Turcję, co ma dać pretekst do przeprowadzania operacji wojskowych na terenie Syrii.

„Wyślę z Syrii czterech ludzi. To powinno wystarczyć", słychać wyraźnie głos Fidana. „Zorganizuję atak rakietowy na nasze terytorium, co da nam powód do interwencji [...]. Jak tylko to się stanie, wybuchnie skandal na skalę międzynarodową".

Pomysły Fidana spotkały się w Turcji z powszechną krytyką i doprowadziły do politycznego kryzysu.

Rzuciły jednak nowe światło na jeden z długoterminowych celów Turcji, czyli ponowne przyłączenie prowincji Aleppo. Z historycznego punktu widzenia Aleppo to tureckie miasto, ale po zakończeniu pierwszej wojny światowej i upadku imperium otomańskiego znalazło się poza granicami nowej republiki. Powodem proponowanej przez Fidana interwencji nie była więc chęć uderzenia w ISIS, lecz raczej odzyskanie pełnej kontroli nad grobowcem Sulejmana Szaha, który stanowi niewielką turecką enklawę na terytorium Syrii*. Można założyć, że w ciągu najbliższych kilkudziesięciu lat Turcja wykorzysta panujący w tym regionie chaos i będzie dążyć do zajęcia całej prowincji Aleppo.

Nagranie pokazało również brak zdecydowania tureckiego rządu. Przez dziewięć minut uczestnicy spotkania, między innymi minister spraw zagranicznych Davutoğlu i zastępca szefa sztabu tureckich sił zbrojnych generał Yaşar Güler, rozważają wiele różnych scenariuszy.

---

* Na mocy traktatu z Ankary z 1921 r. grobowiec Sulejmana Szaha, znajdujący się około 35 km od granicy z Turcją w głąb terytorium Syrii na brzegu Eufratu, jest częścią terytorium Turcji. Na stałe stacjonowało tam 40 tureckich żołnierzy, pełniących wartę honorową w miejscu kultu. Dziewiętnastego lutego 2015 r. parlament Turcji zgodził się na udział armii tureckiej w walkach przeciwko Państwu Islamskiemu oraz na stacjonowanie zagranicznych wojsk, zaangażowanych w tę operację, na terytorium tureckim. W nocy z 20 na 21 lutego kilkusetosobowy oddział armii tureckiej, osłaniany przez samoloty i peszmergów, przekroczył granicę syryjską i dotarł do grobu Sulejmana Szaha. Wartownicy zostali ewakuowani do Turcji. Wraz z nimi zabrano zwłoki XIII-wiecznego wodza. W trakcie operacji zginął jeden żołnierz turecki.

Davutoğlu ubolewa, że odpowiednie decyzje nie zostały podjęte wcześniej i skarży się, że kwestie bezpieczeństwa narodowego zostały niepotrzebnie upolitycznione: „Wszystkie ważne dyskusje na temat obrony naszego terytorium, naszych granic i naszej suwerenności zostały zbanalizowane po to, by można je było wykorzystać jako narzędzie do uprawiania codziennej polityki".

Na tym właśnie polega problem Turcji. Hamulcem rozwoju są wewnętrzne spory polityczne, a bierność w sprawie konfliktu syryjskiego sprowadziła na rząd oskarżenia o sprzyjanie ISIS. Turcy mogli zmienić bieg wydarzeń, ale gdy pojawiła się na to szansa, nie udzielili pomocy właściwym ludziom. Minister Davutoğlu mówi w nagraniu: „Wielka szkoda, że latem 2012 roku nie podjęliśmy bardziej zdecydowanych działań".

*Powrót do Turcji*

Po kilku dniach spędzonych w Idlibie udałem się razem z Rickiem w drogę powrotną do Turcji. Teraz wszystko wyglądało zupełnie inaczej niż za pierwszym razem. Ruchy oddziałów wiernych Asadowi zmusiły nas do szukania dogodnego punktu do przekroczenia granicy prawie sto kilometrów na północ od miejsca, z którego przyszliśmy. Tym razem nie musieliśmy iść w wodzie po szyję, ale atmosfera była bardzo napięta.

Ostatnie dni były niezwykle wyczerpujące. Staraliśmy się unikać żołnierzy Asada i na własne oczy widzieliśmy przerażające dowody popełnianych przez nich okrucieństw. Chociaż brakowało nam jedzenia i prawie wcale nie spaliśmy, cieszyliśmy się, że wracamy. Gdy schodziliśmy pieszo z położonych wzdłuż granicy wzgórz, naszym oczom ukazała się długa zapora z drutu kolczastego otoczona pustą przestrzenią, pozbawiona miejsc, które dałyby nam jakiekolwiek schronienie. Nie było to idealne miejsce, ale nie mieliśmy specjalnego wyboru. Byliśmy przestraszeni, zmęczeni i chcieliśmy jak najszybciej znaleźć się po drugiej stronie.

Towarzyszyli nam syryjski przewodnik i żołnierz Wolnej Armii Syrii, który jechał do Turcji po zaopatrzenie. Rzecz jasna, mieliśmy przekroczyć granicę nielegalnie i gdyby nas złapano, znaleźlibyśmy się w poważnych tarapatach. Nasi towarzysze radzili, żebyśmy przespali się w znajdującej się nieopodal pasterskiej chacie i nad ranem, już przy świetle dziennym, ponownie ocenili sytuację. Kilka ostatnich dni zrobiło jednak swoje i sam podjąłem decyzję, jak się później okazało – błędną. „Idę", syknąłem przez zęby. „Wy możecie zaczekać, ale ja nie potrzebuję niczyjej pomocy, by przejść tak krótki odcinek". Razem z Rickiem ruszyliśmy przed siebie.

Wiedziałem, że przewodnik nie zostawi nas samych. Jego praca nie będzie skończona, dopóki nie znajdziemy się cali i zdrowi na terytorium Turcji. Jak wielu Syryjczyków, z którymi miałem okazję pracować, był uczciwym, łagodnym i życzliwym człowiekiem, przytłoczonym przez tragedię wojny domowej. Nie miał więc wyboru i niechętnie ruszył w kierunku granicy. Żołnierz WAS również poszedł w jego ślady.

Niepewnym krokiem schodziliśmy z kamienistego wzgórza, starając się chować za nielicznymi krzakami. Zeskakiwaliśmy z uskoków skalnych, raniliśmy o ciernie i ostre kolce, ale posuwaliśmy się do przodu. To był spory wysiłek i kiedy dotarliśmy wreszcie do samej granicy, zobaczyliśmy ciągnące się wokół zwoje drutu kolczastego – było ich o wiele więcej, niż się spodziewaliśmy. Nie mogliśmy znaleźć żadnej luki i przez dłuższy czas czołgaliśmy się wzdłuż zasieków. Wreszcie udało nam się zniszczyć kawałek zapory. Przecisnęliśmy się przez szczelinę i zaczęliśmy z mozołem brnąć do przodu.

Niestety, co chwilę zaczepialiśmy o drut i im bardziej staraliśmy się uwolnić, tym stawało się to trudniejsze – metalowe kolce rozrywały ubrania i utrudniały jakikolwiek ruch. To było przerażające uczucie: nie byliśmy w stanie ani iść do przodu, ani się cofać. Wreszcie trzech z nas przedarło się na drugą stronę. Kiedy odwróciliśmy się, żeby pomóc zmagającemu się z zasiekami żołnierzowi WAS, zobaczyliśmy szeroką smugę światła i usłyszeliśmy krzyki. W naszą stronę biegli mężczyźni z wymierzoną prosto w nas bronią.

Rick i ja bez zastanowienia wzięliśmy nogi za pas. Ciągle mieliśmy na sobie ciężkie kamizelki kuloodporne, ale gdy uciekaliśmy, wydawały się ważyć tyle co nic. Biegliśmy w kierunku kępy drzew i w pewnym momencie rozległy się strzały. Wokół nas zaczęły świstać kule. Rozdzieliliśmy się. Przeskoczyłem przez kamienny murek i popędziłem na złamanie karku w stronę niewielkiego gospodarstwa, a Rick zaczął zbiegać w dół stromego urwiska. Znajdowaliśmy się na skraju wioski. Za plecami wciąż słyszałem krzyki pograniczników, więc postanowiłem ukryć się gdzieś w budynkach gospodarczych. Nagle jakby spod ziemi zjawił się Rick. Najwidoczniej miał ten sam pomysł i razem ruszyliśmy przed siebie.

Przeskoczyliśmy kolejny murek i przebiegliśmy pod schodami, wokół których leżały bele siana. Serce waliło mi jak szalone. Staraliśmy się gdzieś ukryć. Kucnęliśmy w kącie i ściśnięci liczyliśmy na łut szczęścia. Szukali nas przez dobre dwadzieścia minut. Przechodzili nie więcej niż dziesięć metrów obok, ale nas nie znaleźli. Pamiętam, że z czoła spływały mi krople potu, które starałem się łapać w powietrzu, żeby nie spadły na ziemię. Bałem się, że narobią zbyt dużo hałasu i zostaniemy złapani.

Nagle zrobiło się cicho jak makiem zasiał. Ruszyliśmy w stronę zabudowań. Daliśmy susa przez jeszcze jeden murek, ale po drugiej stronie nie natrafiliśmy na grunt. Polecieliśmy w dół i spadliśmy na stertę kamieni. Gdy zaczęliśmy się podnosić, nasz wzrok natrafił na rozgniewaną twarz tureckiego rolnika. Był środek nocy. Dwaj cudzoziemcy w kamizelkach kuloodpornych musieli wyglądać przynajmniej podejrzanie. Turek coś krzyknął i ruszył w naszą stronę, ale Rick odepchnął go z całej siły i rzuciliśmy się do ucieczki.

Gdy wydawało nam się, że jesteśmy już bezpieczni, włączyliśmy telefony z tureckimi kartami SIM i dowiedzieliśmy, że zarówno nasz przewodnik, jak i żołnierz WAS zostali aresztowani przez pograniczników. Turcy nie chcieli uwierzyć, że zatrzymani mężczyźni przeprowadzali przez granicę zachodnich dziennikarzy i uznali ich za terrorystów. Musieliśmy więc wrócić i oddać się w ręce władz.

Znajomi Syryjczycy zostali odesłani do domu (tylko po to, by kilka godzin później ponownie wrócić do Turcji), a my spędziliśmy półtora dnia w celi – tej samej, w której kilka miesięcy przed śmiercią przetrzymywany był Anthony Shadid, znakomity reporter pracujący dla „New York Timesa". Jego nazwisko widniało w rejestrze zatrzymanych tuż nad naszymi.

Kilka dni później przesłuchali nas funkcjonariusze tureckiego wywiadu MIT i zostaliśmy deportowani.

# ROZDZIAŁ 23

## Syryjscy Kurdowie i Kobane

Dwudziestego czwartego września 2014 roku zadzwonił do mnie zdesperowany oficer kurdyjskiego wywiadu. Siły ISIS zbliżały się do leżącego na turecko-syryjskiej granicy Kobane. Dżihadyści byli zaledwie kilka kilometrów od miasta, a dziesiątki tysięcy uchodźców nie miały dokąd uciec. Zanosiło się na rzeź. Turcy zamknęli granicę zarówno przed uchodźcami, jak i przed kurdyjskimi żołnierzami, którzy ruszyli miastu na pomoc. Jeśli nikt nic nie zrobi, dojdzie do katastrofy.

Niedługo potem media zaczęły szczegółowo relacjonować oblężenie (wielu dziennikarzy odebrało takie same telefony) i w obliczu możliwej masakry Stany Zjednoczone zmuszone były interweniować. Kobane szybko stało się symbolem amerykańskiego zaangażowania w walkę z ISIS. Setki dziennikarzy z różnych stron świata zgromadziły się na bezpiecznym wzgórzu leżącym na terenie Turcji, z którego obserwować można było rozpaczliwą obronę miasta. Wkrótce charakterystycznym widokiem stały się krążące nad okolicą amerykańskie samoloty i drony, które atakowały stanowiska dżihadystów. Pewnego razu Amerykanie zbombardowali wzgórze, na którym ISIS umieściło swoją flagę. Rzecz jasna, nie miało to żadnego znaczenia strategicznego, ale było doskonałym chwytem propagandowym podchwyconym szybko przez media.

© Photo courtesy of Rick Findler

Kurdyjski bojownik obserwuje pozycje dżihadystów, okolice miasta Kirkuk, czerwiec 2014 roku.

Mogło się więc wydawać, że Stany Zjednoczone rzeczywiście postanowiły rozprawić się z ISIS. Mówił o tym wielokrotnie prezydent Obama, ale niestety znowu skończyło się tylko na gadaniu. Kobane było raczej zasłoną dymną niż prawdziwą interwencją. Chodziło o wywołanie odpowiedniego efektu propagandowego, a nie o faktyczne uderzenie w dżihadystów. Przez następne pół roku w każdym wywiadzie Obama podawał Kobane jako przykład amerykańskiego zaangażowania. Były to więc działania obliczone na osiągnięcie doraźnego celu, a nie część długofalowej strategii walki z tak zwanym Państwem Islamskim. W żargonie polityków to tak zwany czynnik CNN.

Nie chciałbym jednak sugerować, że amerykańska pomoc była bezużyteczna. Wręcz przeciwnie, dzięki zaangażowaniu USA udało się uratować życie wielu ludzi. Nie należy jednak zapominać, że Kobane miało dla dżihadystów małe znaczenie strategiczne i z ich perspektywy nie była to szczególnie ważna bitwa. Kontrolowali już znaczne fragmenty tureckiej granicy i ewentualne zwycięstwo powiększyłoby ich stan posiadania raptem o kilkaset metrów.

Zmuszając Amerykanów do interwencji w obronie Kobane, ISIS osiągnęło jednak inny ważny cel: skutecznie przypomniało Turkom, że Kurdowie wciąż stanowią dla nich ogromne zagrożenie. Na samym początku konfliktu Asad dał kurdyjskim oddziałom samoobrony (YPG) nieformalną autonomię w zamian za nieatakowanie wojsk wiernych reżimowi, co wywołało w Turcji popłoch. Rząd w Ankarze bał się, że na tureckiej granicy powstanie kolejne państwo kurdyjskie podobne do tego, które istniało już w Iraku.

Symbolem tureckiej obojętności wobec ISIS stało się nagranie, na którym uzbrojeni dżihadyści podchodzą do strzegących granicy tureckich żołnierzy i ucinają sobie z nimi przyjacielską pogawędkę, a następnie machając im na do widzenia, wsiadają do pikapa i odjeżdżają w kierunku Kobane.

Jest również możliwe, że ISIS wysłało niedoświadczone i nie najlepiej wyszkolone jednostki po to, by odciągnąć uwagę Amerykanów od ważniejszych bitew. Gdy cały świat skupił się na oblężeniu Kobane, dżihadyści bez najmniejszych przeszkód kontynuowali ofensywę w irackiej prowincji Anbar.

ISIS potrzebowało nowych zwycięstw dla celów propagandowych i utwierdzenia swoich zwolenników w słuszności prowadzenia polityki „baqiya wa tatamaddad", czyli „trwania i ekspansji". Warto zauważyć, że pod Kobane oddziały ISIS walczyły z dobrze zorganizowaną koalicją rozmaitych ugrupowań, co było przykładem udanej współpracy sił wrogich dżihadystom. Już na samym początku bitwy ISIS rzuciło do walki setki młodych, niewyszkolonych bojowników, którzy mieli odegrać rolę mięsa armatniego. Było wśród nich dwóch Brytyjczyków, którzy zginęli podczas oblężenia. Po stronie kurdyjskiej również walczyło dwóch obywateli Wielkiej Brytanii – był to zatem w tej wojnie pierwszy znany przypadek bratobójczej walki między cudzoziemcami.

Amerykańska pomoc udzielana syryjskim Kurdom jest zdaniem Turków torpedowaniem fundamentalnych celów prowadzonej przez nich polityki i w związku z tym nie pozostaje im nic innego, jak patrzeć na działania ISIS przez palce. W marcu 2013 roku Abdullah Öcalan, lider Partii Pracujących Kurdystanu (PKK) uważanej przez wiele państw zachodnich za organizację terrorystyczną, w liście napisanym w więzieniu ogłosił koniec trwającej od trzydziestu lat wojny z Turcją (wojny, która pochłonęła trzydzieści tysięcy ofiar). Mimo to w październiku 2014 roku tureckie lotnictwo rozpoczęło bombardowanie kurdyjskich baz, co było wyraźnym sygnałem, że członkowie PKK wciąż pozostają w oczach Turcji terrorystami.

Tureckim władzom nie podoba się, że syryjscy Kurdowie są dozbrajani przez rząd USA i że w obronie Kobane brali udział kurdyjscy bojownicy sprowadzeni z Iraku. Ich zdaniem może to oznaczać, że Amerykanie, chcąc nie chcąc, dostarczają broń PKK. Turcja obawia się tego, co może wyłonić się z chaosu i nie chce dopuścić, by amerykańska broń trafiła w niepowołane ręce i została wymierzona przeciwko tureckim żołnierzom.

# ROZDZIAŁ 24

## Iraccy Kurdowie

Na rozciągającą się poniżej szeroką równinę spadał grad rakiet i pocisków moździerzowych. Staliśmy na wzgórzach w towarzystwie kurdyjskich generałów obserwujących pole bitwy. Znad ziemi unosiły się pióropusze dymu, a nad naszymi głowami przelatywały pociski artyleryjskie i słychać było nieustającą kanonadę. Nagle z rykiem przejechał obok nas wycofujący się czołg, a do przodu przez kurz i pył pognały ambulanse.

Razem z Rickiem Findlerem byliśmy wśród kurdyjskich peszmergów, którzy w okolicach miasta Dżalawla starali się zatrzymać napierające oddziały ISIS. Pięć dni wcześniej padł Mosul, a dżihadyści bez przeszkód posuwali się w głąb Iraku i byli już prawie pod samym Bagdadem. Na ich drodze stanęli jednak Kurdowie. Temperatura dochodziła do trzydziestu ośmiu stopni Celsjusza. Wróg znajdował się po drugiej stronie suchej równiny jakieś dwa kilometry od nas.

Obserwowaliśmy zjeżdżające ze wzgórz wojskowe samochody terenowe typu humvee, nad którymi powiewały czarne flagi.

Rozdzielająca nas otwarta przestrzeń przypominała pole średniowiecznej bitwy. Z obu stron nadlatywały rakiety wycelowane w stacjonujące na wzgórzach jednostki przeciwnika, a karabiny maszynowe wypluwały z siebie serie pocisków. Przy wyrzutniach i moździerzach stali ludzie z kartkami papieru i ołówkami, starając się wyliczyć właściwą kalibrację.

Co chwila z wizgiem i bez żadnego ostrzeżenia niebezpiecznie nisko nad naszymi głowami przelatywały rakiety. Gdy trafiały w cel, rozlegały się okrzyki radości, ale żadna ze stron nie była w stanie zadać decydującego ciosu. ISIS miało o wiele więcej o wiele nowocześniejszej broni, więc Kurdom nie pozostawało nic innego, jak tylko się bronić, od czasu do czasu ostrzeliwać wroga, a następnie przemieszczać wzdłuż grzbietu wzgórza, żeby ponownie zaatakować.

Nagle na niebie pojawił się helikopter Irackich Sił Powietrznych i zaczął krążyć nad polem bitwy. Wśród Kurdów wybuchła radość, ponieważ współpraca z armią rządową należy do rzadkości. W pewnym momencie spod brzucha śmigłowca wystrzelił pocisk rakietowy i zaczął spiralnym torem lecieć w naszym kierunku. Ułamek sekundy później eksplodował znajdujący się około stu metrów od nas samochód wypełniony kurdyjskimi żołnierzami. Patrzyliśmy na to zdezorientowani i z osłupieniem zaczęliśmy rozglądać się wokół siebie. Wybuchła panika. W ogromnym zamieszaniu setki żołnierzy rzuciły się do ucieczki. Razem z Rickiem daliśmy nura do rowu i padliśmy twarzą do ziemi.

Obok nas ukryli się również inni żołnierze. Wiadomo było, że stało się coś strasznego. Wskoczyliśmy do przejeżdżającego obok samochodu i minęliśmy płonący wrak. Nie mieliśmy żadnych wątpliwości – nikt nie przeżył.

Od dwóch rakiet wystrzelonych przez „sojuszniczy" helikopter zginęło ośmiu Kurdów. Podczas ucieczki w powietrzu niemal czuć było wściekłość i niedowierzanie. Kurdowie byli przekonani, że Irakijczycy zaatakowali ich celowo. Animozje między tymi nacjami są tak silne, że ten pogląd utrzymuje się do dziś.

Tamten dzień stanowił doskonałą ilustrację tego, jak Kurdowie widzą samych siebie i swoje zmagania z niemal całym światem. Niedozbrojeni i prawie przez nikogo niepopierani walczą na wielu frontach przy użyciu przestarzałej broni, a co jakiś czas ktoś i tak wbija im nóż w plecy. W przeszłości musieli stawić czoło Saddamowi Husajnowi, Turcji, Iranowi i rządowi irackiemu, a teraz ich głównym wrogiem jest ISIS. Kurdowie są jednak jedynymi prawdziwymi sojusznikami Zachodu w regionie.

To największa grupa etniczna na świecie, która nie posiada własnego państwa. Na zamieszkiwanym przez siebie terytorium, wchodzącym w skład Iraku, Iranu, Turcji i Syrii, byli od wieków prześladowani i represjonowani. Czasem dochodziło nawet do krwawych rzezi. Pod jednym względem wyróżniają się na tle innych ludów Bliskiego Wschodu. Bycie Kurdem jest kwestią wyłącznie etniczną, a nie religijną (większość to sunnici, ale część z nich wyznaje jazydyzm, chrześcijaństwo, a nawet judaizm). W północnym

Iraku udało im się stworzyć demokratyczne, modernizujące się i przyjazne Zachodowi państwo.

Kurdyjskie oddziały odpalają pociski rakietowe w kierunku stanowisk ISIS, okolice miasta Dżalawla, czerwiec 2014 roku.

Wszyscy byli zaskoczeni, gdy ISIS zdecydowało się zaatakować kontrolowaną przez Kurdów tamę w Mosulu i miasto Irbil. Uważano, że po odniesieniu pierwszych spektakularnych sukcesów dżihadyści będą parli dalej na południe w kierunku świętych miast Karbali i Nadżafu, a następnie spróbują sięgnąć po prawdziwą perłę, czyli Bagdad. Tymczasem z nieznanych przyczyn ruszyli na północ. Być może chcieli uniemożliwić irackim Kurdom niesienie pomocy swoim syryjskim pobratymcom albo, zdając sobie sprawę, że wcześniej czy później w konflikt na poważnie zaangażuje się Zachód, postanowili uderzyć jako pierwsi. Możliwe także, że było wręcz odwrotnie – atakując Kurdów, chcieli sprowokować Amerykanów do interwencji.

Stany Zjednoczone rzeczywiście zareagowały. Celem była obrona kurdyjskiej stolicy, Irbilu, oraz mieszkających w niej obywateli państw zachodnich, pracujących w przemyśle naftowym. Gdy na arabskie ziemie spadły pierwsze amerykańskie bomby i rozpoczęła się zachodnia interwencja, ISIS zaczęło otwarcie mówić o nowej krucjacie, na której czele stać miały Stany Zjednoczone. Niewątpliwie taka retoryka nie wpłynęła negatywnie na rekrutację nowych bojowników. Dżihadyści uwielbiają przecież walczyć z „niewiernymi".

## *Niepodległość*

Zanim dżihadyści rozpoczęli ofensywę w północnym Iraku, ich działalność była pod wieloma względami korzystna dla Kurdów. Wojna błyskawiczna doprowadziła do rozpadu irackiej armii. Kurdowie niezwłocznie zajęli opuszczone posterunki i przejęli kontrolę nad leżącym na południu terytorium wyjątkowo bogatym w ropę naftową. Od czasów Saddama Husajna ten obszar był przedmiotem zaciętych sporów z rządem centralnym w Bagdadzie. Iracki dyktator rozpoczął nawet proces arabizacji, który miał na celu zmianę struktury demograficznej regionu. Kurdyjskie rodziny były prześladowane, mordowane, a nawet trute gazami bojowymi, na ich miejsce sprowadzano zaś Arabów. Gdy za sprawą ISIS Irakijczycy uciekli,

Kurdowie po raz pierwszy od dziesięcioleci mogli przejąć kontrolę nad swoim historycznym terytorium.

Na początku wojny domowej w Syrii prawie każdy kurdyjski żołnierz, z którym rozmawiałem, uważał, że ISIS przyczyni się do kurdyjskiej niepodległości. Krążyły nawet plotki, że między obiema stronami doszło do tajnego porozumienia. Dżihadyści mieli przeć dalej na południe, a Kurdowie zapewnić im spokój na północy, wzdłuż granicy odzyskanego terytorium. ISIS w końcu jednak zaatakowało i Kurdowie musieli się bronić, choć wcale nie byli na to przygotowani.

Przez wiele lat przyzwyczaili się do prowadzenia wojny partyzanckiej w górach. Małe oddziały potrafiły skutecznie nękać silną, ale nieruchawą armię Husajna. W wypadku ISIS role się jednak odwróciły. Teraz to Kurdowie byli żołnierzami broniącymi swojego kraju przed powstańcami. Musieli im stawić czoło na rozległej równinie i nie mogli korzystać z bezpiecznych górskich kryjówek. Nie mieli też czasu na zmodernizowanie wojska i zakup nowoczesnej broni, na co potrzebowali zgody Bagdadu. Teraz z trudem odpierali ataki dżihadystów.

Licząca sobie tysiąc trzysta kilometrów granica między Irakiem a Kurdystanem idealnie nadaje się do stosowania ulubionej strategii ISIS. Oddziały dżihadystów szybko przemieszczają się z miejsca na miejsce pikapami, szukając luk w szykach obronnych przeciwnika. Kurdowie po prostu nie byli w stanie za nimi nadążyć. Wiele napisano o niezwykłej odwadze kurdyjskich peszmergów, którzy zatrzymali ofensywę ISIS, lecz w rzeczywistości wyglądało to nieco inaczej i Kurdowie niemal cudem przechylili szalę zwycięstwa na swoją stronę.

Chociaż od wieków cieszą się opinią niezłomnych wojowników, to młode pokolenie peszmergów nie miało zbyt wielu okazji, by szkolić swoje umiejętności. Przez ostatnie dwie dekady panował względny spokój, a kurdyjskie siły zbrojne zmagały się z wszechobecną korupcją i nepotyzmem. Przebywając na linii frontu, wielokrotnie widziałem niedoświadczonych żołnierzy, którzy w dniu swojego przyjazdu przechodzili podstawowe szkolenie, żeby mieć jakiekolwiek pojęcie o sztuce wojennej.

„We wszystkim potrzebujemy pomocy Amerykanów", powiedział mi żołnierz kurdyjskich oddziałów specjalnych. „Muszą nas nauczyć, jak organizować armię, jak ulepszyć system dowodzenia, jak walczyć i jak się zjednoczyć".

# ROZDZIAŁ 25

## Kurdyjski bazar z bronią

W północnym Iraku kwitnie handel bronią. Bez większych problemów można kupić karabin M16, nieco więcej zachodu wymaga zdobycie granatnika przeciwpancernego, ale na dobrą sprawę można dostać praktycznie wszystko, a ceny zmieniają się niemal z dnia na dzień.

We wrześniu 2014 roku odwiedziłem nielegalny targ działający w kurdyjskiej dzielnicy miasta Kirkuk. Przychodzą tu tłumy ludzi, którzy chcą kupić, sprzedać lub wymienić uzbrojenie wszelkiego typu i wszelkich rozmiarów. Podobne bazary działają w większości miast w regionie.

Dziesiątki handlarzy wystawiły swój towar na ulicach, a klienci chodzili od stoiska do stoiska. Broń leżała na ustawionych pod murami, odwróconych kartonach i wisiała na wbitych w ścianę kołkach. Była dosłownie wszędzie: na stolikach, wózkach, w pudełkach i torbach. Do wyboru, do koloru: kałasznikowy, karabiny

M16 i M4, granatniki, pistolety, broń gładkolufowa do tłumienia zamieszek, granaty i karabiny wielkokalibrowe.

Miesiąc wcześniej na targu wysadził się w powietrze arabski zamachowiec samobójca. Zginęło dwóch żołnierzy i trzech cywilów, ale bazaru nie zamknięto, tylko w zależności od sytuacji przenosi się go z miejsca na miejsce.

Z formalnego punktu widzenia targowisko jest nielegalne, a handel bronią wymaga specjalnego zezwolenia. Wśród klientów znajduje się jednak wielu wojskowych, ponieważ kurdyjscy żołnierze muszą sami sprawić sobie karabin i amunicję, a ci, których nie stać na zakup oficjalnymi kanałami, mogą tu liczyć na atrakcyjne zniżki.

Jeden ze sprzedawców powiedział mi, że peszmergowie walczący z „Arabami" dostają u niego pięćdziesięcioprocentowy upust. Arabowie (w podzielonym Kirkuku mieszka ich bardzo wielu) w ogóle nie są wpuszczani na teren bazaru. Inny handlarz oznajmił: „Nie sprzedałbym Arabowi żadnej broni, nawet jeśli dawałby mi milion dolarów". Najtańsze są karabiny AK-47, czyli kałasznikowy. Sprzedawcy zawsze podają datę ich produkcji i wiele egzemplarzy, które oglądałem, pochodziło sprzed 1980 roku.

Nadal jest to jednak najpopularniejsza broń w regionie, głównie z powodu łatwo dostępnej amunicji, niezawodności i niskiej ceny. Kałasznikowy są dużo tańsze od swoich amerykańskich odpowiedników. Ceny zmieniają się jednak z dnia na dzień, w zależności od sytuacji na froncie, zbliżających się bitew, uspokojenia nastrojów lub wybuchów paniki.

Dwa lata temu zwykły kałasznikow kosztował zaledwie trzysta dolarów, ale po zaostrzeniu się konfliktu syryjskiego cena wzrosła do rekordowych tysiąca pięciuset dolarów. Teraz za taki karabin trzeba zapłacić siedemset dolarów. Ceny poszły w górę, gdy dżihadyści zajęli Makmur, a potem znowu spadły po rozpoczęciu amerykańskich nalotów.

To samo stało się, kiedy przed ISIS uciekła iracka armia i rynek został zalany tanim uzbrojeniem. Sprytni handlarze oraz zwykli ludzie zgromadzili wtedy spore zapasy, które potem sprzedali z zyskiem hurtownikom lub sami weszli w tę branżę.

Wiele kupionych wtedy karabinów to amerykańskie M4 i M16, których posiadanie wiąże się teraz z wysokim statusem. Choć M16 jest powszechnie uważany za karabin z górnej półki, to ze względu na swój rozmiar jest tańszy od M4 (to kwestia próżności); M16 kosztuje trzy tysiące dolarów, a M4 – sześć tysięcy. Za broń krótką trzeba zapłacić od tysiąca dwustu do dwóch i pół tysiąca dolarów, granatniki przeciwpancerne z jednym pociskiem wyceniane są na dwieście dolarów, a lekkie karabiny maszynowe – na pięć tysięcy.

Ze względu na ogromny popyt naboje do kałasznikowów kosztują teraz więcej niż amunicja do innych karabinów. Cena naboju (kaliber 7,62 mm) do rosyjskiego magazynka wynosi siedemdziesiąt pięć centów, a za amerykańską amunicję kalibru 5,56 mm należy zapłacić pięćdziesiąt centów.

Pewien przedsiębiorczy młodzieniec wystawił na bazarze stragan z nożami myśliwskimi. Towar wzbudził spore zainteresowanie i chłopak całkiem nieźle zarobił. Po udanej transakcji klienci wracali do domów z nowo zakupioną bronią zawiniętą w czarne worki na śmieci.

Kurdyjski żołnierz obserwuje prowincję Dijala, Irak, czerwiec 2014 roku.

## *Peszmergowie – ci, którzy patrzą śmierci w oczy*

Do kurdyjskiego wojska wstępuje wielu starzejących się peszmergów, pięćdziesięcio-, a nawet sześćdziesięciolatków, którzy chcą walczyć z dżihadystami. W obliczu rosnącego zagrożenia ze strony dobrze uzbrojonych i zaprawionych w boju ekstremistów do obrony granic zgłaszają się Kurdowie w niemal każdym wieku.

Zachęcani przez rodziny przyjeżdżają z całego świata i z poczucia patriotycznego obowiązku zasilają szeregi armii, która rozpaczliwie potrzebuje wsparcia. Kurdyjska diaspora z Anglii, Szwecji, Syrii i innych zakątków globu przybywa, żeby bronić swojej ojczyzny. U boku młodych rekrutów stają prawnicy, taksówkarze, właściciele restauracji i emeryci.

Od dziesięcioleci Kurdowie odpierali ataki swoich wrogów w górach, ale młodsze pokolenie nie jest na dobrą sprawę odpowiednio przeszkolone i ma znikome doświadczenie bojowe. Starsi bojownicy otaczani są więc podziwem, a ich obecność bardzo podnosi morale.

Na linii frontu w miasteczku Tuz Chormato walczy oddział starszych bojowników pod dowództwem generała Abdullaha Musli. W ciągu ostatnich dwudziestu lat rozjechali się po świecie, a teraz wrócili i zebrali się w jednym miejscu, żeby odeprzeć kolejne zagrożenie.

Cieszący się powszechnym szacunkiem generał Abdullah Musla, znany również jako Ciemny Lew, jest w Kurdystanie postacią niemal mityczną. Był jednym z pierwszych peszmergów. Rozpoczął walkę w 1967 roku i od tamtego czasu stawił czoło ogromnej liczbie wrogów. Był czternaście razy ranny i jego sześćdziesięcioczteroletnie ciało pokryte jest bliznami. Przez wiele lat mieszkał i walczył w górach. Wciąż jest pełen energii i często powtarza: „Nigdy nie zmęczyło mnie bycie peszmergiem". „Peszmerga" znaczy dosłownie „ten, który patrzy śmierci w oczy".

W czerwcu 2014 roku generał Abdullah odebrał wiele telefonów od swoich byłych żołnierzy, którzy prosili go o zgodę na dołączenie do jego oddziału.

Teraz u jego boku walczy przynajmniej kilkunastu weteranów. Podobnie jest zresztą w innych batalionach w tym regionie.

W każdym meczecie ustawiają się długie kolejki ochotników – wśród nich zarówno młodzi, jak i starzy, którzy czują palącą potrzebę ruszenia w bój. Jest ich tak wielu, że ostatnio zaostrzono kryteria selekcji, a rekruci muszą sobie sami kupić broń.

Szef stowarzyszenia emerytowanych peszmergów, sześćdziesięcioczteroletni Abdul Kanibardi, który sam niedawno wrócił na linię frontu, zapytany o stan zdrowia powracających weteranów, powiedział: „Nie da się zapomnieć, jak się używa karabinu". Inni dodawali, że będą walczyć do samego końca i wcale nie boją się śmierci. Często to właśnie oni dowodzą obroną kurdyjskich pozycji podczas ataków dżihadystów.

Może się wydawać, że werbowanie podstarzałych rekrutów na podstawie ich doświadczeń sprzed dwudziestu lat i wysyłanie ich na linię frontu bez żadnego dodatkowego szkolenia nie jest najlepszym pomysłem, szczególnie jeśli zajmują oni miejsce mężczyzn w wieku poborowym.

Okazało się jednak, że w praktyce taki system całkiem nieźle się sprawdza. Młodsi bojownicy mówią, że obecność weteranów „ich wzmacnia", a zdaniem niektórych oficerów świadomość, że „walczą ramię w ramię ze swoimi bohaterami", korzystnie wpływa na morale i dodaje im energii, gdy ruszają do boju. „Doświadczenie jest ważniejsze od rangi", powiedział mi pewien podporucznik, gdy przechodziliśmy obok salutujących mu pułkowników.

Ten wyjątkowy fenomen wynika z głęboko zakorzenionej kurdyjskiej tradycji obdarzania ogromnym szacunkiem starszych członków rodziny. W każdym oddziale generała Abdullaha jeden weteran opiekuje się dziesięcioma młodymi rekrutami. Jednym z mentorów jest czterdziestodziewięcioletni Szerdyl Rwandzi. Na co dzień mieszka w Bournemouth w Anglii i pracuje jako taksówkarz, ale za namową żony i macochy pół roku temu przyjechał do Kurdystanu, żeby wziąć udział w „bitwie w obronie ludzkości". Jego żona powiedziała mu: „Jeśli nie będziesz walczyć, twoją ojczyznę zagarną obcy – co wtedy zostawisz swoim dzieciom?". Te słowa sprawiły, że choć od wielu lat nie trzymał broni w ręku, zadzwonił do starego znajomego, generała Abdullaha, który przyjął go pod swoje skrzydła i przyznał wysoką rangę w dowodzonej przez siebie jednostce.

Takie podejście jaskrawo kontrastuje z systemem obowiązującym wśród dżihadystów, którzy mimo niezwykłej brutalności (właśnie pojawiły się doniesienia o kolejnych osiemdziesięciu dekapitacjach) posługują się kryteriami merytokratycznymi. Krótko mówiąc, w ISIS to najlepsi bojownicy zajmują najwyższe stanowiska, podczas gdy wśród Kurdów od zawsze królował nepotyzm. Amerykanie muszą to z pewnością zmienić.

### *Kurdyjska przyszłość*

Dla Kurdyjskiego Rządu Regionalnego w Iraku (ang. KRG – Kurdistan Regional Government) rok 2014 był wyjątkowo trudny. Nie udało się podpisać trójstronnego porozumienia między Bagdadem, KRG i Turcją, dzięki któremu kurdyjska ropa mogłaby płynąć na północ przez tureckie rurociągi. Co więcej, Bagdad przestał dzielić się pieniędzmi z krajowego budżetu, choć oficjalnie jest zobowiązany przekazywać Kurdom siedemnaście procent wszystkich dochodów.

Kurdyjski Rząd Regionalny potrzebuje miesięcznie około siedmiuset pięćdziesięciu milionów dolarów, żeby pokryć wydatki związane z funkcjonowaniem rozbudowanego sektora publicznego. Kiedy rząd centralny zakręcił kurek z pieniędzmi, a negocjacje kontraktów na sprzedaż ropy przedłużały się w nieskończoność, Kurdowie zaczęli tonąć w rosnących co miesiąc długach. Na dodatek w czerwcu rozpoczęła się ofensywa ISIS, co oznaczało kolejne wydatki na zaopatrzenie wojska i prowadzenie kampanii obronnej. Potem na kontrolowany przez nich teren napłynęło półtora miliona uchodźców, którzy stanowią obecnie około jednej piątej ludności.

Kurdyjski rząd musi zatem wykorzystać okazję i doprowadzić do zawarcia umów, które staną się fundamentem długofalowej strategii przetrwania. Po pierwsze, należy nawiązać stałą współpracę z Turcją, żeby przez następne kilka dziesięcioleci mieć zapewnione rynki zbytu nie tylko dla ropy, lecz także dla gazu. Po drugie, konieczne jest podpisanie ze Stanami Zjednoczonymi długoterminowej umowy dotyczącej bezpieczeństwa, która umożliwi Kurdom zakup broni bez pośrednictwa władz centralnych w Bagdadzie.

Wydaje się, że obecnie Kurdowie rzeczywiście dysponują niezłą kartą przetargową. Mieszkają w samym sercu Bliskiego Wschodu, regionu, w którym amerykański rząd wciąż szuka wiarygodnych sojuszników. Są bardzo przyjaźnie nastawieni do Zachodu, zamieszkują Syrię, Turcję, Iran oraz Irak i naprawdę zależy im, aby w ciągu najbliższej dekady zostać jednym z najważniejszych sprzymierzeńców USA. We wrześniu 2014 roku kurdyjska delegacja pojechała do Waszyngtonu, żeby negocjować z Amerykanami ewentualne porozumienie. Czas pokaże, czy Stany Zjednoczone są gotowe na taką współpracę.

© Photo courtesy of Rick Findler

Nastolatek filmujący starcia w Aleppo ucieka spod ostrzału snajpera.

# ROZDZIAŁ 26

## Media społecznościowe

Nigdy wcześniej żadne ugrupowanie terrorystyczne nie posługiwało się tak sprawnie mediami społecznościowymi jak ISIS. Dżihadyści ze zdumiewającą skutecznością potrafią przebić się ze swoim komunikatem i obok sprawności na polu walki internet jest teraz ich najgroźniejszą bronią. Twitter, YouTube, Facebook, Instagram i Tumblr stały się dla ISIS najważniejszymi kanałami komunikacyjnymi, służącymi nie tylko do rozprzestrzeniania islamistycznej ideologii, lecz także dającymi możliwość wglądu w specyficzny świat fanatyków religijnych. Począwszy od języka używanego w postach, przez muzykę i stroje, a skończywszy na ustawieniu kamery, wszystko jest starannie wyreżyserowane i ma służyć realizacji trzech głównych celów: rekrutowaniu, prowokowaniu i zastraszaniu. Na razie ISIS jest w tym zdumiewająco skuteczne.

Filmy przedstawiające egzekucje zachodnich dziennikarzy i pracowników organizacji charytatywnych na zawsze wryły się w pamięć opinii publicznej na całym świecie i w ten sposób niewątpliwie wpłynęły na decyzję Obamy o zaangażowaniu się w konflikt. Trudno oprzeć się myśli, że dekapitacje były w dużej mierze prowokacją, mającą na celu zmuszenie Zachodu do interwencji. Widok amerykańskich samolotów zrzucających bomby na Syrię świetnie wpisuje się przecież w strategię rekrutacyjną ISIS. Tymczasem to nie tego rodzaju filmy powinny pobudzić Obamę do działania. Dżihadystów trzeba było zaatakować dużo wcześniej.

Regularnie publikowane nagrania pokazujące masakry żołnierzy mają na celu sianie strachu w sercach wroga. Gdy przed dżihadystami uciekła trzydziestotysięczna iracka armia, głównym powodem był właśnie lęk przed masowymi egzekucjami. Irakijczycy wiedzieli, że nie umrą tak po prostu: najpierw będą torturowani, a potem ścięci. Zdumiewające jest również to, że te niezwykle brutalne filmy są często przemontowywane po ty, by robić na oglądających jeszcze większe wrażenie.

W strukturach ISIS funkcjonują specjalne komórki odpowiedzialne za media. Pracują w nich dobrze wykształceni dziennikarze, którzy potrafią stosować wyrafinowane metody zwiększania zasięgu oddziaływania islamistycznej propagandy. Na Twitterze ich arabskojęzyczna aplikacja „Świt dobrych wieści" umożliwia użytkownikom udostępnianie tych samych tweetów po wiele tysięcy razy, co sprawia, że automatycznie stają się one niezwykle popularne. ISIS przechwytuje również modne hasztagi. Tak było na przykład podczas mistrzostw świata w piłce nożnej z takimi hasztagami jak #brazil2014 lub #france. Potem każdy, kto szukał całkiem niewinnych informacji dotyczących futbolu, był zalewany dżihadystowską propagandą.

Na całym świecie działa też wielu duchownych popierających ISIS, którzy skutecznie rozprzestrzeniają radykalne treści. Dobrym przykładem jest Saudyjczyk Muhammad al-Arifi, który za to, że popiera bicie żon i sieje nienawiść wobec żydów, ma zakaz wjazdu na teren Unii Europejskiej. Na Twitterze śledzi go 9,4 miliona użytkowników, co oznacza, że tylu ludzi jest narażonych na islamistyczne pranie mózgu i nakłanianych do popierania ISIS.

Zanim jednak treści propagandowe trafią do internetu, są starannie opracowywane przez cały sztab dziennikarzy i realizatorów. Zdaniem pewnego sklepikarza z Rakki popyt na kamery wideo wysokiej rozdzielczości był ostatnio tak duży, że obecnie w mieście brakuje takiego sprzętu. Całkiem niedawno dostał od jednego batalionu zamówienie na trzydzieści kamer, które musiał sprowadzić bezpośrednio z Turcji. ISIS oferuje specjalne szkolenia dla pracowników mediów, którzy uczą się, jak korzystać z dronów, jak pracować jednocześnie z wieloma kamerami oraz jak stosować zaawansowane techniki montażowe.

### *Kontekst*

Pomysł utworzenia specjalnych komórek zajmujących się mediami pochodzi z czasów Arabskiej Wiosny i odegrał istotną rolę w obaleniu prezydenta Ben Aliego w Tunezji, Kaddafiego w Libii oraz Mubaraka w Egipcie. Jednakże dopiero w Syrii machina medialna została naprawdę dobrze zorganizowana. Gdy konflikt uległ zaostrzeniu, w każdym mieście, które znalazło się w rękach rebeliantów, powstawał ośrodek prasowy. Były to miejsca chętnie odwiedzane przez dziennikarzy relacjonujących krwawe walki o Aleppo, Homs, Idlib i inne miasta. Kiedy zrobiło się naprawdę niebezpiecznie, zachodnie media zaczęły korzystać wyłącznie z materiałów filmowych przygotowywanych w tych ośrodkach, co wywołało oskarżenia o zachęcanie młodych Syryjczyków do narażania własnego życia. Zachód nie oferował im w zamian żadnej ochrony ani żadnego wynagrodzenia.

Uzależnienie od materiałów publikowanych w internecie skutkowało też licznymi pomyłkami. Na przykład CNN pokazało film, na którym młoda dziewczyna wyciągana jest z gruzowiska. Później okazało się, że działo się to wiele lat temu w Kosowie. Ogromna liczba amatorskich filmików nagrywanych na polu walki miała również znaczny potencjał propagandowy.

Początkowo filmowaniem zajmowali się nastoletni chłopcy, często zbyt młodzi, by samemu chwycić za broń. Razem z Rickiem towarzyszyłem takim „medialnym dzieciakom" w 2012 roku w Aleppo. Byli to zazwyczaj czternastolatkowie, którzy zakradali się do dzielnic kontrolowanych przez siły wierne Asadowi, żeby zdobyć dane wywiadowcze lub śledzić koncentrację wojsk. Ich zadaniem było również filmowanie walk rebeliantów i przekazywanie nagrań na zewnątrz. W obcisłych dżinsach i z zaczesanymi do tyłu włosami wyglądali raczej jak członkowie jakiegoś boysbandu. Niczego się nie bali, a strefa działań wojennych była ich prawdziwym żywiołem. Pamiętam, jak pewnego dnia podczas ataku na posterunek armii rządowej jeden z nich, chcąc mieć jak najlepsze ujęcie kręconej sceny, wyskoczył przed nacierających bojowników, a ci zaczęli strzelać nad jego głową. Niestety, wielu z tych chłopaków zostało rannych, część trafiła do niewoli i była torturowana, a niektórzy zginęli. Bez wątpienia należeli do najodważniejszych ludzi, jakich spotkałem w życiu. Ich celem było pokazanie światu, co dzieje się w Syrii.

Podczas kolejnych podróży zaobserwowałem, że rebelianci są pod tym względem coraz lepiej zorganizowani. W każdym batalionie za filmowanie walk odpowiadał jeden, czasem dwóch bojowników. Nagrania kompilowano i przesyłano do centrali, gdzie były montowane, a potem rozsyłane do zachodnich serwisów internetowych i syryjskiej telewizji. Rebelianci sami uruchomili kilka kanałów telewizyjnych, pokazujących dwadzieścia cztery godziny na dobę relacje z frontu przy akompaniamencie pompatycznej islamskiej muzyki. Nocą była to jedyna forma rozrywki, więc często siadaliśmy w ciemności i oglądaliśmy montaż nagrań z bitew toczonych w danym tygodniu oraz filmy przedstawiające ataki samobójcze. Kiedy na ekranie pojawiał się jakiś wyjątkowo znaczący obraz, otaczający nas ludzie zaczynali krzyczeć: „Allahu Akbar!".

Strategie rebeliantów, tak jak niemal wszystko w tym konflikcie, zostały wykorzystane, a następnie udoskonalone przez ISIS. Obecnie machina medialna dżihadystów działa na najwyższych obrotach w wielu różnych wymiarach. Jednym z najbardziej odrażających przykładów jest udający poważną publicystykę program telewizyjny, do którego prowadzenia zmuszony został porwany brytyjski dziennikarz John Cantlie. Zwracając się bezpośrednio do kamery, przekazuje widzom najnowsze doniesienia z pól bitew, cytuje zagraniczną prasę i podważa wiarygodność zachodnich mediów. Kiedy pojawiły się informacje, że Kurdom udało się zdobyć Kobane, Cantlie został natychmiast wysłany do tego miasta, żeby zdać bezpośrednią relację. Przed kamerą zachowywał się jak rasowy prezenter, mówił gładko i potoczyście, kończąc program, jak zwykle, klasycznym zwrotem: „Do zobaczenia w kolejnym odcinku".

Główne przesłanie propagandy ISIS kierowanej do potencjalnych rekrutów krąży wokół idei kalifatu. Dżihadyści z lubością rozwodzą się na temat zła wyrządzonego przez szyitów i obcokrajowców, podsycają nienawiść i żądzę zemsty oraz roztaczają wizję przyszłej chwały, która przypadnie w udziale sunnickim męczennikom. Trzeba przyznać, że w wypadku szeregowych bojowników ta wizja może być nader kusząca, ale przywódcy ISIS mają własne cele i w walce o władzę są w stanie nawet współpracować z alawickimi „diabłami".

## *„Dabiq"*

„Dabiq" to papierowy magazyn wydawany przez dżihadystów. Ma bogatą szatę graficzną, jest starannie redagowany i tłumaczony na wiele języków. Jego główne zadanie polega na umacnianiu religijnej legitymacji tak zwanego Państwa Islamskiego. Na kolejnych stronach przeczytać można niekończące się uzasadnienia, dlaczego powstało ISIS, i opowieści o grzechach niewiernych. Regularnie pojawiają się też artykuły o instytucjach politycznych kalifatu oraz jego systemie prawnym. Pamiętajmy, że ISIS ma silną konkurencję w postaci starszych organizacji ekstremistycznych i dlatego musi dbać o właściwe uzasadnienie swojej prawowitości. Właśnie takie zadanie wypełnia „Dabiq" na zagranicznym rynku.

Dabiq to miasto w północnej Syrii, pod którego murami ma dojść do rozstrzygającej bitwy między muzułmanami a armią „Rzymu". To miejsce ma ogromne znaczenie dla propagandy ISIS i wiele artykułów, zdjęć oraz wywiadów publikowanych w „Dabiq" odnosi się bezpośrednio do ostatecznego starcia sił dobra i zła, które zdaniem dżihadystów nieuchronnie się zbliża. Na okładce magazynu często widnieją symbole zachodniego świata, na przykład plac Świętego Piotra w Watykanie, arka Noego albo amerykańscy żołnierze niosący rannych.

### *Propaganda religijna*

Trudno porównywać niewyraźne, trzaskające taśmy bin Ladena nagrywane w górskich kryjówkach i wysyłane na grzbiecie osła do biura Al-Dżaziry z pierwszym telewizyjnym wystąpieniem al-Baghdadiego. Czwartego lipca 2014 roku wygłosił on w Wielkim Meczecie an-Nuri płomienne kazanie skierowane do mieszkańców Mosulu, które nagrywane było przez pięć kamer wysokiej rozdzielczości umieszczonych wewnątrz i na zewnątrz świątyni. To był doskonale wyreżyserowany spektakl. Al-Baghdadi miał na sobie tradycyjny strój kalifa oraz czarny turban, wyraźne odniesienie do nakrycia głowy noszonego przez Mahometa podczas zdobycia Mekki. Cytował wybrane fragmenty Koranu, mające uzasadnić jego obowiązki religijne, mówił bezbłędną klasyczną arabszczyzną, a w ręku trzymał cienką drewnianą laskę przypominającą tę, którą zwykł nosić Prorok.

Każdy, nawet najmniejszy, szczegół świetnie zrealizowanego dwudziestominutowego filmu miał na celu pokazanie zwolennikom al-Baghdadiego, że mogą stanąć do walki z Zachodem i ustanowić kalifat. Od tamtej pory al-Baghdadi nie pokazywał się publicznie, udostępnił jedynie kilka nagrań dźwiękowych.

### *Media społecznościowe*

W wypadku obcokrajowców media społecznościowe odgrywają większą rolę niż w jakimkolwiek innym konflikcie w historii. Są dla zagranicznych bojowników ważniejszym źródłem informacji i inspiracji niż oficjalne kanały komunikacyjne opisane w poprzednim podrozdziale. W sieci znaleźć można filmy nakręcone na terytorium kontrolowanym przez ISIS, na których widać, jak pod wciąż otwartymi, choć działającymi pod ścisłym nadzorem władz kawiarenkami internetowymi ustawiają się długie kolejki. Jedno z nagrań pokazuje pomieszczenie pełne kobiet zakutanych w nikaby, rozmawiających po francusku ze swoimi matkami i rodzinami, które zostały w ojczyźnie. W pewnym momencie słychać, jak jedna z nich stara się wyjaśnić matce, dlaczego żyje w kraju rządzonym przez dżihadystów: „Jestem tu szczęśliwa i nie mam wcale zamiaru wracać".

Komórki propagandowe zajmujące się wabieniem obcokrajowców zostały w pewnym momencie połączone i nadano im wspólną nazwę „Al Hayat Media Center". Logo tego nowego tworu jest niezwykle podobne do symbolu Al-Dżaziry, co ma na celu zwiększenie wiarygodności. Al Hayat jest obcojęzycznym kanałem, nadającym po niemiecku, angielsku i francusku. Nagrania zamieszczane w internecie mają pokazać ISIS jako ugrupowanie serdeczne i przyjazne. Na jednym z filmików zatytułowanym *Świąteczne pozdrowienia* bojownicy pochodzący z różnych stron świata opowiadają, jak bardzo są zadowoleni z tego, że mieszkają w tak zwanym Państwie Islamskim i otwarcie nakłaniają swoich „braci" do przyjazdu. „Nie wydaje mi się, żeby istniało na świecie lepsze miejsce do życia niż kraj rządzony przez kalifa", mówi do kamery dżihadysta pochodzący z Wielkiej Brytanii.

Seria krótkich klipów pod wspólnym tytułem *Mudżatweety* (*Mujatweets*) pokazuje, jak przyjemna jest walka pod sztandarami ISIS. Widzimy dżihadystów rozdających dzieciom watę cukrową, niemieckiego bojownika, który z szerokim uśmiechem na twarzy śpiewa coś w rodzaju kołysanki, dzieci bawiące się bronią i biegające po placu zabaw. Dowiadujemy się również, że udział w walce sprawia, że bojownicy zaczynają pachnieć piżmem.

Do części rekrutów bardziej przemawiają jednak filmy pokazujące przemoc i morderstwa. Najbrutalniejsi i najbardziej żądni krwi są dżihadyści publikujący w sieci własne materiały, na których stoją dumnie nad poćwiartowanymi zwłokami. Znany jest przypadek Brytyjczyka Abdela Bary'ego chwalącego się w internecie swoimi przygodami w Syrii. Na Twitterze opublikował zdjęcie, na którym trzyma w ręku obciętą ludzką głowę. Fotografię opatrzył następującym podpisem: „Relaksuję się ze swoim ziomkiem lub raczej z tym, co z niego zostało".

Amatorskie materiały są dla ISIS równie ważnym narzędziem propagandowym jak starannie zrealizowane produkcje oficjalnych mediów. Każdy zagraniczny bojownik publikuje zdjęcia i filmy, na których stara się pokazać nie tylko, jak walczy, lecz także jak rzekomo dobrze żyje, dobrze się odżywia i czerpie przyjemność z zabijania. To wyjątkowo skuteczny chwyt rekrutacyjny, który uświadamia początkującym dżihadystom, że takich jak oni jest naprawdę wielu i że mogą zrealizować swoje marzenia. Reyaad Khan, dwudziestolatek z Portsmouth w Wielkiej Brytanii, opublikował zdjęcie stołu zastawionego ryżem i różnymi potrawami z duszonego mięsa. Podpis: „Stanom Zjednoczonym wydaje się, że sieją spustoszenie i są w stanie zaszkodzić ISIS, a my jesteśmy wyluzowani i robimy swoje. #ISIS".

Inny zagraniczny bojownik szydzi z Zachodu, zamieszczając fotografię, na której kupuje w supermarkecie słoik nutelli: „Tak bardzo przestraszyłem się amerykańskich nalotów, że musiałem dodać sobie odwagi nutellą". Dobrym przykładem doskonałej znajomości zasad funkcjonowania mediów społecznościowych jest dwudziestodwuletnia Brytyjka, która przeprowadziła się do Syrii razem z mężem i „ćwierka" teraz na Twitterze, używając modnych skrótów: „UK must b shaking up ha ha, I wna b da 1st UK woman 2 kill a UK or US terrorist!" (Wielka Brytania musi trząść się ze strachu. Ha, ha. Chcę być pierwszą Brytyjką, która zabije angielskiego lub amerykańskiego terrorystę!).

Rzecz jasna, podejmowane są próby usuwania oficjalnych kont ISIS na Twitterze i brutalnych filmów na YouTube, ale kiedy tylko takie materiały znikną, niemal od razu pojawiają się nowe i w błyskawicznym tempie rozprzestrzeniają się po całej sieci. Wystarczy, że polubią i udostępnią je miliony użytkowników. Rozpowszechnianie treści propagandowych jeszcze nigdy nie było takie łatwe.

Obecnie dziennikarze mogą oficjalnie pracować na terenach kontrolowanych przez ISIS, ale w praktyce przypomina to farsę. Poniżej znajduje się lista zasad, których muszą przestrzegać.

Zasady pracy dziennikarzy:

1. Korespondenci muszą złożyć przysięgę wierności kalifowi Abu Bakrowi al-Baghdadiemu [...]. Jako poddani Państwa Islamskiego zobowiązani są również do posłuszeństwa swojemu imamowi.

2. Ich praca podlega wyłącznej kontroli biura prasowego Państwa Islamskiego.

3. Dziennikarze mogą współpracować bezpośrednio z agencjami informacyjnymi (na przykład Reutersem,

AFP i AP), ale powinni unikać wszelkich kontaktów z międzynarodowymi i lokalnymi kanałami telewizji satelitarnej. Pod żadnych pozorem nie wolno im udostępniać materiałów przygotowanych na prawach wyłączności.

4. Zakazuje się współpracy z telewizjami umieszczonymi na czarnej liście mediów walczących z państwami islamskimi (na przykład z Al-Arabiją, Al-Dżazirą i Orient TV). Za złamanie tej zasady grozi pociągnięcie do odpowiedzialności karnej.

5. Dziennikarze mogą relacjonować wydarzenia z terenu Państwa Islamskiego w formie tekstu i zdjęć bez konieczności konsultacji z biurem prasowym ISIS. Wszystkie publikacje muszą być natomiast opatrzone nazwiskami dziennikarza i fotografa.

6. Dziennikarzom nie wolno publikować żadnych reportaży (zarówno w formie tekstu, jak i programu telewizyjnego) bez zgody biura prasowego ISIS.

7. Korespondenci mogą zakładać blogi i konta na serwisach społecznościowych i rozpowszechniać za ich pośrednictwem informacje i zdjęcia. Adresy stron i dane dotyczące kont muszą być jednak przekazane do biura prasowego ISIS.

8. Przy wykonywaniu fotografii i nagrań na terytorium ISIS dziennikarze muszą przestrzegać przepisów. W niektórych miejscach i podczas niektórych wydarzeń obowiązuje zakaz filmowania i robienia zdjęć.

9. Nadzór nad pracą dziennikarzy sprawuje biuro prasowe Państwa Islamskiego. Za każde naruszenie zasad dziennikarz zostanie zawieszony i pociągnięty do odpowiedzialności karnej.

10. Niniejsze zasady nie są ostateczne i mogą ulec zmianie w dowolnym czasie w zależności od okoliczności i stopnia współpracy między dziennikarzami a braćmi zatrudnionymi w biurze prasowym ISIS.

11. Dziennikarze otrzymują licencję na wykonywanie zawodu po złożeniu wniosku w biurze prasowym.

# ROZDZIAŁ 27

## Wsparcie dla ISIS w innych rejonach świata

ISIS próbuje sięgać swoimi mackami jak najdalej, nie tylko zachęcając do organizowania zamachów terrorystycznych na całym świecie, lecz także wchodząc w sojusze z innymi ugrupowaniami ekstremistycznymi. Wiadomo, że dżihadyści starają się kontaktować z przywódcami radykalnych organizacji z różnych zakątków globu i wysyłają swoich emisariuszy między innymi do Pakistanu, Egiptu i Libii.

Chociaż udało im się odnieść pewne sukcesy, głównie wśród mniejszych ugrupowań, które same szukały rozgłosu, to jednak żaden z poważnych, działających na skalę międzynarodową rywali (na przykład rozmaite filie Al-Kaidy lub talibowie) nie wyraził chęci współpracy ani nawet nie uznał utworzonego przez ISIS „państwa". Należy pamiętać, że jeśli dżihadyści chcą eksportować ideę kalifatu i powtórzyć swój sukces za granicą, muszą trafić na tak samo sprzyjające warunki jak w Syrii i Iraku, a mianowicie całkowicie zdestabilizowane, upadłe państwo muzułmańskie, bogate zasoby, które można kontrolować, oraz kanały przerzutowe, umożliwiające ich sprzedaż lub przemyt, wreszcie łatwe do przejęcia składy broni, które pozwolą na szybkie uzbrojenie wojska. Bez spełnienia tych warunków dżihadyści mogą jedynie tworzyć komórki terrorystyczne, ale nie mają najmniejszych szans na założenie kalifatu.

Niewiele krajów na świecie jest tak bardzo rozdartych przez konflikty jak Syria i Irak. Istnieje jednak miejsce, które spełnia wszystkie te warunki: Libia. To bez wątpienia upadłe państwo i już dziś znaczna część jego terytorium jest kontrolowana przez różne ugrupowania radykalne. Nikt w pełni nie panuje nad sytuacją, a władza znalazła się w rękach lokalnych milicji. W stolicy kraju, Trypolisie, rozpanoszyli się islamiści. Rząd centralny został zmuszony do ucieczki i za swoją nową siedzibę obrał Tobruk, stosunkowo bezpieczne miasto na wybrzeżu, zostawiając resztę kraju w rękach rozszalałych ekstremistów.

Libia, podobnie jak Syria i Irak, posiada ogromne złoża ropy naftowej oraz rozległe terytorium i długą linię brzegową, co umożliwia łatwy transport i przemyt surowców. Obecnie kontrolę nad libijskimi zasobami naturalnymi przejmują rozmaite ugrupowania islamistyczne. Na terenie Libii znajdują się również liczne składy broni, będące pozostałością po epoce Kaddafiego. Poza tym do kraju trafiło wiele ton uzbrojenia wysłanego jeszcze w 2011 roku przez państwa rejonu Zatoki Perskiej w ramach wsparcia dla rebeliantów (największym dostawcą był wtedy Katar). Ostatnim, równie istotnym elementem tej układanki jest rosnące niezadowolenie coraz bardziej radykalnie nastawionej ludności, która ma dość codziennego chaosu i anarchii.

Dokładnie w takich samych warunkach narodziło się w Syrii ISIS. Dżihadyści zdobyli już w Libii pierwszy przyczółek – położone na wschodzie stupięćdziesięciotysięczne miasto Derna. Stało się to we wrześniu 2014 roku, kiedy miejscowi radykałowie, do tej pory kojarzeni z Al-Kaidą Islamskiego Maghrebu, złożyli przysięgę wierności ISIS. Na filmach opublikowanych na YouTube widać setki bojowników stojących na rynku i ślubujących posłuszeństwo al-Baghdadiemu. Wcześniej należeli do różnych, często rywalizujących ze sobą ugrupowań, między innymi do Rady Szury Młodzieży Islamskiej.

Wiele wskazuje, że są równie brutalni jak dżihadyści z Iraku i Syrii*, a organizowane na miejskim stadionie piłkarskim publiczne egzekucje i chłosty sprawiają im ogromną przyjemność. Na razie są, co prawda, niewielką organizacją i wciąż mają rywali w postaci innych ekstremistycznych ugrupowań, które nie podporządkowały się ISIS. Mimo to w kraju leżącym tak blisko Europy stanowią poważne zagrożenie**. Wielu

---

* Dwunastego lutego 2015 r. telewizja Al-Arabija poinformowała o ścięciu na plaży w Libii 21 Egipcjan, koptyjskich chrześcijan, którzy zostali porwani na początku roku przez bojowników ISIS.

** W maju 2015 r. opublikowano stanowisko libijskich władz, zdaniem których wielka fala uchodźców, którzy wiosną 2015 r. zaczęli docierać przez Morze Śródziemne do Włoch, może być świetną przykrywką dla wmieszanych w tłum terrorystów z ISIS, chcących dostać się do Europy, by przygotować zamachy.

bojowników wstępujących w szeregi libijskiej odnogi ISIS pochodzi z innych części Afryki, co po raz kolejny przypomina sytuację w Syrii, do której również napływali ekstremiści z całego regionu.

Amerykański generał David Rodriguez, dowódca wojsk USA w Afryce, potwierdził istnienie obozów szkoleniowych ISIS w Libii: „Takie ośrodki powstały na wschodzie kraju. Na razie przebywają tam głównie ludzie zajmujący się szkoleniami i logistyką. Do tej pory nie zauważyliśmy żadnych większych struktur wojskowych".

Chociaż Amerykanie do tej pory niczego nie zauważyli, nie zapominajmy o ich całkowicie błędnym rozeznaniu w 2012 roku, kiedy to zamordowano amerykańskiego ambasadora Christophera Stevensa i trzech innych obywateli USA. Należy o tym pamiętać i nie dopuścić, by sytuacja w Libii uległa pogorszeniu.

### *Pakistan/Afganistan*

Pakistan i Afganistan są dla ISIS ważnym celem nie dlatego, że dżihadyści mają zamiar utworzyć tam własne państwo, lecz ponieważ kraje te są prawdziwą wylęgarnią terrorystów i ojczyzną dżihadu. ISIS chce więc umocnić tam swoje wpływy, a stając się godnym rywalem Al-Kaidy na arenie międzynarodowej, uzyska dostęp do zastępów nowych rekrutów.

Tocząca się na całym świecie ideologiczna wojna między islamistami rozgrywa się również w Pakistanie i Afganistanie. Młodzi dżihadyści, którzy do tej pory za swoich moralnych przywódców uważali członków

Al-Kaidy, zaczynają przechodzić na stronę ISIS, ponieważ tylko to ugrupowanie naprawdę coś osiągnęło. Al-Baghdadi i jego współpracownicy zwracają się więc bezpośrednio do radykałów zamieszkujących te tereny, żeby przekonać ich, że to ISIS jest jedynym prawdziwym reprezentantem dżihadu.

Zarówno w Pakistanie, jak i w Afganistanie ISIS cieszy się naprawdę dużym poparciem, a charakterystyczne czarne flagi zobaczyć można na ulicach, bazarach i placach targowych. Dżihadystom z tak zwanego Państwa Islamskiego nie udało się jednak przejąć rzeczywistej kontroli nad mającymi ustaloną pozycję radykalnymi ugrupowaniami. Być może kiedyś tak się stanie, ale do tej pory zaledwie kilku talibańskich przywódców otwarcie wyraziło swoje poparcie dla ISIS. Jest to związane ze skomplikowaną sytuacją polityczną w Pakistanie i Afganistanie, gdzie rozmaite frakcje talibów prowadzą grę o wpływy nie tylko między sobą, lecz także z rządem, co sprawia, że ISIS ma ogromne problemy ze znalezieniem jakiegoś punktu zaczepienia. Al-Baghdadi uzyskał poparcie kilku drugorzędnych talibańskich liderów i założył filię ISIS pod nazwą Ansar-ul Daulat-e Islamia fil Pakistan, ale na razie zajmuje się ona przede wszystkim rekrutacją. Po wyjściu Amerykanów z Afganistanu wszystko może się jednak zmienić.

## *Inne filie*

Sąsiadujący z Libią Egipt stara się po dwóch rewolucjach ustabilizować swoją sytuację wewnętrzną. Kiedy w 2013 roku rząd kierowany przez Muhammada Mursiego z Bractwa Muzułmańskiego został obalony przez wojsko pod dowództwem generała Sisiego, rozpoczęła się ofensywa przeciwko ekstremistom. Jednakże Bractwo wciąż ma wielu zwolenników i zachowało swoje wpływy, głównie na półwyspie Synaj. Jedno z radykalnych ugrupowań islamskich, Ansar Bait al-Maqdis, które zasłynęło brutalnymi mordami na cywilach i żołnierzach, złożyło przysięgę wierności ISIS. Niewiele wiadomo o tej organizacji poza tym, że działa od 2011 roku i rzekomo ma w swoich szeregach nawet kilka tysięcy bojowników, w tym zarówno Beduinów, jak i obcokrajowców.

Początkowo jej działania wymierzone były w Izrael i polegały na ostrzeliwaniu rakietami terytorium izraelskiego. Później organizacja urosła w siłę i zaczęła przeprowadzać zamachy w Kairze, wysadzać w powietrze jordańskie rurociągi naftowe i kłaść miny na drogach. Korzenie Ansar Bait al-Maqdis sięgają czasów pierwszej rewolucji egipskiej. Ostatnio na Twitterze dżihadyści z tego ugrupowania poinformowali swoich zwolenników, że „należy skończyć z haniebnym pokojem i bezbożną demokracją".

Wierność ISIS przysięgła również działająca w Algierii Dżund al-Chalifa (Żołnierze Kalifatu), organizacja stanowiąca wcześniej część Al-Kaidy Islamskiego Maghrebu. Przywódcy Dżund al-Chalify uznali, że Al-Kaida „zeszła ze ścieżki prawdy". W innych częściach świata, między innymi na Filipinach i w Indonezji, zwierzchność ISIS uznało jeszcze kilka niewielkich ugrupowań o bardzo ograniczonych wpływach.

# ROZDZIAŁ 28

## Co nas czeka

W obozie dla uchodźców znajdującym się na terenie Turcji trzynastoletnia dziewczynka pokazała mi narysowany przez siebie obrazek. Zobaczyłem leżące w grobach zwłoki, ułożone w stosy ludzkie ręce i nogi, ustawione na murze odcięte głowy i czołgi strzelające do kwiatów. Rysunek był podpisany: „Syria była pięknym krajem, ale dostała się w ręce zła i teraz nasi ludzie cierpią tortury". Pod innym obrazkiem napisane było po prostu: „Szkoda mi mojego kraju, szkoda mi mojego życia".

Z powodu wojny w Syrii oraz działalności reżimu Asada i dżihadystów z ISIS miliony rodzin zostały zmuszone do porzucenia swoich domów. Masowa migracja jest jedną z najstraszniejszych konsekwencji tego konfliktu. Państwa ościenne przepełnione są uchodźcami. Każdy wygnaniec ma do opowiedzenia własną historię, pełną bólu i okrucieństwa. Większość nigdy nie będzie w stanie otrząsnąć się z tego koszmaru, a dzieci nie mają prawie żadnej nadziei na przyszłość.

W obozach panują zazwyczaj bardzo trudne warunki. W lecie namioty zamieniają się w saunę, w zimie nie dają zaś prawie żadnej ochrony przed mrozem. Do środka dostają się deszcz i śnieg, a błoto często zatyka prymitywną kanalizację i ludzkie odchody pływają między namiotami. Niektóre dzieci nie poznały innego życia i beztrosko bawią się wśród odpadków, a starzy ludzie siedzą w bezruchu i z rezygnacją wpatrują się w pustkę.

Opisując skalę tragedii, naprawdę trudno jest przesadzić. Wszystkie obrazy, które znamy z mediów, nie są w stanie oddać pełnej grozy sytuacji. Mamy do czynienia z największym exodusem ludności od czasów drugiej wojny światowej, a liczba uchodźców ciągle wzrasta.

W niektórych obozach jedna łazienka przypada na sto pięćdziesiąt osób, a w jednym namiocie mieszka nawet piętnaście rodzin. Żywność dostarczana jest sporadycznie, a woda z pewnością nie spełnia kryteriów czystości. Trudno to sobie wyobrazić, ale wielu ludzi stara się w tych warunkach jakoś funkcjonować. Nie mają prawie nic, a jednak się nie poddają. Gdy przyjrzeć się obozowi, w oczy rzuca się przede wszystkim niezwykła odporność uchodźców na przeciwności losu.

Stracili wszystko – domy, krewnych, dobytek życia i ojczyznę – lecz mimo to wykazują ogromny hart ducha. Chociaż mają bardzo niewiele, z chęcią się dzielą. Gość odwiedzający obóz jest na każdym kroku zapraszany na herbatę. Uchodźcy z uśmiechem na twarzy częstują go ostatnim kawałkiem chleba i ostatnią porcją obiadu. Są wdzięczni, że ktoś do nich przyjeżdża i o nich pamięta. Cieszą się, że żyją, i często powtarzają, że sporo ludzi znajduje się w znacznie gorszej sytuacji niż oni.

Znakomita większość nosi przy sobie zdjęcia krewnych, którzy zostali zamordowani, walczą na froncie albo zaginęli podczas ucieczki. Niestety, niewielu ma nadzieję, że ich ponownie zobaczy. Obóz jest jak czyściec, w którym brak zajęcia sprawia, że jest się pozostawionym sam na sam ze swoimi myślami.

Do stycznia 2015 roku dwanaście milionów osób, w tym duża liczba dzieci, zostało wygnanych ze swoich domów i zmuszonych do znalezienia nowego miejsca zamieszkania. To połowa ludności Syrii. Milion dwieście tysięcy trafiło do Libanu, milion sześćset tysięcy do Turcji, sześćset tysięcy do Jordanii, a trzysta tysięcy do Iraku. Tę listę można ciągnąć dalej. Dla każdego z tych krajów taka liczba uchodźców stanowi ogromne obciążenie.

Spotkałem kiedyś dziesięcioletniego chłopca, który nie chciał bawić się z innymi dziećmi i ciągle powtarzał nauczycielom: „Jestem mężczyzną. Dajcie mi broń. Chcę walczyć". Poznałem też dwunastolatka, który marzył o paleniu ciał bojowników ISIS, ponieważ dżihadyści spalili jego braci. Nie miał żadnych oporów i tylko czekał na okazję do zemsty. Jestem głęboko przekonany, że musimy zrobić więcej, by pozbyć się ISIS. Fanatycy świadomie wychowują nowe pokolenie chore z nienawiści do Zachodu. Jeśli chcemy się im skutecznie przeciwstawić, musimy zacząć działać. Jak wielokrotnie powtarzałem, bierność nie jest żadnym wyjściem.

# ROZDZIAŁ 29

## Zakończenie

Od chwili gdy zacząłem pisać tę książkę, zastanawiałem się, jak będzie wyglądać jej zakończenie. Teraz, kiedy dotarłem do tego miejsca, nie bardzo wiem, co powiedzieć. Przemoc, brutalność i zbrodnie wojenne to jedno, a uwarunkowania geopolityczne i możliwe do zastosowania strategie wojskowe to coś zupełnie innego.

Zdaję sobie sprawę, że za każdym możliwym rozwiązaniem stoją setki problemów. Co więcej, wśród setek potencjalnych konsekwencji naszych działań niekoniecznie musi znajdować się właściwe rozwiązanie. Niemniej, jeśli nie będziemy szukać odpowiedzi, to jej nie znajdziemy, a bierność jest najgorszym wyborem.

Polityka zagraniczna jest często uzależniona od cztero- albo pięcioletnich cyklów wyborczych, co jest niestety poważną niedogodnością. Jeśli mamy zamiar doprowadzić do realnych zmian, powinniśmy planować naszą strategię w perspektywie pięćdziesięciu, a nawet stu lat – szybkie rozwiązania po prostu nie istnieją. Niezwykle ważne jest wspieranie edukacji, rozdziału Kościoła od państwa i demokracji, ale musimy również pamiętać, że rząd centralny nie będzie w stanie skutecznie działać w krajach o strukturze plemiennej i dlatego jeśli nie da się przezwyciężyć napięć wewnętrznych, należy próbować tworzyć struktury federacyjne.

## *1. Strategia Obamy*

Pod względem militarnym ISIS zacznie w pewnym momencie słabnąć, ale zanim tak się stanie, miną lata i dżihadyści zdążą zasiać ziarna przyszłych konfliktów. Generał Allen przedstawił składającą się z pięciu elementów strategię działania: „Prowadzenie kampanii wojskowej, powstrzymanie napływu zagranicznych bojowników, uderzenie w finanse dżihadystów, niesienie pomocy humanitarnej oraz dążenie do ideologicznej delegitymizacji ISIS". Trudno nie zgodzić się z tym programem, lecz jego realizacja będzie trwała zbyt długo i w tym czasie dżihadystom uda się zapuścić korzenie, spustoszyć podległe im terytorium i poddać dzieci skutecznemu praniu mózgu. Trzeba zatem działać szybciej i skuteczniej.

Wydaje się, że polityka zagraniczna Obamy polega na przeciwdziałaniu terroryzmowi. Można jednak odnieść wrażenie, że prezydent USA nie ma żadnego długofalowego planu działania. Stara się jedynie osłabić dżihadystów i powstrzymać dalszy rozwój tak zwanego Państwa Islamskiego, licząc, że przyniesie to jakiś pozytywny skutek. Niestety, jeśli nie zmierzymy się z kwestiami fundamentalnymi, rejon Bliskiego Wschodu nadal będzie znajdował się w stanie wrzenia i wcześniej czy później znowu dojdzie do eksplozji.

W ostatecznym rozrachunku leseferyzm Obamy oznacza, że to nie Stany Zjednoczone, ale regionalne mocarstwa powinny zająć się rozwiązaniem tego problemu. Nie zgadzam się z takim podejściem – ISIS to również nasze zmartwienie i zrzeczenie się odpowiedzialności za Bliski Wschód jest błędem. Dwaj najzagorzalsi wrogowie w regionie, czyli sunnicka Arabia Saudyjska i szyicki Iran będą za wszelką cenę dążyć do unicestwienia przeciwnika, co doprowadzi do wojny, w której zginą miliony ludzi. Nie możemy siedzieć z boku i przyglądać się temu z założonymi rękami, choćby dlatego że taki konflikt będzie miał reperkusje dla całego świata.

Bombardowania nie doprowadzą do upadku ISIS. Mogą co najwyżej powstrzymać dżihadystów przed rozszerzaniem okupowanego terytorium, lecz nie są w stanie zadać im decydującego ciosu. Do tego potrzebna jest obecność oddziałów specjalnych, co oznacza konieczność wysłania w rejon konfliktu niewielkiego kontyngentu sił lądowych. Nie powinniśmy się tego wstydzić i być gotowi stanąć ramię w ramię z naszymi sojusznikami: Kurdami, Jordańczykami, Wolną Armią Syrii i niektórymi plemionami sunnickimi.

Obama powtarza, że zarówno Asad, jak i dżihadyści z ISIS muszą odejść, ale do tej pory Amerykanie nie podjęli w tej sprawie żadnych zdecydowanych kroków. Jeśli rzeczywiście chcieliby coś zrobić, to udzieliliby poparcia umiarkowanym rebeliantom, którzy mieli szansę wypełnić pustkę po Asadzie. Niestety, w kluczowym momencie rząd USA się od nich odwrócił.

W najbliższym czasie Amerykanie powinni nadal szkolić żołnierzy i dostarczać zaopatrzenie zaufanym ugrupowaniom opozycyjnym, które zostały obecnie zmarginalizowane. W przeciwnym razie rząd USA nie będzie miał nic do powiedzenia w sprawie przyszłości regionu. Wezwanie do obalenia Asada i ISIS bez zaproponowania jakiejś alternatywy to brnięcie w ślepą uliczkę.

Pewien wysoki rangą wojskowy powiedział mi, że administracja Obamy zaczęła poważnie się zastanawiać nad zmianą strategii działania w Syrii. Amerykanie zrozumieli, że aby skutecznie walczyć z ISIS, należy najpierw obalić Asada. Wydaje się, że cały Departament Stanu, łącznie z Johnem Kerrym, idzie właśnie w tym kierunku i jedynie Obama nie chce zmienić swojego stanowiska.

Chociaż często podkreśla się, że Asad może liczyć na ogromne wsparcie ze strony Iranu, to moim zdaniem w obliczu amerykańskiej interwencji władze w Teheranie nie będą nadstawiać za niego karku. Irańczycy są zbyt pragmatyczni, żeby za wszelką cenę bronić syryjskiego dyktatora. Będą raczej dążyć do dyplomatycznego rozwiązania kryzysu, opowiadając się za odsunięciem Asada od władzy i federalizacją kraju.

### 2. *Federacyjny Irak*

Wydaje się całkiem prawdopodobne, że Irak (przy wsparciu oddziałów koalicji) pokona ISIS na polu bitwy. W zasadzie Irakijczycy już odnoszą pierwsze sukcesy i powoli odbijają zachodnią prowincję Anbar*, a Kurdowie zbliżają się do Mosulu. Upłynie jeszcze dużo czasu, zanim szala zwycięstwa przechyli się na ich stronę (szczególnie w miastach) i będzie do tego potrzebna pomoc Zachodu, ale w końcu tak właśnie się stanie.

Niestety, militarne zwycięstwo nad ISIS nie oznacza trwałego pokoju. W Iraku mamy do czynienia z głębokimi podziałami religijno-narodowościowymi i żeby kraj miał szansę na spokojny rozwój, to moim zdaniem należy wprowadzić w nim system federacyjny z trzema strefami: sunnicką, szyicką i kurdyjską.

### 3. *Odsunięcie Asada od władzy, współpraca z Turcją*

Odpowiedzialność za wybuch konfliktu syryjskiego i związany z nim chaos ponosi prezydent Asad. Chociaż mówi się, że w szeregach ISIS walczy ponad trzydzieści tysięcy bojowników, to zaledwie garstka w porównaniu z siedemnastoma milionami Syryjczyków, którzy ich nie popierają.

---

* Dopiero po upadku Ramadi, które 18 maja 2015 r. dostało się w ręce dżihadystów z ISIS (patrz przypis na s. 10), władze Iraku 26 maja 2015 r. oficjalnie ogłosiły początek zbrojnej ofensywy mającej na celu odbicie położonej na zachodzie kraju prowincji Anbar.

Jestem głęboko przekonany, że przyszłość Syrii leży w rękach zwykłych ludzi, którzy są już zmęczeni wojną, mają dość chaosu i potępiają wybryki ISIS. Jeżeli będziemy ich otwarcie wspierać i zachęcać do buntu, to reżim Asada w końcu upadnie. Gdy zabraknie dyktatora, ludność nie będzie miała powodu, by wybierać mniejsze zło w postaci różnej maści ekstremistów.

Z odsunięcia Asada od władzy płynie jeszcze jedna korzyść: do walki z dżihadystami włączy się Turcja. Chociaż do tej pory rząd w Ankarze dość biernie przyglądał się rozwojowi sytuacji, to Turcy są przecież zdecydowanie po naszej stronie. Dotychczas stali z boku, ponieważ nie widzieli żadnych korzyści z ewentualnego zaangażowania, ale po odejściu Asada to się zmieni. Turcja uszczelni granice, przestanie wpuszczać na swoje terytorium dżihadystów i uniemożliwi im sprzedaż ropy. Stany Zjednoczone będą mogły korzystać z tureckich baz i nie jest wcale wykluczone, że Ankara stanie się aktywnym członkiem koalicji. Prowadzone są rozmowy na temat utworzenia wzdłuż granicy strefy bezpieczeństwa, w której mogliby chronić się uchodźcy, ale do osiągnięcia ostatecznego porozumienia jeszcze daleka droga.

Turcja mogłaby również odegrać dużą rolę w kontrolowaniu strefy zakazu lotów nad Syrią. Obecnie najgroźniejszą bronią Asada są siły powietrzne i chociaż wiadomo, że reżim korzysta z wyprodukowanego w Rosji zaawansowanego systemu obrony przeciwlotniczej, to zdaniem wojskowych, z którymi rozmawiałem, nie stanowi on poważnego zagrożenia dla myśliwców koalicji, a bez swoich samolotów dyktator zacznie szybko słabnąć.

## *4. Reformacja*

ISIS to nie tylko armia, ale przede wszystkim ideologia. W jaki sposób możemy ją zniszczyć? Cóż, tak naprawdę nigdy nie uda się ostatecznie pokonać dżihadystów (lub też wyeliminować radykalnych odłamów islamu), na pewno nie za naszego życia. Ekstremizm religijny karmi się destrukcją, również własną – im jest słabszy, tym bardziej zagorzali są jego wyznawcy. Na świecie nigdy nie zabraknie fanatyków, którzy będą czerpać korzyści z cierpienia innych ludzi.

Piętnaście tysięcy niebezpiecznych dżihadystów, prawdziwych wyznawców ISIS, nigdy nie zmieni swoich poglądów. Nawet jeśli w końcu zmusimy ich do złożenia broni, to nie wyrażą skruchy i będą czaić się w ukryciu, żeby pewnego dnia znowu siać zamęt. Bardzo prawdopodobne, że tego zagrożenia nigdy nie uda się wyeliminować do końca.

Czy naprawdę trudno wyobrazić sobie, że na Bliskim Wschodzie rozpocznie się reformacja, przypominająca to, co stało się w Europie w XVI i XVII wieku? W końcu ISIS związane jest z radykalnym islamem, a brutalność dżihadystów sprawia, że jego wpływy słabną. Wielu muzułmanów uważa, że ISIS ma szkodliwy wpływ na ich religię, co może w przyszłości doprowadzić do wybuchu gwałtownego sprzeciwu wobec radykałów. Zdaję sobie sprawę, że muzułmańska reformacja trwałaby wiele lat. Do takiego procesu doszło w Europie w XVI wieku, gdy nowe prądy intelektualne związane z renesansem, rosnący nacjonalizm oraz opór wobec przeżartego przez korupcję, zdegenerowanego papiestwa (które można porównać do duchowych przywódców dżihadu) doprowadziły do daleko idących zmian. Jeśli chcemy reformacji w łonie islamu, musimy stworzyć podobne warunki.

Być może to, co obserwujemy teraz na Bliskim Wschodzie, to próby godzenia się z nieuchronnym postępem i powolne wchodzenie w epokę nowoczesności. Jest jednak równie prawdopodobne, że mamy do czynienia z czymś wręcz odwrotnym i cały region osuwa się coraz głębiej w przeszłość. Ze względu na miliony ludzi, którzy tam mieszkają, mam nadzieję, że prawdziwa jest ta pierwsza możliwość.

# EPILOG

## Sindżar

Trzydziestopięcioletnia Ranir pochowała swoją córkę własnymi rękami. Pomagał jej tylko nieznajomy mężczyzna. Był wrzesień i wykopanie dołu nie nastręczało większych trudności. Ranir zabrała ciało ze szpitala, zawinęła w prześcieradło i złożyła do grobu, na którym umieściła kilka kamieni.

Przez wiele dni chodziła po górskich wioskach ze zdjęciem i pytała uciekające rodziny: „Widzieliście tego mężczyznę? Widzieliście tę dziewczynę?". Nikt nie był w stanie jej pomóc. Była samotna, zrozpaczona i gotowa na śmierć.

Zanim doszło do tragedii, siedzieli w swoim domu, znajdującym się gdzieś w północnym Iraku. Nagle spadł pocisk wystrzelony przez dżihadystów. Uderzył w beczkę z olejem opałowym, która eksplodowała, a jeden z odłamków ciężko ranił jej córkę. Dziewczyna miała zaledwie dwadzieścia lat. Ranir zabrała ją natychmiast do szpitala, starając się zatamować krwotok.

Cały czas z nieba spadał grad pocisków moździerzowych.

W szpitalu działy się dantejskie sceny: ranni leżeli na podłodze i starali się uzyskać pomoc garstki lekarzy, którzy jeszcze nie uciekli. Ranir miała szczęście. Jej córka dostała krew i trafiła na stół operacyjny. Niestety, w chwili, gdy rozpoczynał się zabieg, do budynku wkroczyli bojownicy ISIS.

Weszli z bronią w ręku i od razu zaczęli strzelać do każdego, kto stanął im na drodze. Zabijali rannych, robiąc przejście dla własnych ludzi, którzy potrzebowali pomocy lekarskiej. Ranir słyszała, jak się zbliżają, ale nie miała dokąd uciec. Zresztą córka i tak nie była w stanie się ruszyć.

Kiedy weszli do sali operacyjnej, Ranir starała się ich powstrzymać. Błagała ich o litość, ale została brutalnie odepchnięta. Bojownicy odłączyli córkę od aparatury i zrzucili ją ze stołu operacyjnego na podłogę. Dziewczyna wykrwawiła się na śmierć w ramionach matki. W tym samym czasie lekarz, którego cały czas trzymali na celowniku, został zmuszony do udzielenia pomocy rannemu dżihadyście.

Jakiś czas później bojownicy odeszli, a Ranir zebrała się na odwagę i wyszła na korytarz. Wszędzie było pełno krwi i leżały ciała zabitych. Ranni czołgali się po podłodze. Ranir starała się wynieść martwą córkę na zewnątrz, ale była na to za słaba. Na całe szczęście ktoś jej pomógł, a potem zawiózł do domu i razem z nią wykopał grób. Kiedy została sama, snuła się po pustych pokojach, aż wreszcie postanowiła razem z innymi uciekać w góry Sindżar. Podczas naszej rozmowy powiedziała, że ISIS odebrało jej życie.

Mówiła, że wolałaby umrzeć, na przykład zostać zagazowana jak Kurdowie, żeby nie musieć doświadczać takiego bólu. Ma nadzieję, że ktoś wreszcie zatrzyma dżihadystów i pomoże ludziom takim jak ona odzyskać sens życia. Nie wierzy jednak, że kiedykolwiek tak się stanie.

Jeżeli ktoś ma wątpliwości, że należy zniszczyć ISIS, powinien posłuchać uchodźców takich jak Ranir. Stracili wszystko i nie pozostało im nic innego, jak prosić nas o pomoc.

# ANEKS

## *Konstytucja medyńska**

Wszelka chwała i cześć Allahowi, Obrońcy prawowiernych i Postrachowi przestępców. Pokój Imamowi mudżahedinów, przywódcy wiernych, jego rodzinie i jego towarzyszom, obrońcom wspólnoty i prawdy oraz wszystkim, którzy za nimi pójdą w dniu Sądu Ostatecznego.

Składamy gratulacje wspólnocie muzułmańskiej [*ummah*], a w szczególności lwom Państwa Islamskiego w Iraku i Syrii z okazji wspaniałego tryumfu, którym Allah obdarzył swoje sługi, mudżahedinów. Państwo Islamskie zwycięża i dzięki

* Prezentowana tu „konstytucja" tak zwanego Państwa Islamskiego, a konkretnie jej tytuł, jest kolejnym powodem oburzenia świata islamskiego wobec ISIS. Prawdziwa „Konstytucja medyńska" to obok Koranu najstarszy dokument islamu, zbiór traktatów zawartych przez proroka Mahometa z mieszkańcami Medyny między rokiem 623 a 627, określających wzajemne prawa poszczególnych plemion i grup religijnych.

łasce Allaha utworzyło od dawna wyczekiwany, prawowity kalifat.

Dzięki Allahowi podstawy państwa są coraz mocniejsze, a jego terytorium ciągle się rozszerza. Kalifat nie cofnie się przed niczym, nie ustąpi ani na krok, nie wie, co to uległość i nie ugnie się pod żadną presją. Jego celem jest ustanowienie zwierzchności Allaha nad całym światem, utorowanie drogi szariatowi i wykorzenienie z ziem muzułmańskich barbarzyńskich praw.

Oddajemy poniższe przykazania w ręce klanów i rodzin zamieszkujących błogosławione Państwo Niniwy:

1. Przynosimy Wam i muzułmanom na całym świecie dobre nowiny o świętych zwycięstwach i oswobodzeniu więźniów z niewoli krwawych apostatów [*Rafidi*, czyli odstępców – szyitów]. Dokonali tego waleczni synowie i żołnierze Państwa Islamskiego, którzy poświęcili swoje życie, żeby rozerwać kajdany skuwające ich braci i zwrócić im wolność. Bojownicy wyswobodzili tysiące naszych towarzyszy i zdobyli fortecę Badoush, Więzienie Dyrektoriatu Policji oraz więzienia al-Mukafaha i Tasfirat. Udało im się to dzięki ich sile charakteru i ogromnej determinacji. Łamali karki swoim wrogom, roztrzaskiwali ich czaszki na więziennych schodach i deptali stopami Zwycięzców arogancję Safawidów.

2. Ktoś może zapytać: Kim jesteście? Odpowiedź brzmi: Jesteśmy żołnierzami Państwa Islamskiego w Iraku i Syrii, którzy podążając za pierwotnymi zasadami wiary, wzięli na swoje barki zadanie odbudowy kalifatu oraz uwolnienia naszych braci od opresji i niesprawiedliwości po tym, jak safawidzki wąż owinął się wokół szyi muzułmanów. Musimy odciąć mu głowę i wyrwać się z jego duszącego uścisku.

3. Traktujemy ludzi na podstawie ich zachowania, a to, co mają w środku, pozostawiamy ocenie Allaha. Islam jest związany z pierwotną naturą człowieka. W osądzaniu ludzi nie kierujemy się podejrzeniami, lecz jednoznacznymi, konkretnymi dowodami. W wypadku muzułmanów wątpliwości przemawiają na korzyść oskarżonego, chyba że chodzi o szpiegów wroga lub wspólników przestępców.

4. Pod naszymi rządami ludziom będzie się żyło wygodnie i bezpiecznie. Tylko rządy islamskie zapewniają dobrobyt, gwarantują przestrzeganie praw obywateli i oddają sprawiedliwość represjonowanym, którzy byli tych praw pozbawieni. Ci, którzy jeszcze wczoraj byli niezadowoleni, prowadzą dziś spokojne życie. Wyjątkiem są odszczepieńcy i ci, którzy odrzucają światło prawdziwej wiary.

5. Za majątek znajdujący się w rękach rządu safawidzkiego [czyli finanse publiczne] odpowiedzialny jest imam, który rozporządza nim dla dobra całej wspólnoty muzułmańskiej. Ci, którzy chcą ten majątek zagrabić lub przywłaszczyć go w jakikolwiek inny sposób, odpowiedzą za to przed sądem i zostaną przykładnie ukarani. Takie same zasady stosuje się do ochrony przed kradzieżą własności prywatnej – pieniędzy, wyposażenia domów i innego dobytku – pod warunkiem że jest warta nie mniej niż *nisab* [minimalna wartość majątku, od której wymagany jest *zakat*, czyli obowiązkowa jałmużna] oraz bezspornie należy do poszkodowanego. Taka kradzież będzie karana obcięciem ręki. Gangi organizujące napady z bronią w ręku będą traktowane jak „szerzący zepsucie na ziemi". Odnoszą się do nich następujące słowa Najwyższego: „Zapłatą dla tych, którzy zwalczają Boga i Jego Posłańca i starają się szerzyć zepsucie na ziemi, będzie tylko to, iż będą oni zabici lub ukrzyżowani albo też obetnie im się rękę i nogę

naprzemianległe, albo też zostaną wypędzeni z kraju. Oni doznają hańby na tym świecie i kary bolesnej w życiu ostatecznym" [Koran 5:33]. Każdy, kto terroryzuje muzułmanów groźbami lub strachem, będzie podlegał najsurowszym karom odstraszającym, jeśli zostanie mu to udowodnione.

6. Meczety [*masadżit*] są domami Allaha: celem ostatecznym, duszą ziemi i najważniejszymi z sanktuariów. Muszą być chronione przez wiernych i jest w nich miejsce tylko dla dobra i modlitwy. Nasza krew i nasze dusze, nasze własne ja i nasze bogactwa są niczym w porównaniu z wartością meczetów. Prosimy wszystkich muzułmanów, aby wspólnie odmawiali modlitwy w wyznaczonym czasie, ponieważ, jak powiedział Prorok, pokój i błogosławieństwo Allaha niech na Nim spoczywa: „Modlitwa w zgromadzeniu jest dwadzieścia pięć razy lepsza od modlitwy w samotności".

7. Uczeni, potężni szejkowie i kaznodzieje są diamentami w koronie naszego ludu i rozkoszą naszych dusz. Pójdźmy razem tam, dokąd wzywa nas historia i skąd widać świt wieczności. Zbierzmy siły, żeby przeciwstawić się agresji nikczemnych apostatów [*Rafidi*]. Niech w tyglu dżihadu połączy nas religijna więź i niech nie przestanie płynąć do nas strumień ochotników. Bądźmy jak potężny mur i zgodnie z nakazami Allaha kroczmy razem w pionierskim marszu ku przyszłości.

8. Strzeżcie się agentów obcych mocarstw i nie starajcie się przypodobać zagranicznym rządom. Nasza droga jest prosta, a ścieżka niewiary została raz na zawsze zdemaskowana. Trzeba działać. Jeżeli okażesz żal, grzechy zostaną ci odpuszczone. Zakazany jest handel alkoholem, narkotykami i produktami tytoniowymi oraz korzystanie z tych nielegalnych używek.

9. Dla apostatów służących w armii, policji i innych służbach droga do nawrócenia jest otwarta. Utworzyliśmy specjalne

miejsca, w których skruszeni mogą pod pewnymi warunkami uzyskać przebaczenie. Tych, którzy z uporem obstają przy zaprzaństwie, czeka śmierć, ponieważ, jak powiedział Prorok, pokój i błogosławieństwo Allaha niech na Nim spoczywa: „Ktokolwiek zmienia swoją religię, zabijcie go".

10. Zakazane jest uczestniczenie we wszelkich radach i w stowarzyszeniach, pokazywanie transparentów i noszenie przy sobie broni. Nie akceptujemy tego, ponieważ Prorok powiedział: „Jeśli ktoś zbliży się do was, gdy jesteście razem, i będzie chciał zburzyć waszą jedność i podzielić waszą wspólnotę, zabijcie go". W innej wersji tej opowieści Prorok mówi: „Uderzcie go mieczem, kimkolwiek by był".

11. Allah, Najwyższy, nakazał nam współpracę w ramach wspólnoty oraz odrzucenie różnic i konfliktów. Napięcia w obrębie grupy są lepsze niż pozorny spokój panujący między wrogimi sobie partiami. Podział to szatańska pułapka, a rozdrobnienie jest źródłem słabości muzułmanów. Sojusz pod sztandarem czystej, prawdziwej wiary przyniesie wiele dobra. Mnogość opinii i ideologii prowadzi do zajadłości i wywyższania się, co zmniejsza pożytki płynące z dżihadu. Potrzebujemy jedynie pomocy Allaha. Allah daje siłę swoim dobrym sługom, żeby podążali Ścieżką Wiary, torowali drogę dla szariatu, rządzili mądrze i sprawiedliwie oraz zdejmowali z muzułmanów ciężar złych praw stworzonych przez niewiernych. Jeden uczynek zgodny z wolą Allaha jest dla ludzkości czymś lepszym niż czterdzieści dni deszczu.

12. Nasz stosunek do politeistycznych monumentów, grobowców i bałwochwalczych świątyń wyrażony jest słowami Proroka, pokój i błogosławieństwo Allaha niech na Nim spoczywa: „Nie zostawiajcie żadnych idoli, zniszczcie wszystkie co do jednego i zrównajcie z ziemią wszelkie bezbożne grobowce".

13. Do cnotliwych i czcigodnych kobiet: Allah wzywa was do skromności i czystości. Nakazuje wam nosić luźne szaty, przebywać w domu w głównym pomieszczeniu i unikać wychodzenia na zewnątrz, chyba że z konieczności. Takie zachowanie przystoi Matkom Wyznawców i cnotliwym towarzyszkom, niech Allah będzie zadowolony z waszego postępowania.

14. Bądźcie błogosławieni i cieszcie się sprawiedliwymi, islamskimi rządami w kraju, w którym to muzułmanie są władcami, zwycięzcami i prawodawcami.

15. Na zakończenie tego traktatu chcemy wam powiedzieć: poznaliście wszystkie świeckie systemy sprawowania rządów, doświadczyliście panowania królów, prezydentów, partii Baas i Safawidów. Te ustroje przynosiły wam tylko gorycz i ból. Teraz nadeszła epoka Państwa Islamskiego i czas imama Abu Bakra al-Kurasziego. Dzięki sile i łasce Allaha zobaczycie, na czym polega różnica między ustrojem świeckim, który prześladuje i wyzyskuje obywateli, zatyka im usta, gwałci ich godność i narusza ich prawa, a kalifatem, w którym panują zasady bożej sprawiedliwości, a przywódcy słuchają rad zarówno mędrców, jak i zwykłych zjadaczy chleba, ludzi wolnych i niewolników, niezależnie od koloru ich skóry. Trzymamy się sprawiedliwości przede wszystkim względem nas samych, tak jak powiedział Wszechmogący: „O wy, którzy wierzycie! Trzymajcie się stale sprawiedliwości – zaświadczając to przed Bogiem – również względem was samych albo względem waszych dzieci i krewnych, czy to będzie bogaty, czy biedny! – bo Bóg jest im bliższy. Przeto nie idźcie za namiętnością, abyście nie naruszyli sprawiedliwości" [Koran 4:135]. Wszystko, co robimy, robimy dla Allaha.

Państwo Islamskie w Iraku i Syrii
Biuro Prasowe Państwa Niniwy

# PODZIĘKOWANIA

Chciałbym podziękować Rickowi Findlerowi: darzę go bezgranicznym zaufaniem i bez niego nic by się nie wydarzyło. Jestem również niezmiernie wdzięczny osobom, które umożliwiły mi podróżowanie po Bliskim Wschodzie, i niejednokrotnie uratowały życie, w szczególności Zaharowi Saidowi, naszemu przewodnikowi po najbardziej ponurych i niebezpiecznych miejscach; Rizgarowi Saeedowi, najlepszemu przyjacielowi w Iraku, oraz Szwanowi Aliemu z hotelu Palace w Sulajmanii – tam był nasz drugi dom. Specjalne podziękowania należą się również Deroyowi Murdockowi, który zawsze mnie wspierał, nie tracił wiary i zmotywował do wyboru tej drogi życiowej; mojej wspaniałej i cierpliwej agentce Jennifer Coher, która pojawiła się znikąd i we mnie uwierzyła oraz skrupulatnej redaktorce Alexandrze Peer Watson.

Dla Bosco i Hacketta.

Dziękuję Wam wszystkim.

# OD AUTORA

Niezwykle trudno jest oszacować, ilu bojowników tak naprawdę walczy w szeregach ISIS, jak liczny jest kontyngent obcokrajowców, jakimi sumami pieniędzy obracają dżihadyści i ilu ludzi do tej pory zabili. Pisząc tę książkę, korzystałem z nielicznych dostępnych źródeł na ten temat: dokumentów przygotowanych przez zespoły doradców i wywiad, z publikacji rządowych i materiałów propagandowych ISIS. Służyły mi one głównie do weryfikacji danych, które uzyskałem z pierwszej ręki.

Między dostępnymi źródłami zdarzają się poważne rozbieżności i dlatego niektóre podawane przeze mnie liczby odbiegają od tych, które można znaleźć w innych publikacjach. Chciałbym jednak podkreślić, że podczas pracy nad książką opierałem się głównie na rozmowach z ludźmi, którzy byli członkami ISIS albo którzy z ISIS walczyli. Spotykałem się również ze sponsorami dżihadystów oraz uchodźcami z terenów tak zwanego Państwa Islamskiego. Przeprowadziłem wywiady z naukowcami w zaciszu ich gabinetów i z miejscowymi rolnikami. Wydaje mi się, że prawda leży gdzieś pośrodku.

Moim celem nie było napisanie publikacji akademickiej, ale opowieści, która zabierze czytelnika do środka „kalifatu" i pokaże, skąd wzięli się dżihadyści, jak walczą i dlaczego tak bardzo nas nienawidzą. Niewątpliwie wraz ze wzrostem zainteresowania tematem liczby i szczegóły dotyczące ISIS będą się zmieniać. Jestem jednak przekonany, że podawane przeze mnie dane są wiarygodne i w chwili publikacji moja książka jest najlepszą dostępną na rynku analizą fenomenu ISIS.

Podziękowania dla następujących instytucji i serwisów internetowych:

Brookings Institution
Międzynarodowy Instytut Studiów Strategicznych (IISS)
Departament Stanu USA
Departament Skarbu Stanów Zjednoczonych
www.9–11commission.gov
The Soufan Group
www.bellingcat.com
www.jihadology.net
The Clarion Project
Wikileaks
Międzynarodowe Centrum Prawa Non Profit (ICNL)
Amerykański Instytut Pokoju (USIP)
Stratfor
www.understandingwar.org

Książkę wydrukowano na papierze
Ecco Book Cream 1.6 80 g/m²
z oferty Antalis Poland

Just ask Antalis
www.antalis.pl

Warszawskie Wydawnictwo Literackie
MUZA SA
ul. Marszałkowska 8, 00-590 Warszawa
tel. 22 6211775
e-mail: info@muza.com.pl

Dział zamówień: 22 6286360
Księgarnia internetowa: www.muza.com.pl

Warszawa 2015
Wydanie I

Skład i łamanie: MAGRAF s.c., Bydgoszcz
Druk i oprawa: Opolgraf SA, Opole